投服中心系列丛书
China Securities Investor Services Center

诉讼维权案例评析

2021年

郭文英◎主编

Cases
Review of Securities
Litigations

法律出版社
LAW PRESS·CHINA
北京

图书在版编目(CIP)数据

诉讼维权案例评析. 2021 年 / 郭文英主编. -- 北京 :
法律出版社, 2021
ISBN 978 - 7 - 5197 - 6030 - 4

Ⅰ. ①诉… Ⅱ. ①郭… Ⅲ. ①诉讼法 - 案例 - 中国
Ⅳ. ①D925.05

中国版本图书馆 CIP 数据核字(2021)第 205142 号

诉讼维权案例评析(2021 年)
SUSONG WEIQUAN ANLI PINGXI (2021 NIAN)

郭文英 主编

策划编辑 陈 妮
责任编辑 陈 妮 黄 筝
装帧设计 李 瞻

出版发行 法律出版社
编辑统筹 法治与经济出版分社
责任校对 裴 黎
责任印制 吕亚莉
经　　销 新华书店

开本 787 毫米 × 1092 毫米 1/16
印张 11.5 **字数** 213 千
版本 2021 年 12 月第 1 版
印次 2021 年 12 月第 1 次印刷
印刷 天津嘉恒印务有限公司

地址:北京市丰台区莲花池西里 7 号(100073)
网址:www.lawpress.com.cn
投稿邮箱:info@lawpress.com.cn
举报盗版邮箱:jbwq@lawpress.com.cn

销售电话:010 - 83938349
客服电话:010 - 83938350
咨询电话:010 - 63939796

书号:ISBN 978 - 7 - 5197 - 6030 - 4
定价:73.00 元
凡购买本社图书,如有印装错误,我社负责退换。电话:010 - 83938349

诉讼维权案例评析

Cases Review of Securities Litigations

序　言

党中央、国务院高度重视资本市场投资者保护工作，习近平总书记从2018年起就不断强调，要建设规范、透明、开放、有活力、有韧性的资本市场，完善资本市场基础性制度。

2019年12月28日，《证券法》正式修订通过，并于2020年3月1日起施行，其最大亮点之一是新设“投资者保护”专章，其中第94条第2款明确投资者保护机构可以依法支持投资者起诉，第94条第3款规定投资者保护机构可以提起股东代位诉讼，持股比例和持股期限不受《公司法》规定的限制，第95条第3款规定投资者保护机构可以作为诉讼代表人，依据“默示加入，明示退出”的诉讼原则，依法为受损投资者提起民事损害赔偿诉讼，被誉为中国特色证券集体诉讼，完善了我国证券民事诉讼制度，实现了我国投资者保护证券立法的重大制度创新。

中证中小投资者服务中心（以下简称投服中心）作为公益投资者保护机构，在证监会党委的领导下，于2016年开启证券支持诉讼，不断进行理论和实践探索。证监会原副主席阎庆民在2021年“5·15”全国投资者保护宣传日上强调，我国资本市场拥有全球规模最大、交易最活跃的投资者群体，站稳资本市场监管的人民立场、保护好广大投资者的合法权益，是资本市场践行初心使命的内在要求。至2021年，投服中心支持诉讼已进入第6个年头，截至2021年年底，投服中心提起支持诉讼46件，支持诉讼总金额约1.22亿元，投资者获赔5994万元。提起股东直接诉讼海利生物案1件，提起股东代位诉讼大智慧案1件，申请发起特别代表人诉讼康美药业案1件。6年来，投服中心聚焦重大典型违法行为，坚持“追首恶”的独特诉讼理念，不断夯实支持诉讼基础，充分发挥支持诉讼的示范引领作用。

本书是支持诉讼实践以来的第4辑案例选编，共收录了3起案件。藏格控股案是投服中心在青海提起的首例支持诉讼案件,也是继大连控股案之后的第二例支持上诉案件,一审法院以因虚假陈述引发投资者损失的直接赔偿责任主体应为上市公司为由驳回投资者的诉讼请求,投服中心支持投资者提起上诉,二审法院支持了投资者的部分上诉请求,判定上市公司实际控制人对投资者损失与公司承担连带赔偿责任,本案显示了投服中心支持诉讼坚持“追首恶”的特色。美丽生态案中,深圳市中级人民法院首次将投保机构支持诉讼案件作为示范案件,并在法庭设支持诉讼席位,投服中心委派工作人员列席庭审,以国家投资者保护机构身份表明对本案提起支持诉讼,该案标志着在实践中一直探索并推进的“支持诉讼+示范案件”模式“破冰”。同时,在该案上市公司向投资者承担了赔偿责任之后,投服中心积极行权督促上市公司向个人追偿,上市公司在投服中心督促下向承担连带责任的个人提起诉讼追偿。联建光电案中,深圳市中级人民法院再次将投服中心支持诉讼案件作为示范案件进行审理并最终作出判决,该案是2018年修订的《证券法》施行后,第一例作出判决的“支持诉讼+示范判决”案件,对快捷、低成本地解决其他平行案件、维护中小投资者的合法利益具有重要意义。上述三例案件的审理过程与审理结果对虚假陈述司法实践起到了很好的示范引领作用,为未来证券公益维权诉讼机制的完善提供了有益思考。

2021年7月,中共中央办公厅、国务院办公厅印发了《关于依法从严打击证券违法活动的意见》,坚持对证券违法行为“零容忍”,加大对证券发行人控股股东、实际控制人、董事、监事、高级管理人员等有关责任人证券违法行为的追责力度。

下一步,投服中心将继续秉持“为民、奉献、专业、引领”的理念,贯彻落实《证券法》,坚持“追首恶”,提升维权诉讼质效;加强与法院沟通协作,推广“支持诉讼+示范判决”证券诉讼模式;认真总结首单证券纠纷特别代表人诉讼案件经验,常态化办理代表人诉讼案件;配合上市公司治理专项行动,通过股东直接诉讼和股东代位诉讼依法维护上市公司和投资者的合法权益;与审判机关、检察机关共同探索,研究试点开展证券民事公益诉讼实践;全面丰富证券民事司法救济渠道,最大化保护中小投资者的合法权益。

目　　录

藏格控股案

藏格控股虚假陈述支持诉讼案例评析

陈　波*

支持诉讼和代理过程

《中华人民共和国证券法》(以下简称《证券法》)于2019年修订后,在第94条规定,投资者保护机构对(证券发行人、证券公司)损害投资者利益的行为,可以依法支持投资者向人民法院提起诉讼。

2020年7月,受中证中小投资者服务中心(以下简称投服中心)指派,本人作为投服中心外聘公益律师,与同事龙文杰律师一道,共同担任藏格控股(证券代码:000408)虚假陈述民事赔偿支持诉讼案件的代理人。

本案是投服中心在青海提起的首例支持诉讼,也是继大连控股案之后的第二例上诉案件。

2020年8月,西宁市中级人民法院(以下简称西宁中院)受理本案。2021年6月,西宁中院作出一审判决,驳回原告所有诉讼请求。2021年11月,青海省高级人民法院(以下简称青海高院)作出二审判决,决定撤销一审判决,判决藏格控股赔偿原告损失,实际控制人和一名高管承担100%的连带责任。

---

* 德恒上海律师事务所律师,投服中心公益律师。

从一审立案到二审判决,历时 15 个月。一审、二审开庭过程均在中国庭审公开网进行了直播。

案涉事实与查处

藏格控股系深圳证券交易所上市公司,曾名金谷源控股股份有限公司等。

2019 年 6 月 20 日,藏格控股收到青海证监局《调查通知书》。因涉嫌信息披露违法违规,青海证监局决定对藏格控股立案调查。

2019 年 11 月 25 日,藏格控股收到青海证监局《行政处罚及市场禁入事先告知书》。事先告知书中说明了青海证监局拟认定的违法事实、拟作出的处罚决定。藏格控股在公告中明确承认事先告知书中拟认定的违法事实与公司自查结果一致,声明放弃陈述、申辩、听证权利,接受相关行政处罚。

2019 年 11 月 28 日,青海证监局作出《行政处罚决定书》和《市场禁入决定书》。青海证监局认定藏格控股实施了虚假陈述行为,具体情形为虚增营业收入和营业利润、虚增应收账款和预付账款,以及未按规定披露控股股东及其关联方占用公司资金事项;肖某 1 为藏格控股的实际控制人,指使藏格控股实施虚假陈述行为,肖某 1 同时任藏格控股董事长,是对藏格控股虚假陈述行为直接负责的主管人员;吴某某时任藏格控股董事兼副总经理,亦属于对藏格控股虚假陈述行为直接负责的主管人员。基于前述认定的事实,青海证监局决定对藏格控股及包括肖某 1、吴某某在内的 16 名董监高予以行政处罚。因肖某 1、吴某某对藏格控股的违法行为负主要责任,情节严重,青海证监局另决定对肖某 1、吴某某采取市场禁入措施。

案涉虚假陈述的特点

藏格控股虚假陈述案是中国证监会 2020 年 4 月 24 日公开点名的上市公司财务造假典型案例,其虚假陈述的核心是隐瞒关联方巨额资金占用。

具体来讲,藏格控股被青海证监局认定了三项虚假陈述行为,分别为未按规定披露关联方资金占用、虚增营业收入和营业利润,以及虚增应收账款和预付账款。该三项虚假陈述行为之间存在因果关系,即为掩盖关联方资金占用、保持收支平衡,而以虚假贸易形式虚增应收账款和预付账款;为使虚假贸易业务具有商业合理性、维持一定的毛利水平,而虚增营业收入和营业利润。之后,为了减少应收账款和预付账款,避免长期挂账,占用方使用少量资金向藏格控股还款,藏格控股随后将所收到的资金以违规资管计划项下出资款的形式汇出,而违规资管计划的实际融资方即占用方,占用方再利用所收到的资金以同样的形式进行多次循环。将占用资金转为违规资管计划项下出资款的后果是,藏格控股虚增应收账款和预付账款变为虚增其他流动资产(藏格控股将违规资管计划投资计入其他流动资产科目),虚增的资产科目发生变化,但虚增资产的实质没有变化。

本案的核心争议点

本案的最大特点,是以上市公司的实际控制人为第一被告,上市公司承担连带责任。这与之前已经审理的上百起藏格控股虚假陈述系列案件不同。通过具体的案件,宣传、贯彻“追首恶”理念,是投服中心选择本案提起支持诉讼的重要原因。

我们认为,藏格控股在实际控制人操纵下实施了虚假陈述,作为侵权人的上市公司和实际控制人之间存在意思联络,对外实施了一个行为,而不是二人以上分别实施侵权行为造成同一损害。因此,侵权人应当承担原《中华人民共和国侵权责任法》(以下简称原《侵权责任法》)第 8 条[《中华人民共和国民法典》(以下简称《民法典》)第 1168 条]规定的真正的连带责任,与原《侵权责任法》第 11 条、第 36 条、第 59 条、第 74 条(分别为《民法典》第 1171 条、第 1195 条、第 1197 条、第 1223 条、第 1241 条)等条款规定的不真正的连带责任不同。

连带责任的本质属性之一,是责任人之间不分主次和先后。也正是因为难以分清主次和先后,法律才会规定连带责任;否则,就是各负其责、各得其所的单独责任、按份责任或者补充责任。

正是基于不分主次和先后这一连带责任的本质属性,原《侵权责任法》第 13 条(《民法典》第 178 条)规定,二人以上依法承担连带责任的,权利人有权请求部分或者全部连带责任人承担责任。原《中华人民共和国担保法》(以下简称原《担保法》)第 12 条(《民法典》第 699 条)也规定,同一债务有两个以上保证人但没有约定保证份额的,债权人可以请求任何一个保证人在其保证范围内承担保证责任。

权利人有权请求部分或者全部连带责任人承担责任,则权利人自然有权选择连带责任人作为被告的内部顺序,否则逻辑上将产生冲突。如果投资者以实际控制人为第一被告、上市公司为第二被告不合法,那么以实际控制人为唯一被告、实际控制人承担责任后向上市公司追偿,是否合法?

关于责任顺序,一种常见的理解是,因为上市公司是信息披露义务人,相关公告是以上市公司的名义发布的,因此上市公司应负直接赔偿责任,为第一被告,其他责任人承担连带责任。

对此,我们认为,将侵权行为实施过程中的直接、间接之分等同于连带责任中的担责顺序先后之别,没有法律依据。在共同侵权行为可以作直接、间接区分的情况下,直接实施侵权行为的人,有可能单独承担责任(如完全民事行为能力人受他人影响但非教唆而实施侵权行为),有可能承担连带责任(如完全民事行为能力人受他人教唆而实施侵权行为),还有可能根本就不承担责任(如无民事行为能力人受他人教唆而实施侵权行为)。

《证券法》的规定是上市公司应当承担赔偿责任,不能证明没有过错的实际控制人、董监高等承担连带赔偿责任。我们认为,对这一条文的正确理解是,实际控制人、董监高没有过错时,只由上市公司承担责任;实际控制人、董监高不能自证无过错时,则与上市公司承担连带责任。无从得出上市公司是承担直接赔偿责任的主体,因而应当较实际控制人、董监高优先承担责任的结论。

在虚假陈述案件中判令由上市公司对外承担直接赔偿责任、其他责任人在后承担连带责任的解释,将导致原《侵权责任法》第13条(《民法典》第178条)被架空,因为按照这种解释,投资者将无权单独请求上市公司以外的责任主体承担责任。

遗憾的是,我们以上的理解没有得到一审法院的支持。在原告拒绝变更诉讼请求的情况下,一审法院判决驳回了原告的诉讼请求。

对此,二审法院认为,上诉人认为有权选择全部或部分人承担连带责任的理由符合法律规定,予以部分采纳,并根据相关法律规定明确责任的承担,一审法院不予支持、应予驳回的理由属于法律适用错误,应予纠正。据此,二审法院撤销了一审判决,判决赔偿原告损失,但仍然是由上市公司赔偿,实际控制人等承担连带责任。

“三日一价”的认定

（一）实施日

根据最高人民法院《关于审理证券市场因虚假陈述引发的民事赔偿案件的若干规定》（以下简称《虚假陈述案件若干规定》）[①]第 20 条的规定，作出虚假陈述或者发生虚假陈述之日，为实施日。

虚假陈述包括所有违反信息披露义务的行为，信息披露义务的履行形式包括年度报告等定期报告，也包括临时公告。对于发生即需按规定披露的事项，如未及时以临时公告形式披露，则构成虚假陈述。

为确定本案的实施日，我们系统梳理了藏格控股违法行为揭露前后（2019 年 4 月至 12 月）发布的公告，并发现由青海证监局认定的藏格控股多个虚假陈述行为中，最早发生的并不是于 2018 年 4 月 28 日披露的《2017 年年度报告》中涉及的虚假陈述，而是藏格公司未按规定披露控股股东及其关联方占用公司资金事项的行为。

按照藏格控股的自查报告，第一笔资金占用的发生时间为 2018 年 1 月 10 日，金额为 1 亿元。根据藏格控股《章程》第 110 条和《关联交易管理制度》第 40 条，公司与关联法人发生的关联交易（公司获赠现金资产除外）金额达到 300 万元且占公司最近一期经审计净资产绝对值 0.5% 以上的，应由董事会审议，并及时披露。

藏格控股 2017 年经审计的净资产为 65.35 亿元，1 亿元的资金占用金额超过最近一期经审计的净资产的 0.5%，已超过披露门槛，应当及时披露。根据《上市公司信息披露管理办法》第 71 条和藏格控股《信息披露事务管理制度》第 4 条的规定，及时是指自起算日起或者触及披露时点的两个交易日内。因此，藏格控股最迟应在 2018 年 1 月 12 日对此进行披露。藏格控股既未履行审议程序，也没有进行披露，构成虚假陈述。因此，我们将 2018 年 1 月 12 日认定为藏格控股虚假陈述的实施日。

---

① 本书相关案件审理时最高人民法院《关于审理证券市场虚假陈述侵权民事赔偿案件的若干规定》（法释〔2022〕2 号）尚未出台，故本书论述均依照原最高人民法院《关于审理证券市场因虚假陈述引发的民事赔偿案件的若干规定》（法释〔2003〕2 号）的规定。

(二)揭露日/更正日

根据《虚假陈述案件若干规定》第 20 条的规定,虚假陈述在全国范围发行或者播放的报刊、电台、电视台等媒体上,首次被公开揭露之日,为揭露日;上市公司自行公告更正虚假陈述并按规定履行停牌手续之日,为更正日。事实上,“揭露日”和“更正日”的本质都是揭示虚假陈述行为、将事实真相公之于众之日。

最高人民法院 2019 年发布的《全国法院民商事审判工作会议纪要》认为,虚假陈述的揭露和更正,是指虚假陈述被市场所知悉、了解,其精确程度并不以“镜像规则”为必要,不要求达到全面、完整、准确的程度。原则上,只要交易市场对监管部门立案调查、权威媒体刊载的揭露文章等信息存在明显的反应,对一方主张市场已经知悉虚假陈述的抗辩,人民法院依法予以支持。

根据《虚假陈述案件若干规定》第 20 条,认定揭露日/更正日应当综合考虑“揭露时间的首次性”“揭露主体的权威性(全国范围)”“揭露内容相关性”“揭露行为引起证券价格异常波动/对市场产生警示作用”等 4 个要素。这一认定标准,已在青海春天虚假陈述系列案件①中得到青海省高级人民法院的确认和支持。

经分析,我们认为,本案更正日应为 2019 年 4 月 30 日。该日,藏格控股披露了 31 份公告:第一,充分揭露了违规情形,所揭露的情形与证监会事后的认定大体相同;第二,该日至基准日期间,市场的反应是股价明显下跌,符合常理,证明该日的公告对市场起到了警示作用;第三,2019 年 4 月 30 日相较立案调查公告日发生在先,符合《虚假陈述案件若干规定》认定更正日时应遵循的首次公开揭露原则。

(三)基准日与基准价

根据《虚假陈述案件若干规定》第 20 条,基准日为更正日起至被虚假陈述影响的证券累计成交量达到其可流通部分 100% 之日。根据《虚假陈述案件若干规定》第 32 条,基准价为虚假陈述揭露日或更正日起至基准日期间,每个交易日收盘价的平均价格。

自更正日 2019 年 4 月 30 日至 6 月 10 日,藏格控股股票累计成交量达到可流通部分的 100%,其间亦无大宗交易、协议转让记录。因此,认定 2019 年 6 月 10 日为投资差额损失计算的基准日。经计算,基准价为 8.06 元/股。

---

① 相关案件一审案号如(2017)青 01 民初 187 号,二审案号如(2017)青民终 186 号。

(四)判决结果分析

在一审过程中,我们按照如上思路向法庭阐明了我方主张认定不同于藏格控股虚假陈述在先案例的“三日一价”的理由。遗憾的是,一审法院未采纳我方的主张。特别是对更正日的认定,法院认为藏格控股并未于我方主张的更正日 2018 年 4 月 30 日履行停牌手续,不符合更正日的认定标准。

对停牌是否为更正日的构成要件,我们认为,《虚假陈述案件若干规定》的相关条文是“虚假陈述更正日,是指虚假陈述行为人在中国证券监督管理委员会指定披露证券市场信息的媒体上,自行公告更正虚假陈述并按规定履行停牌手续之日”。“按规定履行停牌手续”的通常理解为停牌,但是,在监管导向是为避免滥用而限制停牌、保护投资者交易权的背景下,在停牌须经交易所同意的情况下,将其理解为停牌的结果,甚至可能导致无法认定更正日的后果。例如,根据本案适用的《深圳证券交易所股票上市规则(2014 年修订)》等监管规则,上市公司发布年度报告、披露非标审计报告的,均已经不再被要求停牌,藏格控股在该日进行相关信息披露不构成必须停牌的情形,也不符合明文规定的可以申请停牌的条件。我们认为,在《虚假陈述案件若干规定》并未修订的情况下,将“按规定履行停牌手续”解释为履行申请停牌的程序,但不强求停牌的结果,是一种合适的折中方案。在欣泰电气虚假陈述案[(2020)最高法民申 227 号]等案件中,上市公司在法院最终认定的更正日也没有停牌。

考虑在本案之前,藏格控股虚假陈述系列案件已有十余份生效判决,其中大部分判决在本案开庭审理时业已执行完毕,故对“三日一价”等案件基本事实的认定,保持前后一致,有其现实必要性。这也是虚假陈述系列诉讼不同于一般单个诉讼的特点,即同一违法事实的多个案件中,在先审理的案件对后诉案件具有示范效应。

投资者损失计算

现行法律法规、司法解释仅为投资差额损失计算提供了框架公式,但未规定投资差额损失的具体计算方法。目前,司法实践中存在投资成本法、先进先出加权平均法及移动加权平均法等多种计算方法。

投资成本法,是指以实施日至揭露日或更正日期间买入证券的总成本减去实施日至揭露日或更正日期间卖出证券回收的资金成本,计算出投资者的投资成本,再除以投资者揭露日时持有的可保护的证券数量(需考虑实施日时持股是否在揭露日前充分卖出)。在该方法下,投资者的证券买入均价不仅受到买入价格的影响,也受到卖出价格的影响,与投资者的实际操作水平高低有很大关系,容易出现计算所得买入均价畸高或者畸低的情况。

先进先出加权平均法,是指根据先买入的证券先卖出的"先进先出"原则,剔除实施日至揭露日期间已卖出的证券,确定与虚假陈述行为具有因果关系的证券,在此基础上,采用加权平均法计算具有因果关系的相关证券的平均买入价。该方法计算过程相对简单,但由于很多虚假陈述案件在揭露日之前受到系统风险等多种因素影响,股价已经下跌,甚至远低于实施日附近股价,按照先进先出加权平均法,投资者在实施日后高价买入的股票将根据其卖出股数被剔除,剩下能够索赔的股票多为以靠近揭露日的较低价格买入的股票,以此计算出的投资者买入均价偏低,可获赔损失金额降低,与投资者实际买入成本相差较大,对投资者不利。

移动加权平均法,是指根据投资者的买入、卖出交易情况,逐笔按照加权平均的方法剔除卖出成本,计算平均买入价。这一计算方法更全面、客观,更能反映投资者真实的投资成本。

我们在综合比较了各种计算方法的利弊,结合在先的权威案例并参考投服中心的意见后,最终决定在起诉时适用移动加权平均法计算投资差额损失。

在本案中,法院对投资差额损失的确定方式与在先审理的藏格控股虚假陈述系列案件一致,法院委托第三方专业机构进行测算,并以测算结果作为投资者损失的确定依据。

结　语

"追首恶",即更加注重追究控股股东、实控人、董监高等主导、操控上市公司实施违法行为的主体的责任,是近期证券研究、执法、司法的趋势之一。其背后的理由是,如果上市公司承担了责任,即使其他主体负有连带责任,这种连带责任也很少或很难被追究。主要原因是,上市公司大概率仍受控股股东、实控人、董监高的主导或控制,不会积极向自己的控股股东、实控人、董监高追责。

不追究上市公司的责任,只追究有责任的控股股东、实控人、董监高的责任,或者,虽然同时追究上市公司和控股股东、实控人、董监高的责任,但将控股股东、实控人、董监高列在上市公司之前,从后果上、名分上,都能够增加证券诉讼的威慑力。

就本案而言,虽有波折,但先抑后扬,原告的合法权益最终得以保障。虽然生效判决关于赔偿责任主体的行文未能如原告所诉请,但原告关于事实认定和法律适用的众多意见被两级法院采纳;连带责任人之间的赔偿顺序、临时报告与定期报告对同一事项构成虚假陈述时实施日的认定、揭露日认定是否以停牌为必要条件等虚假陈述案件审判有关的重要法律问题得到了充分讨论;本案也起到了宣传“追首恶”理念的效果。

理念从提出到辩论,再到应用,直至成为共识,有一个过程,甚至会有反复。我们希望本案对此过程有所帮助,对中国资本市场健康发展有所裨益。

律师介绍

陈波律师

德恒律师事务所上海办公室合伙人。北京大学法律硕士,赣南师范学院经济学学士。中证中小投资者服务中心公益律师,上海市证券、基金、期货业纠纷联合人民调解委员会调解员,Who’s Who Legal 中国资本市场领先律师(2020 年、2021 年)。2005 年至今在上海从事律师工作。擅长上市公司治理相关的诉讼和非诉讼业务。

行政处罚决定书

行政处罚决定书

〔2019〕2 号

当事人:藏格控股股份有限公司(以下简称藏格控股),住所:青海省格尔木市 × × × 路 × × 号。

肖某 1,藏格控股实际控制人,时任藏格控股第七届董事会董事长,住址:北京市东城区。

曹某某,时任藏格控股第七届董事会副董事长,住址:四川省成都市。

肖某 2,时任藏格控股第七届董事会董事、总经理,住址:北京市东城区。

吴某某,时任藏格控股第七届董事会董事、副总经理,住址:四川省资阳市。

王某 1,时任藏格控股第七届董事会董事、企管法务部部长,住址:青海省西宁市。

郑某 1,时任藏格控股第七届董事会董事,住址:北京市海淀区。

王某 2,时任藏格控股第七届董事会独立董事,住址:北京市海淀区。

姚某 1,时任藏格控股第七届董事会独立董事,住址:北京市朝阳区。

亓某某,时任藏格控股第七届董事会独立董事,住址:上海市浦东新区。

邵某某,时任藏格控股第七届监事会主席,住址:四川省成都市。

侯某某,时任藏格控股第七届监事会监事,住址:陕西省岐山县。

李某 1,时任藏格控股第七届监事会职工监事,住址:四川省资阳市。

蒋某 1,时任藏格控股第七届董事会秘书,住址:四川省成都市。

刘某 1,时任藏格控股财务总监,住址:青海省格尔木市。

方某某,时任藏格控股副总经理,住址:青海省西宁市。

张某 1:时任藏格控股副总经理,住址:青海省西宁市。

依据《证券法》的有关规定,我局对藏格控股信息披露违法行为进行了立案调查、审理,并依法向当事人告知了作出行政处罚的事实、理由、依据及当事人依法享有的权利,当事人未提出陈述、申辩意见,也未要求听证。本案现已调查、审理终结。

经查明,藏格控股存在以下违法事实:

一、虚增营业收入和营业利润

2017 年 7 月至 2018 年 12 月,藏格控股通过开展虚假贸易业务的方式,虚增营业收入和营业利润。2017 年虚增营业收入 131,663,826.82 元,虚增利润总额 128,325,919.05 元,占合并利润表当期披露利润总额的 8.89%;2018 年虚增营业收入 468,491,820.48 元,虚增利润总额 477,383,385.51 元(含相关的其他收益),占合并利润表当期披露利润总额的 29.90%。上述事项导致藏格控股披露的《2017 年年度报告》《2018 年半年度报告》《2018 年年度报告》存在虚假记载。

二、虚增应收账款和预付账款

2017 年 7 月至 2018 年 12 月,藏格控股通过开展虚假贸易业务的方式,虚增应收账款和预付账款。2017 年虚增预付账款 240,788,270.93 元,占公司披露总资产的

3.11%和净资产的3.68%；2018年虚增应收账款4,710,000.00元，占公司披露总资产的0.05%和净资产的0.06%，虚增预付账款281,329,947.78元，占公司披露总资产的2.99%和净资产的3.59%。上述事项导致藏格控股披露的《2017年年度报告》《2018年半年度报告》《2018年年度报告》存在虚假记载。

三、未按规定披露其控股股东西藏藏格创业投资集团有限公司及其关联方非经营性占用藏格控股资金事项

2018年1月至2019年4月，藏格控股控股股东西藏藏格创业投资集团有限公司及其关联方利用虚假贸易业务预付账款、钾肥销售业务应收账款非经营性占用藏格控股资金共计2,214,025,844.23元。其中，2018年1月至2019年4月，归还占用资金50,325,660.00元。截至2019年6月30日，占用资金余额为2,163,700,184.23元。藏格控股未按规定及时披露上述事项，也未在《2018年半年度报告》《2018年年度报告》中予以披露。

上述违法事实，有藏格控股相关定期报告、临时公告，相关董事会决议、监事会决议，相关合同、协议，记账凭证，相关人员询问笔录，相关公司情况说明，相关银行账户资料、资金流水等证据证明，足以认定。

根据上述事实，我局认为，藏格控股所披露的《2017年年度报告》《2018年半年度报告》《2018年年度报告》存在虚假记载、重大遗漏以及未及时披露重大事项的行为，违反《证券法》第63条、第67条第1款的有关规定，构成《证券法》第193条第1款所述的违法行为；时任藏格控股的董事、监事、高级管理人员违反《证券法》第68条第3款的规定，构成《证券法》第193条第1款所述的违法行为；肖某1作为藏格控股实际控制人，其行为构成《证券法》第193条第3款所述的违法行为。

根据当事人违法行为的事实、性质、情节与社会危害程度，依据《证券法》第193条第1款、第3款的规定，我局决定：

一、对藏格控股责令改正，给予警告，并处以60万元的罚款；

二、对肖某1给予警告，并处以90万元的罚款，其中作为直接负责的主管人员罚款30万元，作为实际控制人罚款60万元；

三、对吴某某、刘某1给予警告，并分别处以20万元的罚款；

四、对曹某某、肖某2、王某1、郑某1、王某2、姚某1、亓某某、邵某某、侯某某、李某1、蒋某1、方某某、张某1给予警告，并分别处以3万元的罚款。

上述当事人应自收到本处罚决定书之日起15日内，将罚款汇交中国证券监督管理

委员会,开户银行:中信银行北京分行营业部,账号 711 × × × × × × × × × × × × × × × × ×,由该行直接上缴国库,并将注有当事人名称的付款凭证复印件送我局备案。当事人如果对本处罚决定不服,可在收到本处罚决定书之日起 60 日内向中国证券监督管理委员会申请行政复议,也可在收到本处罚决定书之日起 6 个月内直接向有管辖权的人民法院提起行政诉讼。复议和诉讼期间,上述决定不停止执行。

2019 年 11 月 28 日

市场禁入决定书

〔2019〕1 号

当事人:肖某 1,藏格控股股份有限公司(以下简称藏格控股)实际控制人,时任藏格控股第七届董事会董事长,住址:北京市东城区。

吴某某,时任藏格控股第七届董事会董事、副总经理,住址:四川省资阳市。

依据《证券法》的有关规定,我局对藏格控股信息披露违法行为进行了立案调查、审理,并依法向当事人告知了作出行政处罚的事实、理由、依据及当事人依法享有的权利,当事人未提出陈述、申辩意见,也未要求听证。本案现已调查、审理终结。

经查明,藏格控股存在以下违法事实:

一、虚增营业收入和营业利润

2017 年 7 月至 2018 年 12 月,藏格控股通过开展虚假贸易业务的方式,虚增营业收入和营业利润。2017 年虚增营业收入 131,663,826.82 元,虚增利润总额 128,325,919.05 元,占合并利润表当期披露利润总额的 8.89%;2018 年虚增营业收入 468,491,820.48 元,虚增利润总额 477,383,385.51 元(含相关的其他收益),占合并利润表当期披露利润总额的 29.90%。上述事项导致藏格控股披露的《2017 年年度报告》《2018 年半年度报告》《2018 年年度报告》存在虚假记载。

二、虚增应收账款和预付账款

2017 年 7 月至 2018 年 12 月,藏格控股通过开展虚假贸易业务的方式,虚增应收账款和预付账款。2017 年虚增预付账款 240,788,270.93 元,占公司披露总资产的 3.11% 和净资产的 3.68%;2018 年虚增应收账款 4,710,000.00 元,占公司披露总资产的 0.05% 和净资产的 0.06%,虚增预付账款 281,329,947.78 元,占公司披露总资产的 2.99% 和净资产的 3.59%。上述事项导致藏格控股披露的《2017 年年度报告》《2018 年半年度报告》《2018 年年度报告》存在虚假记载。

三、未按规定披露其控股股东西藏藏格创业投资集团有限公司及其关联方非经营性占用藏格控股资金事项

2018 年 1 月至 2019 年 4 月，藏格控股控股股东西藏藏格创业投资集团有限公司及其关联方利用虚假贸易业务预付账款、钾肥销售业务应收账款非经营性占用藏格控股资金共计 2, 214, 025, 844. 23 元。其中，2018 年 1 月至 2019 年 4 月，归还占用资金 50, 325, 660. 00 元。截至 2019 年 6 月 30 日，占用资金余额为 2, 163, 700, 184. 23 元。藏格控股未按规定及时披露上述事项，也未在《2018 年半年度报告》《2018 年年度报告》中予以披露。

上述违法事实，有藏格控股相关定期报告、临时公告，相关董事会决议、监事会决议，相关合同、协议，记账凭证，相关人员询问笔录，相关公司情况说明，相关银行账户资料、资金流水等证据证明，足以认定。

当事人肖某 1、吴某某对藏格控股上述违法行为负主要责任，情节严重，依据《证券法》第 233 条和《证券市场禁入规定》（证监会令第 115 号）第 3 条第 1 项、第 5 条的规定，我局决定：

一、对肖某 1 采取 5 年市场禁入措施；

二、对吴某某采取 3 年市场禁入措施。

自我局宣布决定之日起，在禁入期间内，除不得继续在原机构从事证券业务或者担任原上市公司、非上市公众公司董事、监事、高级管理人员职务外，也不得在其他任何机构中从事证券业务或者担任其他上市公司、非上市公众公司董事、监事、高级管理人员职务。

当事人如果对本决定不服，可在收到本决定书之日起 60 日内向中国证券监督管理委员会申请行政复议，也可在收到本市场禁入决定书之日起 6 个月内直接向有管辖权的人民法院提起行政诉讼。复议和诉讼期间，上述决定不停止执行。

2019 年 11 月 28 日

一审起诉状

起 诉 状

原告：黄某 1。

被告一：肖某 1。

被告二:吴某某。

被告三:藏格控股股份有限公司,统一社会信用代码911××××××××××××××,住所青海省格尔木市×××路××号,法定代表人曹某某。

诉讼请求:

1. 判令被告一赔偿投资差额损失58,013.75元;

2. 判令被告一赔偿佣金损失17.40元;

3. 判令被告一赔偿印花税损失58.01元;

4. 判令被告一赔偿上述三项损失的利息33.42元(自2019年4月11日至6月10日,共60天,按年利率0.35%计算);

5. 判令被告二、被告三对被告一的上述赔偿责任承担连带责任;

6. 判令本案诉讼费用由三名被告承担。

事实与理由:

一、虚假陈述事实已经监管部门认定,藏格控股亦已自认

藏格控股股份有限公司(以下简称藏格控股)系深圳证券交易所上市公司,现证券简称为"*ST藏格",证券代码为000408,曾名金谷源控股股份有限公司等。

2019年6月20日,藏格控股收到青海证监局《调查通知书》。因涉嫌信息披露违法违规,青海证监局决定对藏格控股立案调查。

2019年11月25日,藏格控股收到青海证监局出具的《行政处罚及市场禁入事先告知书》(以下简称《事先告知书》)。《事先告知书》说明了青海证监局拟认定的违法事实、拟作出的处罚决定,并告知当事人享有陈述、申辩和要求听证的权利。藏格控股在公告中,明确承认《事先告知书》拟认定的违法事实与公司自查结果一致,声明放弃陈述、申辩、听证权利,接受相关行政处罚。

2019年11月28日,青海证监局作出《行政处罚决定书》和《市场禁入决定书》。青海证监局认定藏格控股实施了虚假陈述行为,具体情形为虚增营业收入和营业利润、虚增应收账款和预付账款,以及未按规定披露控股股东及其关联方占用公司资金事项;肖某1为藏格控股的实际控制人,指使藏格控股实施虚假陈述行为,肖某1同时任藏格控股董事长,是对藏格控股虚假陈述行为直接负责的主管人员;吴某某时任藏格控股董事兼副总经理,亦属于对藏格控股虚假陈述行为直接负责的主管人员。基于前述认定的事实,青海证监局决定对三名被告予以行政处罚。因肖

某1、吴某某对藏格控股的违法行为负主要责任,情节严重,青海证监局另决定对肖某1、吴某某采取市场禁入措施。

二、实施日为2018年1月12日

青海证监局认定的藏格控股虚假陈述行为中,未按规定披露控股股东及其关联方占用公司资金事项的行为发生得最早。按照藏格控股的自查报告,第一笔资金占用的发生时间为2018年1月10日,金额为1亿元。根据藏格控股《章程》第110条和《关联交易管理制度》第40条的规定,公司与关联法人发生的关联交易(公司获赠现金资产除外)金额达到300万元且占公司最近一期经审计净资产绝对值0.5%以上的,应由董事会审议,并及时披露。藏格控股2017年年底经审计的净资产为65.35亿元,1亿元的资金占用金额超过最近一期经审计的净资产的0.5%,超过披露门槛,应当及时披露。根据《上市公司信息披露管理办法》第71条和藏格控股《信息披露事务管理制度》第4条的规定,及时是指自起算日起或者触及披露时点的两个交易日内。因此,藏格控股最迟应在2018年1月12日对此进行披露。藏格控股既未履行审议程序,也没有进行披露,构成虚假陈述。因此,认定2018年1月12日为虚假陈述的实施日。

三、更正日为2019年4月30日

2019年4月30日,藏格控股公开披露关联方资金占用情形。

该日,藏格控股累计发布公告31份,绝大部分涉及关联方资金占用。其中有的以公司名义出具,如年度报告中的加粗内容,有的以独立董事、董事会、监事会名义出具,如关于资金占用和非标准审计意见的专项说明,还有的由审计机构出具,如《关于公司2018年度财务报告非标准审计意见的专项说明》。

该日披露的《上市公司2018年度非经营性资金占用及其他关联资金往来情况汇总表》显示,截至2018年年末,控股股东西藏藏格创业投资集团有限公司占用公司资金73,155.95万元。

该日,藏格控股还披露了关联方占用公司资金的其他情形,即18亿元违规资管计划项下的变相占用。根据藏格控股后续所作的说明,该资管计划的目的是大幅减少藏格控股的应收账款和预付账款,而减少的应收账款和预付账款存在部分被关联方占用的情况,其金额为119,760万元(含2018年年报披露的40,662.77万元)。因此,在2019年4月30日,藏格控股实际披露的截至2018年年底的关联方资金占用金额,不仅有《上市公司2018年度非经营性资金占用及其他关联资金往来情况汇总表》所列73,155.95万元,还包括经由18亿元违规资管计划形式所变相占用的金额,二者合计的金额占藏格控股最终自查确定的2018年年底关联方资金占用总额(235,151.80万元)的近2/3。

该日,藏格控股还明确宣称尚存在有待查明的资金占用情形。在《董事会关于会计师事务所出具的保留审计意见涉及事项的专项说明》中,董事会声称已经成立自查领导小组,责成管理层及相关方配合审计机构立即就公司与部分供应商和个人的异常资金往来开展全面排查,就控股股东及其关联方涉嫌的资金占用规模、形成时间、占用原因、占用过程进行详细查证。此后,2019年6月1日、6月11日、6月18日、10月24日及2020年4月30日,藏格控股不断披露资金占用自查进展、更新自查结果。

此外,当日所披露的关联方资金占用、违规资管计划与青海证监局认定的其他两项虚假陈述情形(虚增营业收入和营业利润、虚增应收账款和预付账款)存在前后因果关系,即为了掩盖关联方资金占用,保持收支平衡,藏格控股虚增应收账款和预付账款,采用的是虚假贸易的形式。为了使虚假贸易业务具有商业合理性,需要维持一定的毛利水平,由此导致虚增公司营业收入和营业利润。之后,为了减少应收账款和预付账款,避免长期挂账,占用方使用少量资金向藏格控股还款,藏格控股随后将所收到的资金以违规资管计划项下出资款的形式汇出,而违规资管计划的实际融资方即是占用方,占用方再利用所收到的资金同样进行多次循环。违规资管计划的后果是,藏格控股虚增应收账款和预付账款变为虚增其他流动资产(藏格控股将违规资管计划投资计入其他流动资产科目),虚增的资产科目发生变化,但虚增资产的实质没有变化。

再者,上述公告发布后,藏格控股股价大幅下跌,至下文所述基准日期间,累计跌幅为29.76%。

小结以上,在2019年4月30日,通过大量的公告,藏格控股既披露了已经查明的巨额资金占用情形,也预告了尚未查明的情形,后续的自查进展也均以该日披露的自查结果为基础,审计机构、公司、独立董事、董事会、监事会均分别就资金占用问题表态,关联方资金占用情形被充分地公开,资金占用与其他两类虚假陈述情形存在前后因果关系,藏格控股股价在后续期间内大幅下跌,因此,认定2019年4月

30日为虚假陈述的更正日。

四、基准日为2019年6月10日,基准价为8.06元

自更正日2019年4月30日至6月10日,藏格控股股票累计成交量达到可流通部分的100%,其间亦无大宗交易协议转让记录。因此,认定2019年6月10日为投资差额损失计算的基准日。经计算,基准价为8.06元/股。

五、原告因虚假陈述遭受损失

在实施日至更正日期间,原告买入了藏格控股的股票,并且在更正日至基准日期间,因卖出和/或持续持有股票而产生了损失。

六、被告应当承担赔偿责任

《证券法》规定,上市公司虚假陈述,致使投资者遭受损失的,上市公司应当承担赔偿责任;上市公司的控股股东、实际控制人有过错的,应当与上市公司承担连带赔偿责任;如不能证明不存在过错,上市公司的董事、监事、高级管理人员和其他直接责任人员,应当与上市公司承担连带赔偿责任。

《侵权责任法》规定,教唆、帮助他人实施侵权行为的,应当与行为人承担连带责任;二人以上共同实施侵权行为,造成他人损害的,应当承担连带责任;法律规定承担连带责任的,被侵权人有权请求部分或者全部连带责任人承担责任。

根据最高人民法院《关于审理证券市场因虚假陈述引发的民事赔偿案件的若干规定》,实际控制人操纵上市公司违反证券法律规定,以上市公司名义虚假陈述并给投资人造成损失的,可以由上市公司承担赔偿责任。上市公司承担赔偿责任后,可以向实际控制人追偿。规定的是"可以",而非只能由或必须先由上市公司承担赔偿责任、其他责任人承担连带责任。

根据青海证监局的认定,肖某1、吴某某对藏格控股的违法行为负主要责任,情节严重。肖某1既是有过错的藏格控股实际控制人,也是有过错的藏格控股直接负责的主管人员,青海证监局就前者对其罚款60万元,就后者对其罚款30万元,并处5年市场禁入。吴某某是有过错的藏格控股直接负责的主管人员,青海证监局对其罚款20万元,并处3年市场禁入。

基于以上法律规定和事实认定,原告有权请求三名被告承担责任。

七、望判如所请

原告认为,藏格控股及相关责任人员的虚假陈述行为给其造成了损失,为维护

自身合法权益,特诉至贵院,请求贵院支持原告的诉讼请求。

此致

西宁市中级人民法院

具状人:________(签名)

日期:2020年8月27日

一审律师代理意见

代理意见

尊敬的审判长、审判员:

根据黄某1的委托,受所属律师事务所的指派,我们作为诉讼代理人,补充发表代理意见如下。

一、将肖某1(实际控制人)列为第一被告,于法有据,且符合“从严打击”“追首恶”“管好关键少数”等证券司法政策

1. 各被告实施了共同侵权行为,应当承担连带责任

共同侵权行为是指二人以上共同故意或者共同过失侵害他人、依法承担连带责任的行为。

最高人民法院《关于审理证券市场因虚假陈述引发的民事赔偿案件的若干规定》(以下简称《虚假陈述案件若干规定》)第六节的标题即“共同侵权责任”。《虚假陈述案件若干规定》第7条亦允许列多人为虚假陈述民事赔偿案件的被告,其中即包括上市公司、上市公司实际控制人和上市公司董监高。

《证券法》第69条规定,上市公司公告的年度报告、中期报告、临时报告有虚假记载、误导性陈述或者重大遗漏,致使投资者在证券交易中遭受损失的,上市公司应当承担赔偿责任;上市公司的董事、监事、高级管理人员,应当与发行人、上市公司承担连带赔偿责任,但是能够证明自己没有过错的除外;上市公司的实际控制人有过错的,应当与上市公司承担连带赔偿责任。

《侵权责任法》第8条①规定,二人以上共同实施侵权行为,造成他人损害的,应当

① 现规定于《民法典》第1168条,下文同。

承担连带责任。

2. 肖某1(实际控制人)在共同侵权中居于控制和指使地位,列肖某1(实际控制人)为第一被告与其在共同侵权行为中的地位相匹配,符合《民法总则》和《侵权责任法》的规定

中国证监会已在《行政处罚决定书》中认定,肖某1作为藏格控股实际控制人,其行为构成《证券法》第193条第3款所述违法行为,即实际控制人指使上市公司从事虚假陈述。对肖某1处以90万元罚款,其中作为直接负责的主管人员罚款30万元,作为实际控制人罚款60万元,均为法定范围内的顶格处罚,并对其予以市场禁入处罚。处罚的身份说明了其在虚假陈述行为中的角色,处罚的力度体现了其行为的严重性。

《民法总则》第178条①规定,二人以上依法承担连带责任的,权利人有权请求部分或者全部连带责任人承担责任。《侵权责任法》第13条②规定,法律规定承担连带责任的,被侵权人有权请求部分或者全部连带责任人承担责任。两处法条均未规定被侵权人必须以何种顺序请求责任人承担责任,也未规定被侵权人不得以何种顺序请求责任人承担责任。被侵权人有权选择追究全部或部分连带责任人责任,自然也有权决定追究责任人的顺序。因此,原告将肖某1列为第一被告,与肖某1在共同侵权行为中的地位相匹配,也符合《民法总则》和《侵权责任法》的规定。

追本溯源,主要追究控股股东、实际控制人等实际主导违法行为的人的责任,是近期证券执法的新趋势。背后的原因是,上市公司承担赔偿责任,本质上仍是由包括作为原告的中小投资者在内的全体股东承担责任,并不能充分补偿中小投资者的投资损失,达到其维护自身合法权益的诉讼目的,反而将会对已经因上市公司虚假陈述行为遭受损失的原告造成"二次伤害",通过投资者群体诉讼来防范虚假陈述行为的效果将大打折扣。

如果实际控制人首先承担责任,将有助于提高上市公司实际控制人的法律意识,督促其履行诚信义务,当好关键少数,进一步提高上市公司治理水平,最终达到保护中小投资者、维护资本市场之根基的目的。

3. 并无法律法规或司法解释规定虚假陈述只能由上市公司承担责任,或者只能先由上市公司承担责任,而其他责任人承担连带责任或补充责任

《虚假陈述案件若干规定》第22条规定,实际控制人操纵发行人或者上市公司违

---

① 现规定于《民法典》第178条。

② 《民法典》删除该条规定。

反证券法律规定,以发行人或者上市公司名义虚假陈述并给投资人造成损失的,可以由发行人或者上市公司承担赔偿责任。发行人或者上市公司承担赔偿责任后,可以向实际控制人追偿。此条规定的是“可以”,并非“必须”“只能”。《证券法》《侵权责任法》等法律法规或其他司法解释亦无这种规定。

辽宁省高级人民法院在大连控股(证券代码:600747)证券虚假陈述责任纠纷案上诉案中,判令实际控制人承担赔偿责任,上市公司和其他高级管理人员承担连带责任。该案亦为投服中心支持诉讼案件。

4. 追究肖某 1(实际控制人)的“首恶”责任,不会与已有生效判决相冲突

贵院已经审理的案件中,原告未将实际控制人列为第一被告,是对诉讼权利的主动处分,如上所述,符合《民法总则》和《侵权责任法》的规定;本案将肖某 1 列为第一被告,也符合《民法总则》和《侵权责任法》的规定。贵院在本案中支持将肖某 1 列为第一被告的诉请,并不会与在先的案件产生冲突。

此外,我们也注意到,案涉虚假陈述行为被查处后,藏格控股的控股股东藏格集团和肖某 1 继续占用藏格控股的资金,继续虚假陈述,后续可能因此产生新的索赔案件。

2020 年 6 月 8 日,藏格控股公告称,在 2019 年年度报告编制期间,再次发现控股股东藏格集团及其关联方违规占用公司资金情形,总金额达 10.96 亿元。会计师事务所再次对公司 2019 年度财务报告出具了无法表示意见的审计报告。

2020 年 9 月 10 日,中国证监会再次对肖某 1 和控股股东藏格集团进行立案调查,案由仍然是涉嫌信息披露违法违规,但调查对象不包括藏格控股。本次调查由中国证监会直属的稽查总队实施,而不再是地方证监局。

2020 年 12 月 17 日,深圳证券交易所再次对肖某 1、藏格集团等作出纪律处分决定,涉及的违规行为仍然包括定期报告存在虚假记载、控股股东违规占用资金。本次处分系针对藏格控股相关主体的第二次处分。此前,在 2019 年 9 月 10 日,深圳证券交易所已经处分肖某 1、藏格集团等一次,处分的第一项违规行为即是控股股东及其关联方违规占用资金。

由于藏格控股不在新一轮调查范围内,后续可能出现的虚假陈述诉讼将大概率只列肖某 1 和藏格集团为被告。贵院支持我方的诉讼请求,将肖某 1 列为第一责任人,或能在性质相似的两批虚假陈述案件之间起到衔接的作用。

二、实施日应为 2018 年 1 月 12 日

根据《虚假陈述案件若干规定》,虚假陈述证券民事赔偿案件是指投资人以信息披

露义务人违反法律规定,进行虚假陈述并致使其遭受损失为由,而提起诉讼的民事赔偿案件。虚假陈述包括所有违反信息披露义务的行为,信息披露义务的履行形式包括临时报告,也包括年度报告等定期报告。

本案中虚假陈述所涉的内容,除应当在年度报告等定期报告中披露外,也应当在临时报告中披露。而且,根据上市公司信息披露相关制度,临时报告披露的时间在前。在临时报告和定期报告均存在虚假陈述的情形下,应以在先的临时报告应披露日为虚假陈述的实施日。

藏格控股自我承认 2018 年 1 月 10 日即发生违规资金占用,中国证监会已经认定藏格控股自 2018 年 1 月起即实施虚假陈述行为且未按规定及时披露上述事项,“及时”指应披露事项发生 2 个交易日内,因此,在 2018 年 1 月 12 日,藏格控股即实施了虚假陈述行为。

三、更正日应为 2019 年 4 月 30 日

《全国法院民商事审判工作会议纪要》明确规定,虚假陈述的揭露和更正,是指虚假陈述被市场所知悉、了解,其精确程度并不以“镜像规则”为必要,不要求达到全面、完整、准确的程度。原则上,只要交易市场对监管部门立案调查、权威媒体刊载的揭露文章等信息存在明显的反应,对一方主张市场已经知悉虚假陈述的抗辩,人民法院依法予以支持。

根据《虚假陈述案件若干规定》第 20 条,认定更正日应当综合考虑“揭露时间的首次性”“揭露主体的权威性(全国范围)”“揭露内容相关性”“揭露行为引起证券价格异常波动/对市场产生警示作用”等 4 个要素。这一认定标准,已在青海春天虚假陈述系列案件中得到青海省高级人民法院的确认和支持。[注:相关案件一审案号如(2017)青 01 民初 187 号,二审案号如(2017)青民终 186 号,供贵院参阅。]

藏格控股于 2019 年 4 月 30 日披露的 31 份公告:第一,充分揭露了违规情形,所揭露的情形与中国证监会事后的认定大体相同;第二,该日至基准日期间,市场的反应明显下跌,符合常理,证明该日的公告对市场起到了警示作用;第三,2019 年 4 月 30 日相较于立案调查公告日发生在先,符合《虚假陈述案件若干规定》认定更正日时应遵循的首次公开揭露原则。

反观被告所谓的揭露日,即立案调查公告日,第一,内容只有“因公司涉嫌信息披露违法违规,根据《证券法》的有关规定,中国证监会决定对公司进行立案调查”一句话,没有丝毫对违规情形的说明,更谈不上“全面、完整、准确”;第二,该日至基准日期

间,市场的反应是上涨,并不合理,也证明该揭露行为并未对证券市场起到足够的警示作用;第三,在立案调查公告日之前,公司已在全国性媒体上公开披露其存在的虚假陈述行为,立案调查公告所作披露,完全不符合"首次"的要求。被告无视上述明显证据,坚持以立案调查公告日为揭露日,原因无非是按该日计算的基准价会相对高出几角钱,目的无非减少赔偿金额。以该日为揭露日,不符合法律规定,更无法体现对投资者的侧重保护。

以上请考虑。

此致

西宁市中级人民法院

诉讼代理人:________

日期:×年×月×日

一审判决书

青海省西宁市中级人民法院民事判决书

(2020)青01民初448号

原告:黄某1。

委托诉讼代理人:陈波,德恒上海律师事务所律师。

委托诉讼代理人:龙文杰,德恒上海律师事务所律师。

被告:肖某1。

委托诉讼代理人:喇海翔,青海树人律师事务所律师。

委托诉讼代理人:张磊,青海树人律师事务所律师。

被告:吴某某。

委托诉讼代理人:喇海翔,青海树人律师事务所律师。

委托诉讼代理人:张磊,青海树人律师事务所律师。

被告:藏格控股股份有限公司,统一社会信用代码911×××××××××××××××,住所地格尔木市×××路××号。

法定代表人:曹某某,该公司董事长。

委托诉讼代理人:王遵斌,该公司法务。

委托诉讼代理人：喇海翔，青海树人律师事务所律师。

原告黄某1与被告肖某1、吴某某、藏格控股股份有限公司（以下简称藏格公司）证券虚假陈述责任纠纷一案，本院于2020年10月19日立案后，依法适用普通程序公开开庭进行了审理。

原告黄某1的委托诉讼代理人陈波、龙文杰，被告肖某1、吴某某的委托诉讼代理人喇海翔，被告藏格公司的委托诉讼代理人王遵斌、喇海翔到庭参加诉讼。本案现已审理终结。

黄某1向本院提出诉讼请求：（1）判令肖某1赔偿黄某1投资差额损失58,013.75元、佣金损失17.4元、印花税损失58.01元及利息损失33.42元（按年利率0.35%计算自2019年4月11日至6月10日）；（2）判令吴某某、藏格公司对上述赔偿责任承担连带责任；（3）判令肖某1、吴某某、藏格公司承担本案诉讼费用。

事实与理由：（1）藏格公司存在虚假陈述行为已被监管部门认定，且藏格公司不予否认。藏格公司系深圳证券交易所上市公司，证券代码为000408。2019年11月28日，中国证券监督管理委员会青海监管局（以下简称青海证监局）作出《行政处罚决定书》和《市场禁入决定书》。青海证监局认定藏格公司实施了虚假陈述行为，具体情形为虚增营业收入和营业利润、虚增应收账款和预付账款，以及未按规定披露控股股东及其关联方占用公司资金事项；肖某1为藏格公司的实际控制人，指使藏格公司实施虚假陈述行为，肖某1同时任藏格公司董事长，是对藏格公司虚假陈述行为直接负责的主管人员；吴某某时任藏格公司董事兼副总经理，亦属于对藏格公司虚假陈述行为直接负责的主管人员。基于前述认定的事实，青海证监局决定对藏格公司、肖某1、吴某某予以行政处罚。因肖某1、吴某某对藏格公司的违法行为负主要责任，情节严重，青海证监局另决定对肖某1、吴某某采取市场禁入措施。（2）本案实施日为2018年1月12日。按照藏格公司的自查报告，第一笔资金占用的发生时间为2018年1月10日，金额为1亿元。根据藏格公司《章程》第110条和《关联交易管理制度》第40条，公司与关联法人发生的关联交易（公司获赠现金资产除外）金额达到300万元且占公司最近一期经审计净资产绝对值0.5%以上的，应由董事会审议，并及时披露。藏格公司2017年年底经审计的净资产为65.35亿元，1亿元的资金占用金额超过最近一期经审计的净资产的0.5%，超过披露门槛，应当及时披露。因此，藏格公司最迟应在2018年1月12日对此进行披露。藏格公司既未履行审议程序，也没有进行披露，构成虚假陈述，2018年1月12日应确认为虚假陈述的实施日。（3）本案更正日为2019年4月30日。在2019

年 4 月 30 日,通过大量的公告,藏格公司既披露了已经查明的巨额资金占用情形,也预告了尚未查明的情形,后续的自查进展也均以该日披露的自查结果为基础,审计机构、公司、独立董事、董事会、监事会均分别就资金占用问题表态,关联方资金占用情形被充分地公开,资金占用与其他两类虚假陈述情形存在前后因果关系,藏格公司股价在后续期间内大幅下跌,因此,2019 年 4 月 30 日应为虚假陈述的更正日。(4)本案基准日为 2019 年 6 月 10 日,基准价为 8.06 元,自更正日 2019 年 4 月 30 日至 6 月 10 日,藏格公司股票累计成交量达到可流通部分的 100%,其间亦无大宗交易协议转让记录。因此,2019 年 6 月 10 日应为投资差额损失计算的基准日,基准价为 8.06 元/股。(5)原告因藏格公司的虚假陈述而遭受了损失,依据《证券法》的规定,上市公司虚假陈述,致使投资者遭受损失的,上市公司应当承担赔偿责任;上市公司的控股股东、实际控制人有过错的,应当与上市公司承担连带赔偿责任;如不能证明不存在过错,上市公司的董事、监事、高级管理人员和其他直接责任人员,应当与上市公司承担连带赔偿责任。依据最高人民法院《关于审理证券市场因虚假陈述引发的民事赔偿案件的若干规定》,实际控制人操纵上市公司违反证券法律规定,以上市公司名义虚假陈述并给投资人造成损失的,可以由上市公司承担赔偿责任。上市公司承担赔偿责任后,可以向实际控制人追偿。根据青海证监局的认定,肖某 1、吴某某对藏格公司的违法行为负主要责任,情节严重。肖某 1 既是有过错的藏格公司实际控制人,也是有过错的藏格公司直接负责的主管人员。吴某某是有过错的藏格公司直接负责的主管人员,因此,原告有权要求肖某 1、吴某某、藏格公司承担责任。综上,藏格公司及相关责任人员的虚假陈述行为,给原告造成了损失,为维护自身合法权益,依法提起诉讼,请求支持原告的诉讼请求。

肖某 1、吴某某、藏格公司共同辩称:(1)对原告确认的三日一价均不认可,本案虚假实施日为 2018 年 4 月 28 日、揭露日为 2019 年 6 月 22 日、基准日为 2019 年 7 月 9 日、基准价为 8.56 元;(2)本案不存在公司实际控制人操控上市公司违反《证券法》相关规定的情形,原告要求肖某 1 承担主要赔偿责任,吴某某、藏格公司承担连带赔偿责任于法无据,应当驳回原告的诉讼请求。

根据当事人陈述、举证、质证,对原告、被告双方无争议的事实认定如下:藏格公司于 1996 年 6 月 8 日在深圳证券交易所挂牌上市,系一家在深圳证券交易所发行股份的上市公司(股票代码:000408)。2019 年 6 月 22 日,藏格公司发布《关于收到中国证券监督管理委员会调查通知书的公告》,内容为:藏格公司收到中国证券监督管理委员会(以下简称中国证监会)下发的《调查通知书》,因公司涉嫌信息披露违反证券法律法规，被证监会立案调查。2019 年 11 月 26 日，藏格公司发布《关于收到中国证券监督管理委员会青海监管局行政处罚及市场禁入事先告知书的公告》，内容为：藏格公司涉嫌信息披露违法违规一案已由青海证监局调查完毕，依法对藏格公司作出行政处罚及采取市场禁入措施。2019 年 11 月 28 日，青海证监局下发《行政处罚决定书》（[2019]2 号），认定藏格公司在披露的《2017 年年度报告》《2018 年半年度报告》《2018 年年度报告》中存在虚假记载、重大遗漏以及未及时披露重大事项的行为，违反了《证券法》第 63 条、第 67 条第 1 款的有关规定，构成《证券法》第 193 条第 1 款所述的上市公司未按照规定披露信息，或者所披露的信息有虚假记载、误导性陈述或者重大遗漏的证券虚假陈述行为。

对当事人有争议的事实，本院认定如下：

一、关于藏格公司虚假陈述实施日、揭露日、基准日的认定问题

黄某 1 向本院提交如下证据：（1）《关于深交所公司部年报问询函（[2019]第 49 号）的回复公告》；（2）《2017 年年度报告》；（3）《章程》；（4）《关联交易管理制度》；（5）《信息披露事务管理制度》；（6）《关于对藏格控股股份有限公司及相关当事人给予纪律处分的决定》；（7）《上市公司 2018 年度非经营性资金占用及其他关联资金往来情况汇总表》；（8）《2018 年度内部控制评价报告》；（9）《2018 年年度报告》；（10）《关于公司控股股东资金占用等事项的自查结果公告》《董事会关于会计师事务所出具的保留审计意见涉及事项的专项说明》《关于深交所公司部年报问询函[2019]第 49 号的补充回复公告》；（11）2019 年 4 月 30 日公告清单；（12）藏格公司股票走势图；（13）藏格公司股票交易记录。拟共同证明：本案虚假陈述实施日为 2018 年 1 月 12 日，更正日为 2019 年 4 月 30 日，基准日为 2019 年 6 月 10 日，基准价为 8.06 元/股。

肖某 1、吴某某、藏格公司共同质证认为，对上述证据的真实性、关联性均认可，但对证明方向不认可，本案虚假陈述的实施日为 2018 年 4 月 28 日，揭露日为 2019 年 6 月 22 日，基准日为 2019 年 7 月 9 日，基准价为 8.56 元。

肖某 1、吴某某、藏格公司为证明其主张，向本院提交如下反驳证据：《2017 年年度报告》《2018 年半年度报告》《2018 年年度报告》《行政处罚决定书》《关于中国证监会调查通知书的公告》以及基准日及基准价计算表，拟证明：虚假陈述的实施日为 2018 年 4 月 28 日，揭露日为 2019 年 6 月 22 日，基准日为 2019 年 7 月 9 日，基准价为 8.56 元。

黄某1质证认为,对上述证据的证明内容不认可,其中对证据“基准日及基准价计算表”不予质证,该计算表不能作为证据使用。

本院认为,青海证监局下发的《行政处罚决定书》证实,藏格公司最早进行虚假陈述行为体现在《2017年年度报告》中,发布日期为2018年4月28日,依照最高人民法院《关于审理证券市场因虚假陈述引发的民事赔偿案件的若干规定》第20条第1款“本规定所指的虚假陈述实施日,是指作出虚假陈述或者发生虚假陈述之日”之规定,2018年4月28日应认定为本案虚假陈述实施日。最高人民法院《关于审理证券市场因虚假陈述引发的民事赔偿案件的若干规定》第20条第3款规定:“虚假陈述更正日,是指虚假陈述行为人在中国证券监督管理委员会指定披露证券市场信息的媒体上,自行公告更正虚假陈述并按规定履行停牌手续之日。”本案中,藏格公司并未于2018年4月30日自行公告更正虚假陈述行为并履行停牌手续,2018年4月30日不符合虚假陈述更正日的认定标准。藏格公司于2019年6月22日发布《关于收到中国证监会调查通知书的公告》,向投资者披露因公司涉嫌信息披露违反证券法律法规,被证监会立案调查,这是藏格公司相关虚假陈述首次被公开揭露,公司发布公告后股价即大幅下滑,且此后的几个交易日股价持续走低,足以证明公告对市场产生了影响,最后该虚假陈述也被证监会正式处罚。因此,藏格公司发布接受调查公告日即2019年6月22日,符合最高人民法院《关于审理证券市场因虚假陈述引发的民事赔偿案件的若干规定》第20条第2款“虚假陈述揭露日,是指虚假陈述在全国范围发行或者播放的报刊、电台、电视台等媒体上,首次被公开揭露之日”关于揭露日认定的要素,应当确定该日为本案的虚假陈述揭露日。藏格公司虚假陈述被揭露后,自2019年6月22日至7月9日该公司股票的累积成交量达到其可流通部分的100%,同时,在此期间并无通过大宗交易协议转让的股票。依据最高人民法院《关于审理证券市场因虚假陈述引发的民事赔偿案件的若干规定》第33条的规定,2019年7月9日应被确定为本案虚假陈述基准日,基准价应为8.56元。

二、关于黄某1主张的损失是否与藏格公司证券虚假陈述行为存在因果关系的问题

黄某1举证:(1)证券账户信息;(2)交易明细对账单。拟证明:黄某1在虚假陈述行为实施日至揭露日期间买入股票,并至基准日期间持续持有股票造成损失,损失与藏格公司证券虚假陈述行为之间存在因果关系。

肖某1、吴某某、藏格公司共同质证认为,因双方对实施日、揭露日、基准日的认定

标准不一致,申请法院依职权调取关于黄某1账户信息及购买股票的情况,并委托专业机构进行计算。2018年股市大盘动荡,在实施日之后整个大盘都在下跌,故黄某1的损失属于市场风险,与藏格公司证券虚假陈述行为之间不具有因果关系。本院依藏格公司申请,向深圳证券交易所调取了黄某1就案涉股票自证券虚假陈述实施日至基准日的成交记录,该记录显示,黄某1,自实施日2018年4月28日至揭露日2019年6月22日之间买入55100股,卖出32999股,自2019年6月22日揭露日至7月9日基准日期间卖出18000股。经本院委托中证资本市场法律服务中心在综合考虑佣金损失、印花税损失、活期利息、指数差额损失等因素在内,计算黄某1的损失为19,179.98元。

黄某1对上述证据质证认为,对损失核定意见书的真实性、合法性、相关性予以确认,由于损失核定意见书中的相关测算以错误的实施日和揭露日为前提,其所得结果无法正确反映原告损失。因此,原告对该份证据的证明内容不予认可。

肖某1、吴某某、藏格公司共同质证认为,对上述损失核定的真实性、合法性、关联性、证明事项予以认可。

本院认为,最高人民法院《关于审理证券市场因虚假陈述引发的民事赔偿案件的若干规定》第18条规定:"投资人具有以下情形的,人民法院应当认定虚假陈述与损害结果之间存在因果关系:(一)投资人所投资的是与虚假陈述直接关联的证券;(二)投资人在虚假陈述实施日及以后,至揭露日或更正日之前买入该证券;(三)投资人在虚假陈述揭露日或者更正日及以后,因卖出该证券发生亏损,或者因持续持有该证券而产生亏损。"本案中,根据本院向深圳证券交易所调取的成交记录,黄某1在虚假陈述实施日2018年4月28日之后至揭露日2019年6月22日之前买入藏格公司股票55100股,卖出32999股,自2019年6月22日揭露日至7月9日基准日期间卖出18000股。发生的损失与藏格公司的证券虚假陈述行为之间具有因果关系。本院据此委托中证资本市场法律服务中心对损失进行计算,计算过程中综合考虑佣金损失、印花税损失、活期利息、指数差额损失等因素,黄某1的投资损失为19,179.98元,对该金额,本院予以确认。

三、关于原告的投资损失应由谁承担赔偿责任的认定问题

黄某1举证主张:《行政处罚决定书》《市场禁入决定书》《关于收到中国证券监督管理委员会青海监管局行政处罚及市场禁入事先告知书的公告》,拟证明:藏格公司存在虚假陈述的行为,肖某1、吴某某对藏格公司虚假陈述行为负主要责任。

肖某1、吴某某、藏格公司共同质证认为,对上述证据的真实性无异议,但不认可肖某1、吴某某对藏格公司虚假陈述行为负主要责任的证明方向。

本院认为,2019年11月28日,青海证监局下发《行政处罚决定书》([2019]2号),认定藏格公司在披露的《2017年年度报告》《2018年半年度报告》《2018年年度报告》中存在虚假记载、重大遗漏以及未及时披露重大事项的行为,违反了《证券法》第63条、第67条第1款的有关规定,构成《证券法》第193条第1款所述的上市公司未按照规定披露信息,或者所披露的信息有虚假记载、误导性陈述或者重大遗漏的证券虚假陈述行为。依据《证券法》第85条"信息披露义务人未按照规定披露信息,或者公告的证券发行文件、定期报告、临时报告及其他信息披露资料存在虚假记载、误导性陈述或者重大遗漏,致使投资者在证券交易中遭受损失的,信息披露义务人应当承担赔偿责任;发行人的控股股东、实际控制人、董事、监事、高级管理人员和其他直接责任人员以及保荐人、承销的证券公司及其直接责任人员,应当与发行人承担连带赔偿责任,但是能够证明自己没有过错的除外"之规定,本案信息披露义务人系藏格公司,其未按照规定披露信息致使投资者在证券交易中遭受了损失,故对投资者遭受损失承担赔偿责任的主体应为藏格公司。肖某1、吴某某作为藏格公司的实际控制人和直接负责的主管人员,依据青海证监局下发的《行政处罚决定书》,肖某1、吴某某在藏格公司虚假陈述中存在过错,且肖某1、吴某某未举证证明其没有过错,故肖某1、吴某某应当对投资者在证券交易中遭受的损失承担连带赔偿责任。

综上,根据《证券法》第85条之规定本案虚假陈述对外承担直接赔偿责任的主体应为藏格公司,虽然藏格公司虚假陈述行为对原告投资造成了损失,但原告主张由肖某1承担直接赔偿责任,于法无据,不能成立,且经本院释明,原告明确表示不变更诉讼请求,故对原告主张肖某1承担赔偿责任的诉讼请求,本院不予支持。因肖某1并非承担直接赔偿责任的主体,故原告主张吴某某、藏格公司对肖某1的赔偿责任承担连带责任亦无依据,应予驳回。依照《证券法》第78条第1款、第85条,最高人民法院《关于审理证券市场因虚假陈述引发的民事赔偿案件的若干规定》第17条第1款、第18条、第20条、第21条第1款、第28条、第30条、第31条、第33条、第34条、第35条及《民事诉讼法》第64条、第134条第1款、第142条之规定,判决如下:

驳回原告黄某1的诉讼请求。

案件受理费1253.06元,由原告黄某1负担。

如不服本判决，可在判决书送达之日起15日内，向本院递交上诉状，并按对方当事人的人数提出副本，上诉于青海省高级人民法院。

青海省西宁市中级人民法院

审判长　山有梅

审判员　黄存智

审判员　马春梅

二〇二一年六月十六日

法官助理　刘叔虎

书记员　李美琳

二审上诉状

民事上诉状

上诉人（原审原告）：黄某1。

被上诉人（原审被告一）：肖某1。

被上诉人（原审被告二）：吴某某。

被上诉人（原审被告三）：藏格控股股份有限公司，统一社会信用代码911××××××××××××××，住所青海省格尔木市×××路××号，法定代表人曹某某。

上诉请求：

（1）撤销西宁市中级人民法院（2020）青01民初448号民事判决，改判支持上诉人一审的全部诉讼请求，或将本案发回重审；（2）本案一审、二审诉讼费用由三名被上诉人承担。

事实与理由：

上诉人黄某1因与被上诉人发生证券虚假陈述责任纠纷，向西宁市中级人民法院（以下简称一审法院）提起民事诉讼。2021年6月16日，一审法院作出（2020）青01民初448号民事判决（以下简称一审判决），判决驳回上诉人的诉讼请求。

上诉人认为一审判决的事实认定与法律适用均存在错误，应当撤销一审判决，改判支持上诉人的全部诉讼请求，或将本案发回重审。理由如下：

一、一审判决法律适用错误

(一)一审判决错误适用2019年《证券法》

关于虚假陈述的民事责任,2005年《证券法》规定于第69条,2019年《证券法》规定于第85条。一审判决所援引的、附件中所罗列的法律条文,均为2019年《证券法》第85条。

2019年《证券法》自2020年3月1日起实施。案涉违法行为、行政处罚决定,均发生于2019年《证券法》实施之前。根据不溯及既往的法律适用原则,应适用2005年《证券法》。

一审法院在本案及案涉违法行为的其他虚假陈述案件中适用2019年《证券法》第78条第1款,属于相同的法律适用错误情形。

(二)一审法院错误理解"连带赔偿责任"概念,生造"直接赔偿责任"概念

连带赔偿责任属于连带责任。案涉违法行为,是上市公司在实际控制人的操纵下实施虚假陈述,是多个侵权人之间存在意思联络、对外共同实施的一个行为,因此,案涉违法主体应当承担原《侵权责任法》第8条规定的真正的连带责任。由于本案不是二人以上分别实施侵权行为造成同一损害,违法主体所承担的真正的连带责任应与原《侵权责任法》第11条、第36条、第59条、第74条等条款规定的不真正的连带责任不同(为免歧义,下文"连带责任"均指真正的连带责任)。

连带责任的本质属性之一,是责任人之间不分主次和先后。事实上,正是因为难以分清主次和先后,法律才会规定连带责任;否则,就是各负其责、各得其所的单独责任、按份责任或者补充责任。

正是基于不分主次和先后这一连带责任的本质属性,原《侵权责任法》第13条(《民法典》第178条)规定,二人以上依法承担连带责任的,权利人有权请求部分或者全部连带责任人承担责任。原《担保法》第12条(《民法典》第699条)也规定,同一债务有两个以上保证人但没有约定保证份额的,债权人可以请求任何一个保证人在其保证范围内承担保证责任。

一审判决关于"本案虚假陈述对外承担直接赔偿责任的主体应为藏格公司"的说法,违反了原《侵权责任法》和《民法典》的明文规定,是明显的法律适用错误。按照一审判决的逻辑,原《侵权责任法》第13条(《民法典》第178条)将被架空,成为虚设,因为权利人将无权请求除所谓"直接赔偿责任"人之外的部分连带责任人承担责任。

一审判决所使用的"直接赔偿责任",并不是中国成文法的术语,甚至都不是一个

被普遍接受的学术概念。其引出该概念的逻辑,也存在问题。

一审判决的逻辑是,信息披露的违法行为是藏格公司直接实施的,因此,藏格公司应负“直接赔偿责任”。实际上,直接实施侵权行为的主体,有可能承担单独赔偿责任(如完全民事行为能力人受他人影响但非教唆而实施侵权),有可能承担连带赔偿责任(如完全民事行为能力人受他人教唆而实施侵权),还有可能根本就不承担赔偿责任(如无民事行为能力人受他人教唆而实施侵权行为)。但认定直接实施侵权行为的主体承担“直接赔偿责任”,没有任何法律依据。

一审判决所援引的2019年《证券法》第85条规定的是,信息披露义务人应当承担赔偿责任;实际控制人、董监高如不能证明其没有过错,应当承担连带赔偿责任。整个条文的正确理解是,其他主体没有过错时,只由信息披露义务人承担责任;其他责任人有过错时,与信息披露义务人承担连带责任。基于该条规定,根本无从得出信息披露义务人是“承担直接赔偿责任”的主体,因而应当较其他侵权人优先承担责任的结论。

最高人民法院《关于审理证券市场因虚假陈述引发的民事赔偿案件的若干规定》(以下简称《虚假陈述案件若干规定》)第22条规定,实际控制人操纵发行人或者上市公司违反证券法律规定,以发行人或者上市公司名义虚假陈述并给投资人造成损失的,可以由发行人或者上市公司承担赔偿责任。发行人或者上市公司承担赔偿责任后,可以向实际控制人追偿。此条规定的是“可以”,并非“必须”“只能”。《证券法》、原《侵权责任法》等其他相关法律法规或司法解释亦无这种限制性规定。《虚假陈述案件若干规定》是符合原《侵权责任法》及《民法典》的。

大连控股(证券代码:600747)证券虚假陈述责任纠纷案上诉案中,法院判令实际控制人承担赔偿责任,上市公司和其他高级管理人员承担连带责任。辽宁省高级人民法院的理由是“共同侵权连带责任是对受害人的整体责任,受害人有权在共同侵权行为中选择责任主体,既可以请求共同行为人中的一人或数人赔偿其损失,也可以请求全体共同行为人赔偿其损失;共同加害人和共同危害行为人对外承担整体责任,不分份额,对内应依其主观过错程度和行为的原因力不同,对自己的责任份额负责。而任何一个共同侵权人或共同危害行为人都有义务向受害人负全部的赔偿责任,共同加害人中的一人或数人已全部赔偿了受害人的损失,则免除其他共同加害人向受害人应负的赔偿责任。确定共同侵权行为连带责任的目的,是加重行为人的责任,使受害人处于优越的地位,保障其赔偿权利的实现”。因此,辽宁省高级人民法院撤销了一审判决,判令实际控制人承担赔偿责任,上市公司和其他责任人承担连带责任。

我们认为，辽宁省高级人民法院的意见是正确的，而本案一审判决的理念则是错误的。在法律明文规定权利人有选择权的情况下，一审判决违法限制了权利人的权利、违法加重了权利人的负担。进一步而言，一审判决违法限制的不仅是本案上诉人的权利，还有藏格公司 2 万名中小股东的权利。藏格公司如承担“直接赔偿责任”，而一审法院又未明确共同侵权人之间的责任比例，则藏格公司将很可能先行承担全部责任、再另行起诉以划分责任比例。资金是有时间成本的，司法程序也是有成本的，这些都会成为藏格公司额外的负担，藏格公司的这些额外的负担，终将成为持有藏格公司股票的中小股东的负担，对本已因虚假陈述行为遭受损失的中小投资者造成“二次伤害”。

二、一审判决事实认定错误

（一）实施日认定错误

在证监会认定的藏格公司虚假陈述行为中，最早发生的并不是于 2018 年 4 月 28 日发布的《2017 年年度报告》中的虚假陈述，而是藏格公司未按规定披露控股股东及其关联方占用公司资金事项的行为。

根据《行政处罚决定书》，藏格公司自 2018 年 1 月起即实施了资金占用行为。按照藏格公司的自查报告，第一笔资金占用发生的具体时间为 2018 年 1 月 10 日，金额为 1 亿元。

虚假陈述包括所有违反信息披露义务的行为，信息披露义务的履行形式包括年度报告等定期报告，也包括临时公告。对发生即需按规定披露的事项，如未及时以临时公告形式披露，则构成虚假陈述。

《行政处罚决定书》认定，藏格公司未按规定及时披露上述资金占用事项。根据《上市公司信息披露管理办法》第 71 条和藏格公司《信息披露事务管理制度》第 4 条，“及时”是指自起算日起或者触及披露时点的两个交易日内。因此，藏格公司最迟应在 2018 年 1 月 12 日对资金占用情况进行披露，但其并未履行披露义务。因此，在 2018 年 1 月 12 日，藏格公司即实施了虚假陈述行为。

按照《虚假陈述案件若干规定》第 20 条的规定，实施日是指作出虚假陈述或者发生虚假陈述之日。因此，本案实施日应为 2018 年 1 月 12 日，而非发生在后的《2017 年年度报告》发布之日 2018 年 4 月 28 日。

（二）揭露日认定错误

根据《虚假陈述案件若干规定》第 20 条，认定揭露日应当综合考虑“揭露时间的首次性”“揭露主体的权威性（全国范围）”“揭露内容相关性”“揭露行为引起证券价格异常波动/对市场产生警示作用”4 个要素。这一认定标准,已在青海春天虚假陈述系列案件中得到贵院的确认和支持。

上诉人主张的 2019 年 4 月 30 日,符合上述 4 个要素标准,而一审判决认定的揭露日,不具备后面 3 个要素。

在上诉人主张的揭露日,藏格公司披露了 31 份公告:第一,揭露内容相关且程度充分,藏格公司既披露了已经查明的巨额资金占用情形,也预告了尚未查明的情形,后续的自查进展也均以该日披露的自查结果为基础,审计机构、公司、独立董事、董事会、监事会均分别就资金占用问题表态,关联方资金占用情形被充分公开,占用情形与证监会事后认定的另外两类虚假陈述情形(虚增营业收入和营业利润、虚增应收账款和预付账款)存在前后因果关系,所披露的内容与《行政处罚决定书》的认定大体相同;第二,该日至基准日期间,股价明显下跌,市场反应符合常理,证明该日的公告对市场起到了警示作用,符合 2019 年《全国法院民商事审判工作会议纪要》第 84 条“原则上,只要交易市场对监管部门立案调查、权威媒体刊载的揭露文章等信息存在着明显的反应,对一方主张市场已经知悉虚假陈述的抗辩,人民法院依法予以支持”的规定;第三,2019 年 4 月 30 日相较于立案调查公告日发生在先,符合首次公开揭露原则。

反观一审判决认定的揭露日,即立案调查公告日。第一,该日公告内容只有“因公司涉嫌信息披露违法违规,根据《证券法》的有关规定,证监会决定对公司进行立案调查”一句话,没有任何对违法违规情形的具体说明,市场根本无法依此对违法违规的情形有所了解,揭露程度更无从谈及“全面、完整、准确”,以其为揭露日,与 2019 年《全国法院民商事审判工作会议纪要》的明确规定相左。第二,一审判决认定“公司发布公告后股价即大幅下滑,且此后的几个交易日股价持续走低”的情形与客观事实不符(请参见上诉人本次补充提交的证据 1),实际上,该日至基准日期间,股价大幅上涨,有悖常理,证明该公告并未对证券市场起到警示作用,以该日为揭露日,不符合 2019 年《全国法院民商事审判工作会议纪要》第 84 条关于市场对揭露信息应有明显反应的要求。第三,在立案调查公告日之前,藏格公司已在全国性媒体上公开披露其存在的虚假陈述行为,立案调查公告所作披露,完全不符合“首次”的要求。以该日为揭露日,不符合法律规定。被上诉人坚持以该日为揭露日,目的是减少赔偿金额。作为投资者,上诉人不要求法律的偏袒,上诉人要的只是严格执行现有法律的明文规定。

此外,一审判决以藏格公司未在 2018 年 4 月 30 日停牌为由,认定该日不符合更正日认定标准,显属错误。

《虚假陈述案件若干规定》第 20 条规定,“更正日是虚假陈述行为人在中国证券监督管理委员会指定披露证券市场信息的媒体上,自行公告更正虚假陈述并按规定履行停牌手续之日”,对此规定正确的理解是要求“按规定”履行停牌手续,即执行停牌的规定,并不是规定必须停牌。

《虚假陈述案件若干规定》发布时适用的《深圳证券交易所股票上市规则(2002 年修订)》、藏格公司发布 31 份公告时适用的《深圳证券交易所股票上市规则(2014 年修订)》,均未规定发布类似公告时必须停牌。

事实上,停牌并不是上市公司能自行决定的事项,而是需经交易所同意。停牌本质上是对投资者的交易权利的限制,减少停牌情形,是证券市场监管的趋势,因此,交易所越来越少同意上市公司停牌。在 2015 年股市异常波动时期,为了避免股票下跌导致的质押爆仓等不利后果,上市公司都想方设法申请停牌,大多被交易所以保护投资者交易权利为由拒绝即例证。事实上,在绝大多数时候,在发布利空消息时,上市公司都是希望申请停牌,只是这种申请很难得到交易所同意而已。

因此,《虚假陈述案件若干规定》关于停牌的规定,正确的理解是依法执行停牌的规定,而非必须停牌。最高人民法院在欣泰电气虚假陈述案[(2020)最高法民申 227 号]等案件中,也持这种观点。该案中,在更正日,上市公司股票并未停牌。

在上市公司按照证券交易所相关规定无须停牌的情况下,履行停牌手续不属于认定更正日的要件。最高人民法院也对此采取了支持态度。

综上,西宁市中级人民法院(2020)青 01 民初 448 号民事判决是基于错误的事实认定与法律适用而作出的,上诉人特此上诉,请求撤销该判决,改判支持上诉人一审全部诉讼请求,或将本案发回重审。

此致

青海省高级人民法院

具状人:________

日期:2021 年 7 月 7 日

二审律师代理意见

代 理 意 见

尊敬的审判长、审判员:

根据黄某1的委托,受所属律师事务所的指派,我们作为诉讼代理人,补充发表代理意见如下。

一、揭露日应为2019年4月30日

(一)"市场存在明显反应"是认定揭露日的法定要件,有大量案例印证

1."市场存在明显反应"是最高人民法院明确规定的揭露日认定要件

根据最高人民法院《关于审理证券市场因虚假陈述引发的民事赔偿案件的若干规定》(以下简称《虚假陈述案件若干规定》),虚假陈述揭露日是指虚假陈述在全国范围发行或者播放的报刊、电台、电视台等媒体上,首次被公开揭露之日。上述规定对揭露日认定作出了时间(首次)、内容(虚假陈述情形)、范围(全国)要求。

2019年《全国法院民商事审判工作会议纪要》(以下简称《九民纪要》)第84条进一步规定了市场反应要求,即原则上,只要交易市场对监管部门立案调查、权威媒体刊载的揭露文章等信息存在明显的反应,对一方主张市场已经知悉虚假陈述的抗辩,人民法院依法予以支持。

综合《虚假陈述案件若干规定》和《九民纪要》,最高人民法院就揭露日、更正日的认定,设定了时间、内容、范围、市场反应4项要求。

2.本案中是诱多型虚假陈述,揭露后"市场的明显的反应"是股价下跌

本案涉及的是诱多型虚假陈述,即隐瞒利空消息,诱使投资者买入股票或者迟延卖出股票。诱多型虚假陈述被揭露后,合理的"市场的明显的反应"应为股价下跌。

诱多型虚假陈述行为及其揭露对市场的影响,可分为三个阶段:第一阶段为虚假陈述行为实施日至揭露日,上市公司股票价格因受虚假陈述行为影响开始偏离其真实价值(股价因利空消息被隐瞒而保持在高位),投资者基于错误信赖买进股票;第二阶段为虚假陈述行为被揭露至揭露影响消除(基准日),投资者了解到支撑股价的公司基本面存在虚假成分、股价存在泡沫,股价下跌,回归至合理价值;第三阶段为虚假陈述被揭露的影响消除后(基准日之后),股价不再受虚假陈述影响。

3. 诱多型虚假陈述揭露日后股价下跌,符合《虚假陈述案件若干规定》的立法意图

《虚假陈述案件若干规定》规范的是诱多型虚假陈述,已是公论。主持起草《虚假陈述案件若干规定》的最高人民法院原副院长李国光,在其所著《证券市场虚假陈述民事赔偿制度》一书中,亦持此论。

《虚假陈述案件若干规定》中,投资者的每股投资损失为买入均价与揭露日之后的卖出均价之差,或者买入均价与揭露日至基准日之间的基准价之差。如果揭露日后股价不下跌,则对很多投资者而言,卖出均价或者基准价,将高于其买入均价,按《虚假陈述案件若干规定》所列的计算方法,投资损失为负数,将无从获得赔偿。很明显,这不符合《虚假陈述案件若干规定》的立法意图。

根据最高人民法院民二庭参与起草纪要的法官撰写的《全国法院民商事审判工作会议纪要理解与适用》,揭露日承载了阻却交易因果关系的功能,即揭露日后买入的投资者因不存在交易因果关系而不予赔偿。揭露日要起到阻却交易因果关系的作用,意味着上市公司虚假陈述被揭露的信息必须对投资者起到足够警示作用,使其能够重新衡量上市公司股票的价值、作出理性判断。对于诱多型虚假陈述,信息揭露起警示作用最直接的表现,即揭露后的股价下跌。

4. 大量案例印证上述理解

在大连大福控股虚假陈述系列案件[案号如(2019)辽民终1105号]中,辽宁省高级人民法院认为大连控股2016年12月2日发布上海证券交易所问询函回复公告属于在全国范围内首次公开揭露,应认定为揭露日,而非之后的立案调查公告日2017年4月13日;至于被告主张的其他公告日,则因发布公告后股票价格未见异常波动,未对证券市场起到足够的警示作用,也不应认定为揭露日。该等意见均获得最高人民法院的支持[案号如(2019)最高法民申5524号]。

在新力金融虚假陈述系列案件[案号如(2019)皖民终1305号]中,安徽省高级人民法院认为《调查通知书》并未涉及"虚假陈述"的表述及内容,内容较为笼统,仅表述为"因你公司涉嫌违反证券法有关规定,根据证券法的有关规定,我会决定对你公司进行立案调查,请予以配合",该信息不是确定性消息,"涉嫌"只是存在可能,"违法"事实不明确,公告的内容仅提示新力金融公司涉嫌违法,没有反映新力金融公司被调查的行为性质是因涉嫌未按规定披露信息。该公告发布的内容并不确定,故立案调查通知的公告并不构成认定揭露日的前提条件。在确定虚假陈述揭露日时,应全面考虑揭示内容、方式以及揭露后股票价格的波动等因素,并着重考察揭示行为能否充分提示投资风

险。该案中,被告未曾自行更正,因此,法院认定公告收到《行政处罚事先告知书》之日即2017年9月1日为揭露日,而非公告收到《立案调查通知》之日即2017年4月1日。

在华锐风电虚假陈述系列案件[案号如(2017)京民终81号]中,北京高院认为虚假陈述被揭露或被更正的意义在于对证券市场发出警示信号,提醒投资人重新判断股票价值,进而对市场价格产生影响,从2013年3月7日发布《更正公告》当天收盘价下跌3.04%、随后处于连续下跌状态可以看出,该公告的发布已对投资人产生了提示作用,已对市场价格产生了影响,故该日应被确认为更正日。反之,之后的立案调查公告日,即2013年5月30日,未被法院认定为揭露日。

以上案例中,揭露日均不是立案调查公告日。

在少数以立案调查公告日为揭露日的案件中,股价在揭露日当日和/或其后有明显反应,也是必须符合的揭露日认定要件。

例如,在顺灏股份虚假陈述系列案件[案号如(2017)沪民终434号]中,最高人民法院认为,顺灏股份股价于揭露日当日跌停,可以认定足以达到在全国范围内揭示系争虚假陈述行为的效果,对投资者起到了警示作用,以该日为揭露日具有事实和法律依据,应予支持。

在贤成矿业(现名为青海春天)虚假陈述系列案件[案号如(2017)青民终186号]中,贵院认为,《虚假陈述案件若干规定》第20条中所规定的虚假陈述揭露日其核心之一在于虚假陈述首次被公开揭露后对市场产生了影响。该案中,贤成矿业于2012年6月27日发布《关于接受青海监管局调查的公告》,是相关虚假陈述首次被公开,公司发布公告后股价即大幅下滑,且此后的几个交易日股价持续走低,贵院认为贤成矿业发布接受调查公告日符合揭露日认定的要素,最终确定该日为虚假陈述揭露日。

本案一审法院认定的立案调查公告日后,藏格公司股价并未下跌,反而大涨,显然不满足该要件。

5. 案涉立案调查公告未揭露有关虚假陈述的内容,立案调查公告的发布也未对市场产生警示作用,立案调查公告日不符合揭露日认定的标准

在上诉人主张的揭露日2019年4月30日,藏格公司披露了31份公告,揭露内容与《行政处罚决定书》的认定大体相同,揭露程度充分;该日至基准日期间,股价明显下跌,证明该揭露日的公告对市场起到了警示作用,符合揭露后果要件。并且,由于2019年4月30日早于一审认定的揭露日2019年6月22日,按照《九民纪要》第84条的规定,上诉人关于市场在2019年6月22日前已经知悉虚假陈述的主张,应由法院依法予

以支持。

反观藏格公司股价在立案调查公告日至基准日期间的走势,该期间内,藏格公司的股价不跌反涨,涨幅为 13.87% 。该期间共 12 个交易日,其有 7 个交易日股价上涨,且立案调查公告次日股票涨停。被告所称钾肥板块指数在此期间涨幅仅为 5.39% ,藏格公司股价涨幅远高于板块指数的涨幅,也高于深证成指的涨幅,说明藏格公司股价上涨绝不仅是受到了大盘和板块的走势影响,更说明揭露的信息并未对市场起到警示作用,投资者并未因立案调查公告而重新认识并判断藏格公司的股票价值。

导致这一情况出现的原因有二。其一,立案调查公告内容只有“因公司涉嫌信息披露违法违规,根据《证券法》的有关规定,证监会决定对公司进行立案调查”一句话,没有任何对于违法违规情形的具体说明,该公告根本无法使市场对违法违规的情形有所了解,因而也无法引起市场对此事的重视,上文中,安徽省高级人民法院在新力金融一案中即持此意见;其二,立案调查公告并非首次披露藏格公司的虚假陈述行为,藏格公司已自 2019 年 4 月 30 日起至立案调查公告日的将近两个月时间内持续披露与其虚假陈述行为相关的、具有高度真实性的利空消息(比如,审计机构出具保留意见表示藏格公司内部控制存在重大缺陷、独立董事意见表示“无法判断是否还存在大股东及其附属企业占用上市公司资金的情况”,藏格公司也在多份公告中反复提示投资者注意投资风险),市场已充分认识到藏格公司股东存在严重损害公司利益的违法行为并重新评判公司价值,股价的异常波动阶段已经度过。至立案调查公告日 2019 年 6 月 22 日,虚假陈述行为对股价的影响已经消除,立案调查公告已无法激起市场的负面反应。因此,以立案调查公告日为本案揭露日,不满足揭露后果要件。

(二)在上市公司按照证券交易所相关规定无须停牌的情况下,停牌不属于认定更正日的要件

《虚假陈述案件若干规定》第 20 条规定,“虚假陈述更正日,是指虚假陈述行为人在中国证券监督管理委员会指定披露证券市场信息的媒体上,自行公告更正虚假陈述并按规定履行停牌手续之日”,对此规定的正确理解是要求“按规定”履行停牌手续,并未要求必须实现停牌的结果。按照《虚假陈述案件若干规定》发布时适用的《深圳证券交易所股票上市规则(2002 年修订)》等监管规则,上市公司发布更正公告,确须停牌,包括因披露年度报告停牌、因披露非标审计报告停牌,但是这些监管规则在《虚假陈述案件若干规定》发布之后,经过多次修改。按照藏格公司发布 31 份公告时适用的《深圳证券交易所股票上市规则(2014 年修订)》等监管规则,上市公司发布年度报告、披露

非标审计报告，均已经不再要求停牌，藏格公司在2019年4月30日进行的信息披露，不构成必须停牌的情形，也不符合明确规定可以申请停牌的条件。按照《虚假陈述案件若干规定》的要求履行停牌手续，只能得到无须停牌的结果。因此，藏格公司于2019年4月30日停牌并非认定该日为更正日的必要条件。

最高人民法院在欣泰电气虚假陈述案[（2020）最高法民申227号]中支持了上述观点。在该案中，再审申请人（投资者）称欣泰电气虽发布公告自行更正虚假陈述，但未履行停牌手续，该日期不符合虚假陈述更正日的认定条件。最高人民法院认为，公告发布当日，欣泰电气的股票价格均出现一定幅度的下跌，表明交易市场已对披露的内容产生了明显反应。一审、二审法院认定更正公告发布日为虚假陈述揭露日，并无不当。

二、肖某1（实际控制人）、吴某某与藏格公司实施了共同侵权行为，应当承担连带责任，而被侵权人依法有权选择连带责任人的担责顺序

共同侵权连带责任是对被侵权人的整体责任，共同侵权行为人对外承担整体责任，不分份额，对内应依其主观过错程度和行为的原因力不同，对自己的责任份额负责。而任何一个共同侵权人都有义务向被侵权人负全部赔偿责任，如一人或数人已全部赔偿了被侵权人的损失，则免除其他共同侵权行为人向被侵权人应负的赔偿责任。确定共同侵权行为连带责任的目的，是加重行为人的责任，使被侵权人处于优越的地位，保障其赔偿权利的实现。

根据原《民法总则》第178条，二人以上依法承担连带责任的，权利人有权请求部分或者全部连带责任人承担责任。根据原《侵权责任法》第13条与第14条，法律规定承担连带责任的，被侵权人有权请求部分或者全部连带责任人承担责任。支付超出自己赔偿数额的连带责任人，有权向其他连带责任人追偿。连带责任不是补充责任，责任人之间并无顺位之分，被侵权人有权请求个别或部分连带责任人承担责任，自然也有权请求按照连带责任人在共同侵权行为中的作用大小顺序承担责任。《虚假陈述案件若干规定》第22条规定实际控制人操纵上市公司虚假陈述时，“可以”由上市公司承担赔偿责任，并非“必须”先由上市公司承担赔偿责任，再向实际控制人追偿。一审法院创造的“直接赔偿责任”概念，否定了连带责任制度的基本原则，没有法律和学理依据，是对连带赔偿责任的错误理解。

中国证监会已在《行政处罚决定书》中认定，肖某1作为藏格公司实际控制人，其行为构成《证券法》第193条第3款所述违法行为，即实际控制人指使上市公司从事虚假陈述。证监会已基于肖某1的藏格公司董事长、实际控制人双重身份对其进行了顶

格罚款处罚,并对肖某 1 予以市场禁入处罚。处罚的身份说明了其在虚假陈述行为中的角色,处罚的力度体现了其行为的严重性。

上诉人将肖某 1 列为第一被告,既与其在藏格公司虚假陈述行为中的地位相匹配,也符合原《民法总则》、原《侵权责任法》以及《虚假陈述案件若干规定》的规定,具有充分的法律依据。

以上请考虑。

此致

青海省高级人民法院

诉讼代理人:________

日期:×年×月×日

二审判决书

青海省高级人民法院民事判决书

(2021)青民终 189 号

上诉人(原审原告):黄某 1。

委托诉讼代理人:陈波,德恒上海律师事务所律师。

委托诉讼代理人:龙文杰,德恒上海律师事务所律师。

被上诉人(原审被告):肖某 1。

委托诉讼代理人:喇海翔,青海树人律师事务所律师。

委托诉讼代理人:何佳,青海树人律师事务所实习律师。

被上诉人(原审被告):吴某某。

委托诉讼代理人:喇海翔,青海树人律师事务所律师。

委托诉讼代理人:何佳,青海树人律师事务所实习律师。

被上诉人(原审被告):藏格控股股份有限公司,住所:青海省格尔木市×××路××号。

法定代表人:肖某,该公司董事长。

委托诉讼代理人:喇海翔,青海树人律师事务所律师。

委托诉讼代理人:何佳,青海树人律师事务所实习律师。

上诉人黄某1与被上诉人肖某1、吴某某、藏格控股股份有限公司(以下简称藏格公司)证券虚假陈述责任纠纷一案,不服青海省西宁市中级人民法院(2020)青01民初448号民事判决,向本院提起上诉。本院于2021年8月5日立案后,依法组成合议庭,于2021年9月8日公开开庭进行了审理。上诉人黄某1的委托诉讼代理人陈波、龙文杰,被上诉人肖某1、吴某某、藏格公司的委托诉讼代理人喇海翔到庭参加诉讼。本案现已审理终结。

黄某1上诉请求:(1)撤销西宁市中级人民法院(2020)青01民初448号民事判决,改判支持上诉人一审的全部诉讼请求,或将本案发回重审;(2)本案一审、二审诉讼费用由三名被上诉人承担。

事实与理由:

一、一审判决法律适用错误

(一)一审判决错误适用2019年《证券法》

关于虚假陈述的民事责任,2005年《证券法》规定于第69条,2019年《证券法》规定于第85条。一审判决所援引的是2019年《证券法》第85条。2019年《证券法》自2020年3月1日起实施。案涉违法行为、行政处罚决定,均发生于2019年《证券法》实施之前。根据不溯及既往的法律适用原则,应适用2005年《证券法》。

(二)一审法院错误理解“连带赔偿责任”,无端编造“直接赔偿责任”

连带赔偿责任属于连带责任。案涉违法行为,是上市公司在实际控制人的操纵下实施虚假陈述,是多个侵权人之间存在意思联络、对外共同实施的一个行为,因此,案涉违法主体应当承担原《侵权责任法》第8条规定的真正的连带责任。连带责任的本质属性之一,是责任人之间不分主次和先后。事实上,正是因为难以分清主次和先后,法律才会规定连带责任;否则,就是各负其责、各得其所的单独责任、按份责任或者补充责任。一审判决关于“本案虚假陈述对外承担直接赔偿责任的主体应为藏格公司”的说法,违反了原《侵权责任法》第13条(《民法典》第178条)的明文规定,法律适用明显错误。

二、一审判决事实认定错误

(一)实施日认定错误

在证监会认定的藏格公司虚假陈述行为中,最早发生的并不是于2018年4月28日发布的《2017年年度报告》中的虚假陈述,而是藏格公司未按规定披露控股股东及其关联方占用公司资金事项的行为。根据《行政处罚决定书》,藏格公司自2018年1月起即实施了资金占用行为。按照藏格公司的自查报告,第一笔资金占用发生的具体时间为 2018 年 1 月 10 日,金额为 1 亿元。虚假陈述包括所有违反信息披露义务的行为,信息披露义务的履行形式包括年度报告等定期报告,也包括临时公告。对于发生即需按规定披露的事项,如未及时以临时公告形式披露,则构成虚假陈述。《行政处罚决定书》认定,藏格公司未按规定及时披露上述资金占用事项。根据《上市公司信息披露管理办法》第 71 条和藏格公司《信息披露事务管理制度》第 4 条,“及时”是指自起算日起或者触及披露时点的两个交易日内。因此,藏格公司最迟应在 2018 年 1 月 12 日对资金占用情况进行披露,但其并未履行披露义务。因此,在 2018 年 1 月 12 日,藏格公司即实施了虚假陈述行为,本案实施日应为 2018 年 1 月 12 日。

(二)揭露日认定错误

根据最高人民法院《关于审理证券市场因虚假陈述引发的民事赔偿案件的若干规定》(以下简称《虚假陈述案件若干规定》)第 20 条,认定揭露日应当综合考虑“揭露时间的首次性”“揭露主体的权威性(全国范围)”“揭露内容相关性”“揭露行为引起证券价格异常波动/对市场产生警示作用”4 个要素。上诉人主张的 2019 年 4 月 30 日,符合上述 4 个要素标准,而一审判决认定的揭露日,不具备后面 3 个要素。在上诉人主张的揭露日,藏格公司披露了 31 份公告:第一,揭露内容相关且程度充分,藏格公司既披露了已经查明的巨额资金占用情形,也预告了尚未查明的情形,后续的自查进展也均以该日披露的自查结果为基础,审计机构、公司、独立董事、董事会、监事会均分别就资金占用问题表态,关联方资金占用情形被充分公开,占用情形与证监会事后认定的另外两类虚假陈述情形(虚增营业收入和营业利润、虚增应收账款和预付账款)存在前后因果关系,所披露的内容与《行政处罚决定书》的认定大体相同;第二,该日至基准日期间,股价明显下跌,市场反应符合常理,证明该日的公告对市场起到了警示作用,符合 2019 年《全国法院民商事审判工作会议纪要》第 84 条“原则上,只要交易市场对监管部门立案调查、权威媒体刊载的揭露文章等信息存在着明显的反应,对一方主张市场已经知悉虚假陈述的抗辩,人民法院依法予以支持”的规定;第三,2019 年 4 月 30 日相较立案调查公告日发生在先,符合首次公开揭露原则。反观一审判决认定的揭露日,即立案调查公告日,第一,该日公告内容只有“因公司涉嫌信息披露违法违规,根据《证券法》的有关规定,证监会决定对公司进行立案调查”一句话,没有任何对违法违规情形的具体说明,市场根本无法依此对违法违规的情形有所了解,揭露程度更无从谈及“全面、完整、准确”,以其为揭露日,与 2019 年《全国法院民商事审判工作会议纪要》的明确规定相左。第二,一审判决认定“公司发布公告后股价即大幅下滑且此后的几个交易日股价持续走低”的情形与客观事实不符。实际上,该日至基准日期间,股价大幅上涨,有悖常理,证明该公告并未对证券市场起到警示作用,以该日为揭露日,不符合2019年《全国法院民商事审判工作会议纪要》第84条关于市场对揭露信息应有明显反应的要求。第三,在立案调查公告日之前,藏格公司已在全国性媒体上公开披露其存在的虚假陈述行为,立案调查公告所作披露,完全不符合“首次”的要求。以该日为揭露日,不符合法律规定。被上诉人坚持以该日为揭露日,目的是减少赔偿金额。作为投资者,我们不要求法律的偏袒,我们要的只是严格执行现有法律的明文规定。此外,一审判决以藏格公司未在2018年4月30日停牌为由,认定该日不符合更正日认定标准,显属错误。《虚假陈述案件若干规定》第20条规定,“虚假陈述更正日,是指虚假陈述行为人在中国证券监督管理委员会指定披露证券市场信息的媒体上,自行公告更正虚假陈述并按规定履行停牌手续之日”,对此规定正确的理解是要求“按规定”履行停牌手续,即执行停牌的规定,并不是规定必须停牌。

肖某1、吴某某、藏格公司辩称,一审判决对本案认定事实正确,对支付的金额无异议。法律适用虽存在错误,但不导致对结果的实质影响。“三日一价”上诉理由不成立,一审判决认定正确。

黄某1向一审法院提出诉讼请求:(1)判令肖某1赔偿黄某1投资差额损失58,013.75元、佣金损失17.4元、印花税损失58.01元及利息损失33.42元(按年利率0.35%计算自2019年4月11日至6月10日);(2)判令吴某某、藏格公司对上述赔偿责任承担连带责任;(3)判令肖某1、吴某某、藏格公司承担本案诉讼费用。

根据当事人陈述、举证、质证,对双方无争议的事实,一审法院认定如下:藏格公司于1996年6月28日在深圳证券交易所挂牌上市,系一家在深圳证券交易所发行股份的上市公司(股票代码:000408)。2019年6月22日,藏格公司发布《关于收到中国证券监督管理委员会调查通知书的公告》,内容为:藏格公司收到中国证券监督管理委员会(以下简称中国证监会)下发的《调查通知书》(中证调查字2019035001号),因公司涉嫌信息披露违反证券法律法规,被证监会立案调查。2019年11月26日,藏格公司发布《关于收到中国证券监督管理委员会青海监管局行政处罚及市场禁入事先告知书的公告》,内容为藏格公司涉嫌信息披露违法违规一案已由青海证监局调查完毕,依法对藏格公司作出行政处罚及采取市场禁入措施。2019年11月28日,青海证监局下发《行政处罚决定书》(〔2019〕2号),认定藏格公司在披露的《2017年年度报告》《2018年半年度报告》《2018年年度报告》中存在虚假记载、重大遗漏以及未及时披露重大事项的行为,违反了《证券法》第63条、第67条第1款的有关规定,构成《证券法》第193条第1款所述的上市公司未按照规定披露信息,或者所披露的信息有虚假记载、误导性陈述或者重大遗漏的证券虚假陈述行为。

对当事人有争议的事实,一审法院认定如下:

一、关于藏格公司虚假陈述实施日、揭露日、基准日的认定问题

黄某1向一审法院提交如下证据:(1)《关于深交所公司部年报问询函([2019]第49号)的回复公告》;(2)《2017年年度报告》;(3)《章程》;(4)《关联交易管理制度》;(5)《信息披露事务管理制度》;(6)《关于对藏格控股股份有限公司及相关当事人给予纪律处分的决定》;(7)《上市公司2018年度非经营性资金占用及其他关联资金往来情况汇总表》;(8)《2018年度内部控制评价报告》;(9)《2018年年度报告》;(10)《关于公司控股股东资金占用等事项的自查结果公告》《董事会关于会计师事务所出具的保留审计意见涉及事项的专项说明》《关于深交所公司部年报问询函[2019]第49号的补充回复公告》;(11)2019年4月30日公告清单;(12)藏格公司股票走势图;(13)藏格公司股票交易记录。拟共同证明:本案虚假陈述实施日为2018年1月12日,更正日为2019年4月30日,基准日为2019年6月10日,基准价为8.06元/股。

肖某1、吴某某、藏格公司共同质证认为,对上述证据的真实性、关联性均认可,但对证明方向不认可,本案虚假陈述的实施日为2018年4月28日,揭露日为2019年6月22日,基准日为2019年7月9日,基准价为8.56元。

肖某1、吴某某、藏格公司为证明其主张,向一审法院提交如下反驳证据:《2017年年度报告》、《2018年半年度报告》、《2018年年度报告》、《行政处罚决定书》、《关于中国证监会调查通知书的公告》以及基准日及基准价计算表,拟证明:虚假陈述的实施日为2018年4月28日,揭露日为2019年6月22日,基准日为2019年7月9日,基准价为8.56元。

黄某1质证认为,对上述证据的证明内容不认可,其中对证据“基准日及基准价计算表”不予质证,该计算表不能作为证据使用。

一审法院认为,青海证监局下发的《行政处罚决定书》证实,藏格公司最早进行虚假陈述行为体现在《2017年年度报告》中,依照《虚假陈述案件若干规定》第20条第1款“本规定所指的虚假陈述实施日,是指作出虚假陈述或者发生虚假陈述之日”之规定,2018年4月28日应认定为本案虚假陈述实施日。《虚假陈述案件若干规定》第20

条第 3 款规定:“虚假陈述更正日,是指虚假陈述行为人在中国证券监督管理委员会指定披露证券市场信息的媒体上,自行公告更正虚假陈述并按规定履行停牌手续之日。”本案中,藏格公司并未于 2018 年 4 月 30 日自行公告更正虚假陈述行为并履行停牌手续,2018 年 4 月 30 日不符合虚假陈述更正日的认定标准。藏格公司于 2019 年 6 月 22 日发布《关于收到中国证监会调查通知书的公告》,向投资者披露因公司涉嫌信息披露违反证券法律法规,被证监会立案调查,这是藏格公司相关虚假陈述首次被公开揭露,公司发布公告后股价即大幅下滑,且此后的几个交易日股价持续走低,足以证明公告对市场产生了影响,最后该虚假陈述也被证监会正式处罚。因此,藏格公司发布接受调查公告日即 2019 年 6 月 22 日,符合《虚假陈述案件若干规定》第 20 条第 2 款关于揭露日认定的要素,应当确定该日为本案的虚假陈述揭露日。藏格公司虚假陈述被揭露后,自 2019 年 6 月 22 日至 7 月 9 日该公司股票的累计成交量达到其可流通部分的 100%,同时,在此期间并无通过大宗交易协议转让的股票。依据《虚假陈述案件若干规定》第 33 条的规定,2019 年 7 月 9 日应被确定为本案虚假陈述基准日,基准价应为 8.56 元。

二、关于黄某 1 主张的损失是否与藏格公司证券虚假陈述行为存在因果关系的问题

黄某 1 提交证据:证券账户信息及交易明细对账单,拟证明:黄某 1 在虚假陈述行为实施日至揭露日期间买入股票,并至基准日期间持续持有股票造成损失,损失与藏格公司证券虚假陈述行为之间存在因果关系。

肖某 1、吴某某、藏格公司共同质证认为,因双方对实施日、揭露日、基准日的认定标准不一致,申请法院调取关于黄某 1 账户信息及购买股票的情况,并委托专业机构进行计算。2018 年股市大盘动荡,在实施日之后整个大盘都在下跌,故黄某 1 的损失属于市场风险,与藏格公司证券虚假陈述行为之间不具有因果关系。

一审法院依藏格公司申请,向深圳证券交易所调取了黄某 1 就案涉股票自证券虚假陈述实施日至基准日的成交记录,该记录显示:黄某 1 自实施日 2018 年 4 月 28 日至揭露日 2019 年 6 月 22 日买入 55100 股,卖出 32999 股,自 2019 年 6 月 22 日揭露日至 7 月 9 日基准日期间卖出 18000 股。一审法院委托中证资本市场法律服务中心在综合考虑佣金损失、印花税损失、活期利息、指数差额损失等因素的情况下,计算黄某 1 的损失为 19,179.98 元。

黄某 1 对上述证据质证认为,对损失核定意见书的真实性、合法性、相关性予以确认,由于损失核定意见书中的相关测算以错误的实施日和揭露日为前提,其所得结果无

法正确反映原告损失。因此,原告对该份证据的证明内容不予认可。

肖某1、吴某某、藏格公司共同质证认为,对上述损失核定的真实性、合法性、关联性予以认可。

一审法院认为,《虚假陈述案件若干规定》第18条规定:“投资人具有以下情形的,人民法院应当认定虚假陈述与损害结果之间存在因果关系:(一)投资人所投资的是与虚假陈述直接关联的证券;(二)投资人在虚假陈述实施日及以后,至揭露日或更正日之前买入该证券;(三)投资人在虚假陈述揭露日或者更正日及以后,因卖出该证券发生亏损,或者因持续持有该证券而产生亏损。”本案中,根据一审法院向深圳证券交易所调取的成交记录,黄某1在虚假陈述实施日2018年4月28日之后至揭露日2019年6月22日之前买入藏格公司股票55100股,卖出32999股,自2019年6月22日揭露日至7月9日基准日期间卖出18000股。发生的损失与藏格公司的证券虚假陈述行为之间具有因果关系。一审法院据此委托中证资本市场法律服务中心对损失进行计算,计算过程中综合考虑佣金损失、印花税损失、活期利息、指数差额损失等因素,黄某1的投资损失为19,179.98元,对该金额,一审法院予以确认。

三、关于原告投资损失应由谁承担赔偿责任的认定问题

黄某1举证主张:《行政处罚决定书》《市场禁入决定书》《关于收到中国证券监督管理委员会青海监管局行政处罚及市场禁入事先告知书的公告》,拟证明:藏格公司存在虚假陈述的行为,肖某1、吴某某对藏格公司虚假陈述行为负主要责任。

肖某1、吴某某、藏格公司共同质证认为,对上述证据的真实性无异议,但不认可肖某1、吴某某对藏格公司虚假陈述行为负主要责任的证明方向。

一审法院认为,2019年11月28日,青海证监局下发《行政处罚决定书》([2019]2号),认定藏格公司在披露的《2017年年度报告》《2018年半年度报告》《2018年年度报告》中存在虚假记载、重大遗漏以及未及时披露重大事项的行为,违反了《证券法》第63条、第67条第1款的有关规定,构成《证券法》第193条第1款所述的上市公司未按照规定披露信息,或者所披露的信息有虚假记载、误导性陈述或者重大遗漏的证券虚假陈述行为。依据《证券法》第85条“信息披露义务人未按照规定披露信息,或者公告的证券发行文件、定期报告、临时报告及其他信息披露资料存在虚假记载、误导性陈述或者重大遗漏,致使投资者在证券交易中遭受损失的,信息披露义务人应当承担赔偿责任;发行人的控股股东、实际控制人、董事、监事、高级管理人员和其他直接责任人员以及保荐人、承销的证券公司及其直接责任人员,应当与发行人承担连带赔偿责任,但是能够

证明自己没有过错的除外”之规定,本案信息披露义务人系藏格公司,其未按照规定披露信息致使投资者在证券交易中遭受了损失,故对投资者遭受的损失承担赔偿责任的主体应为藏格公司。肖某1、吴某某作为藏格公司的实际控制人和直接负责的主管人员,依据青海证监局下发的《行政处罚决定书》,肖某1、吴某某在藏格公司虚假陈述中存在过错,且肖某1、吴某某未举证证明其没有过错,故肖某1、吴某某应当对投资者在证券交易中遭受的损失承担连带赔偿责任。根据《证券法》第85条之规定,本案虚假陈述对外承担直接赔偿责任的主体应为藏格公司,虽然藏格公司虚假陈述行为对原告投资造成了损失,但原告主张由肖某1承担直接赔偿责任,于法无据,不能成立,且经一审法院释明,原告明确表示不变更诉讼请求,故对原告主张肖某1承担赔偿责任的诉讼请求,一审法院不予支持。因肖某1并非承担直接赔偿责任的主体,故原告主张吴某某、藏格公司对肖某1的赔偿责任承担连带责任亦无依据,应予驳回。

依照《证券法》第78条第1款、第85条,最高人民法院《虚假陈述案件若干规定》第17条第1款、第18条、第20条、第21条第1款、第28条、第30条、第31条、第33条、第34条、第35条及《民事诉讼法》第64条、第134条第1款、第142条之规定,判决:驳回原告黄某1的诉讼请求。案件受理费1253.06元,由原告黄某1负担。

本院二审中,各方当事人对一审查明无争议的事实均无异议,予以确认。对一审查明有异议的事实部分,黄某1认为有三点错误:(1)从青海证监局的决定书推导出最早进行虚假陈述行为体现在2017年年度报告的结论是错误的,一审判决适用法律错误。应当认定最早应公告的重大事项是2018年1月的资金占用。(2)一审判决在第一个争议焦点当中认定“2018年4月30日不符合虚假陈述更正日的认定标准”存在笔误,应当是2019年4月30日。(3)一审判决中“公司发布公告后股价即大幅下滑,且此后几个交易日股价持续走低”的事实认定错误。实际上公告发布后股价上涨,第一个交易日是涨停,第二个交易日也是上涨,揭露日与基准日之间,股价并非持续走低。对实施日、揭露日、基准日认定都有异议。对上述有异议的事实本院结合查明事实进行认定。

二审庭审中,黄某1提交证据:藏格控股股价走势图及股票交易记录。该证据在一审已提交,二审只是优化了表现形式,拟证明在一审判决认定的揭露日2019年6月22日至基准日7月9日,藏格公司股价大幅上涨而非下跌,更没有持续走低。一审判决存在明显的事实认定错误。

肖某1、吴某某、藏格公司质证认为,对证据的“三性”和证明目的均不认可,信息揭露后股价不必然下跌。

根据双方的诉辩意见,归纳本案的争议焦点并分析认定如下:

一、本案一审判决适用法律是否错误的问题

黄某1认为本案应适用2005年《证券法》相关规定。本院认为,关于虚假陈述的民事责任,《证券法》(2005年修订、2014年修正)规定于第69条。《证券法》于2019年修订后,规定于第85条。一审判决所援引的法律条文均是2019年《证券法》第85条,2019年《证券法》自2020年3月1日起实施。藏格公司的虚假陈述行为发生在2019年前。2019年11月28日,青海证监局下发《行政处罚决定书》。上述事实均发生在2019年《证券法》实施之前。根据"法不溯及既往"的法律适用原则,应适用《证券法》(2005年修订、2014年修正)第69条。

二、关于本案藏格公司虚假陈述实施日、揭露日、基准日、基准价应如何认定的问题

黄某1对本案一审判决关于实施日、揭露日、基准日认定都有异议。证监会认定的藏格公司虚假陈述行为中,最早发生的并不是于2018年4月28日发布的《2017年年度报告》中的虚假陈述,而是藏格公司未按规定披露控股股东及其关联方占用公司资金事项的行为,第一笔资金占用发生的具体时间为2018年1月10日,金额为1亿元。根据《上市公司信息披露管理办法》第71条和藏格公司《信息披露事务管理制度》第4条,"及时"是指自起算日起或者触及披露时点的两个交易日内。因此,在2018年1月12日藏格公司即实施了虚假陈述行为。实施日应为2018年1月12日。藏格公司虚假陈述认定揭露日应为2019年4月30日,揭露日认定应当综合考虑"揭露时间的首次性""揭露主体的权威性(全国范围)""揭露内容相关性""揭露行为引起证券价格异常波动/对市场产生警示作用"4个要素。基准日应确定为2019年6月10日。

本院认为,对于虚假陈述实施日、揭露日、基准日应如何认定的问题,《虚假陈述案件若干规定》第20条规定:"本规定所指的虚假陈述实施日,是指作出虚假陈述或发生虚假陈述之日。虚假陈述揭露日,是指虚假陈述在全国范围发行或者播放的报刊、电台、电视台等媒体上,首次被公开揭露之日。虚假陈述更正日,是指虚假陈述行为人在中国证券监督管理委员会指定披露证券市场信息的媒体上,自行公告更正虚假陈述,并按规定履行停牌手续之日。"第33条规定:"投资差额损失计算的基准日,是指虚假陈述揭露或者更正后,为将投资人应获赔偿限定在虚假陈述所造成的损失范围内,确定损失计算的合理期间而规定的截止日期。……"对于虚假陈述实施日的认定,黄某1主张2018年1月10日即发生了第一笔资金占用事实,按两个交易日计算,应于2018年1月12日进行披露,此时公司即实施了虚假陈述。根据《上市公司信息披露管理办法》相关

规定，以此时作为藏格公司虚假陈述实施日，在本案中有一定理由。但《虚假陈述案件若干规定》仅就诱多型虚假陈述行为导致的损害赔偿纠纷案件审理作出了规定，对于虚假陈述行为人隐瞒事实，对市场股票价格造成何种影响尚未可知。故不宜将藏格公司控股股东及其关联方占用公司资金事项的时间确定虚假陈述实施日。且藏格公司最早进行虚假陈述行为是体现在《2017 年年度报告》中，该报告的发布时间是 2018 年 4 月 28 日，属于《虚假陈述案件若干规定》第 20 条第 1 款的“发生虚假陈述之日”。同时《虚假陈述案件若干规定》中明确“实施日是指作出虚假陈述或发生虚假陈述之日”，并非以最早的虚假陈述行为之日作为认定标准。一审判决以 2018 年 4 月 28 日认定虚假陈述实施日符合相关法律规定，并无不当，也符合司法实践中通常对实施日的认定标准。

虚假陈述揭露日的确定，其意义在于对证券市场发出一种警示信号，提醒投资者重新判断股票价值，进而对市场价格产生影响。一审法院将藏格公司发布《关于收到中国证监会调查通知书的公告》的日期即 2019 年 6 月 22 日认定为本案揭露日，符合《虚假陈述案件若干规定》第 20 条第 2 款的规定，已综合考虑了“虚假陈述在国范围发行或者播放的报刊、电台、电视台等媒体上”“首次被公开揭露”的情况，实践中也多采用以收到中国证监会调查通知书的公告日作为揭露日的标志之一。黄某 1 主张本案虚假陈述的揭露日应为 2019 年 4 月 30 日，理由是该日至基准日期间股价明显下跌，并认为一审认定的揭露日“此后的几个交易日股价持续走低”不符合股市实际情况。根据黄某 1 提供的藏格公司股价走势图及藏格公司的质证意见，在 2019 年 6 月 22 日之后股价并非持续走低，该事实一审认定有误，应予纠正。但《虚假陈述案件若干规定》第 20 条第 2 款没有将“导致价格异常波动”作为确定揭露日的一个条件。黄某 1 以该日至基准日期间股价明显下跌作为认定揭露日标准，缺乏相应法律依据，应不予采信。

对于基准日和基准价问题，根据上述虚假陈述实施日、揭露日的认定及《虚假陈述案件若干规定》第 33 条第 1 项规定“揭露日或者更正日起，至被虚假陈述影响的证券累计成交量达到其可流通部分 100% 之日。但通过大宗交易协议转让的证券成交量不予计算”，本案不存在大宗交易协议转让证券的情形，一审法院根据该条第一项规定，自揭露日 2019 年 6 月 22 日至藏格公司股票累计成交量达到可流通部分 100% 之日确定本案基准日，并据此计算基准价符合上述规定。上诉人此节上诉理由不予采纳。

三、关于黄某 1 的损失如何认定的问题

黄某 1 认为一审法院对藏格公司虚假陈述实施日、揭露日、基准日及基准价认定错误,导致损失计算错误,应当以黄某 1 主张的“三日一价”计算损失。

对此,本院认为,中证资本市场法律服务中心有限公司是经证监会批准设立的、我国唯一跨区域、跨市场的全国性证券期货纠纷公益调解机构。中证资本市场法律服务中心有限公司在计算黄某 1 的损失时采用移动加权平均法计算买入均价更精准、客观,更符合《虚假陈述案件若干规定》的精神。中证资本市场法律服务中心有限公司依据其专业知识与技能,扣除了证券市场系统风险计算黄某 1 的损失,计算方式和参考指数符合《虚假陈述案件若干规定》,一审法院将其作为损失依据予以认定并无不当。

四、关于赔偿责任主体及连带责任如何认定的问题

黄某 1 一审诉求由肖某 1 赔偿投资损失,吴某某、藏格公司对赔偿责任承担连带责任。同时,在上诉中认为一审判决无端编造“直接赔偿责任”,连带责任的本质属性之一,是责任人之间不分主次和先后,黄某 1 有权选择全部或部分人承担连带责任,既然有权选择部分人承担责任,自然有权选择责任人承担责任的顺序,并坚持一审诉讼请求。

肖某 1、吴某某、藏格公司认为黄某 1 的诉求缺少肖某 1 承担责任的法律依据。

本院认为,此节主要争议问题包含两个方面:一是法律适用的问题;二是如何承担责任的问题。本案是因证券虚假陈述引发的民事赔偿纠纷,在具体的民事法律规范中有相应规定的,应当适用,故本案适用《证券法》(2005 年修订、2014 年修正)第 69 条“发行人、上市公司公告的招股说明书、公司债券募集办法、财务会计报告、上市报告文件、年度报告、中期报告、临时报告以及其他信息披露资料,有虚假记载、误导性陈述或者重大遗漏,致使投资者在证券交易中遭受损失的,发行人、上市公司应当承担赔偿责任;发行人、上市公司的董事、监事、高级管理人员和其他直接责任人员以及保荐人、承销的证券公司,应当与发行人、上市公司承担连带赔偿责任,但是能够证明自己没有过错的除外;发行人、上市公司的控股股东、实际控制人有过错的,应当与发行人、上市公司承担连带赔偿责任”的规定。根据该规定,上市公司藏格公司在其年度报告中有虚假记载、误导性陈述或者重大遗漏,致使投资者在证券交易中遭受损失的,上市公司藏格公司应当承担赔偿责任:吴某某作为上市公司藏格公司的董事、财务总监,肖某 1 作为藏格公司董事长及实际控制人对藏格公司虚假陈述事实,被行政处罚并市场禁入,存在过错,应当与上市公司藏格公司承担连带赔偿责任。连带责任的承担需合同的明确约定或法律规定,上诉人黄某 1 认为有权选择全部或部分人承担连带责任的理由符合相关法律规定,予以部分采纳,并根据相关法律规定确定责任的承担。一审法院以黄某

1 主张由肖某 1 承担直接赔偿责任,于法无据,不能成立,且经法院释明,黄某 1 明确表示不变更诉讼请求,故对黄某 1 主张肖某 1 承担赔偿责任的诉讼请求不予支持。因肖某 1 并非承担直接赔偿责任的主体,故黄某 1 主张吴某某、藏格公司对肖某 1 的赔偿责任承担连带责任亦无依据,应予驳回的理由,属适用法律错误,应予纠正。

综上,本院认为,黄某 1 的部分上诉请求成立,应予支持。一审认定部分事实错误,适用法律错误,应予纠正。依照《证券法》(2005 年修订、2014 年修正)第 69 条,最高人民法院《虚假陈述案件若干规定》第 17 条第 1 款、第 18 条、第 20 条、第 21 条、第 28 条、第 30 条、第 31 条、第 33 条及《民事诉讼法》第 170 条第 1 款第 2 项的规定,判决如下:

一、撤销青海省西宁市中级人民法院(2020)青 01 民初 448 号民事判决;

二、藏格控股股份有限公司赔偿黄某 1 投资差额损失、佣金损失、印花税损失及利息损失共计 19,179.98 元;

三、肖某 1、吴某某对上述损失承担连带赔偿责任。

如果未按本判决指定的期间履行给付金钱义务,应当依照《民事诉讼法》第 253 条之规定,加倍支付迟延履行期间的债务利息。

一审案件受理费 1253.06 元,二审案件受理费 1253.06 元,合计 2506.12 元,由黄某 1 负担 1679.12 元,由藏格公司、肖某 1、吴某某负担 827 元。

本判决为终审判决。

青海省高级人民法院

审判长　强文静

审判员　刘江静

审判员　周　蔚

二〇二一年十一月一日

法官助理　易淑娇

书记员　王雅娟

新闻报道

串通实施财务造假　藏格控股支持诉讼案获西宁中院受理[①]

证券时报网 2020 年 9 月 17 日报道　作者:朱凯

近日,中证中小投资者服务中心(以下简称投服中心)针对藏格控股股份有限公司(以下简称藏格控股)虚假陈述提起的支持诉讼,获得西宁市中级人民法院受理。投服中心公益律师陈波(德恒律师事务所上海分所)代理投资者黄某 1 等二人向肖某 1(实际控制人,时任董事长)、吴某某(时任董事、副总经理)、藏格控股提出索赔。

本案投服中心继续坚持一贯的"追首恶"诉讼理念,将实际控制人肖某 1 列为第一被告;同时,通过追责个人从而减轻对上市公司的"二次伤害",推动上市公司高质量发展。本案是投服中心在青海提起的首例支持诉讼。

虚构贸易　违法占用上市公司资金

2017 年 7 月至 2018 年 12 月,藏格控股串通上百家客户,利用大宗商品贸易的特殊性实施造假,虚增营业收入和营业利润:2017 年虚增营业收入 131,663,826.82 元,虚增利润总额 128,325,919.05 元,占合并利润表当期披露利润总额的 8.89%;2018 年虚增营业收入 468,491,820.48 元,虚增利润总额 477,383,385.51 元(含相关的其他收益),占合并利润表当期披露利润总额的 29.90%。同时,虚增应收账款和预付账款:2017 年虚增预付账款 240,788,270.93 元,占公司披露总资产的 3.11% 和净资产的 3.68%;2018 年虚增应收账款 4,710,000.00 元,占公司披露总资产的 0.05% 和净资产的 0.06%,虚增预付账款 281,329,947.78 元,占公司披露总资产的 2.99% 和净资产的 3.59%。上述事项导致藏格控股披露的《2017 年年度报告》《2018 年半年度报告》《2018 年年度报告》存在虚假记载。

2018 年 1 月至 2019 年 4 月,藏格控股的控股股东西藏藏格创业投资集团有限公司及其关联方利用虚假贸易业务预付账款、钾肥销售业务应收账款非经营性占用藏格控股资金共计 2,214,025,844.23 元。其中,2018 年 1 月至 2019 年 4 月,归还占用资金 50,325,660.00 元。截至 2019 年 6 月 30 日,占用资金余额为 2,163,700,184.23 元。

① 原文链接:http://company.stcn.com/gsxw/202009/t20200917_2364766.html。

藏格控股未按规定及时披露上述事项，也未在《2018 年半年度报告》《2018 年年度报告》中予以披露。

2019 年 11 月 28 日，藏格控股收到证监会《行政处罚决定书》，因上述虚假陈述行为，肖某 1、吴某某等相关责任人员及上市公司受到行政处罚。证监会同时做出《市场禁入决定书》，对肖某 1 采取 5 年市场禁入措施，对吴某某采取 3 年市场禁入措施。

配合执法实现"大投保"完整链条

上市公司真实、准确、完整、及时地披露信息是证券市场健康有序运行的重要基础。财务造假严重挑战信息披露制度的严肃性，严重毁坏市场诚信基础，严重破坏市场信心，严重损害投资者利益，是证券市场的"毒瘤"。为切实保护投资者合法权益，在加大对上市公司财务造假行为处罚力度的同时，加大对上市公司财务造假行为的民事责任追究也势在必行。

藏格控股是 2020 年证监会严厉打击的财务造假上市公司之一，其违法手段隐蔽、复杂，两年内串通上百家客户，利用大宗商品贸易实施虚构贸易，金额巨大，情节恶劣。对其"首恶"提起支持诉讼就是为了实现行政执法与民事追偿的紧密衔接，让造假行为人无处遁形，真正实现对财务造假的"零容忍"。

2019 年《证券法》设投资者保护专章，为进一步维护投资者合法权益、增强投资者信心提供了有力制度保障。投服中心除积极探索代表人诉讼外，还将进一步夯实支持诉讼维权基础，实现各种诉讼方式的有效衔接，积极落实 2019 年《证券法》，加大对董监高责任人员的追究力度，提高证券违法违规成本，净化市场环境，保护投资者合法权益，促进资本市场健康稳定发展。

西宁中院受理投服中心提起的藏格控股支持诉讼案①

中国证券报 · 中证网 2020 年 9 月 17 日报道　作者：黄一灵

近日，投服中心针对藏格控股股份有限公司（以下简称藏格控股）虚假陈述提起的支持诉讼获西宁市中级人民法院受理。投服中心公益律师陈波（德恒律师事务所上海分所）代理投资者黄某 1 等二人向肖某 1（实际控制人，时任董事长）、吴某某（时任董事、副总经理）、藏格控股提出索赔。本案投服中心继续坚持一贯的"追首恶"诉讼理念，将实际控制人肖某 1 列为第一被告；同时，通过追责个人从而减轻对上市公司的"二

---

① 原文链接：https://www.cs.com.cn/ssgs/gsxw/202009/t20200917_6095584.html。

次伤害”,推动上市公司高质量发展。本案是投服中心在青海提起的首例支持诉讼。

据悉,藏格控股涉嫌虚增收入及利润,违法占用上市公司资金等行为。具体来看,2017 年 7 月至 2018 年 12 月藏格控股串通上百家客户,利用大宗商品贸易的特殊性实施造假,虚增营业收入和营业利润:2017 年虚增营业收入 1.32 亿元,虚增利润总额 1.28 亿元,占合并利润表当期披露利润总额的 8.89%;2018 年虚增营业收入 4.68 亿元,虚增利润总额 4.77 亿元(含相关的其他收益),占合并利润表当期披露利润总额的 29.90%。同时,还有虚增应收账款和预付账款等行为。上述事项导致藏格控股披露的《2017 年年度报告》《2018 年半年度报告》《2018 年年度报告》存在虚假记载。2018 年 1 月至 2019 年 4 月,藏格控股的控股股东——西藏藏格创业投资集团有限公司及其关联方利用虚假贸易业务预付账款、钾肥销售业务应收账款非经营性占用藏格控股资金共计 22.14 亿元。其中,2018 年 1 月至 2019 年 4 月,归还占用资金 5032.57 万元。截至 2019 年 6 月 30 日,占用资金余额为 21.64 亿元。藏格控股未按规定及时披露上述事项,也未在《2018 年半年度报告》《2018 年年度报告》中予以披露。

2019 年 11 月 28 日,藏格控股收到证监会《行政处罚决定书》,因上述虚假陈述行为,肖某 1、吴某某等相关责任人员及上市公司受到行政处罚。证监会同时作出《市场禁入决定书》,对肖某 1 采取 5 年市场禁入措施,对吴某某采取 3 年市场禁入措施。

投服中心表示,上市公司真实、准确、完整、及时地披露信息是证券市场健康有序运行的重要基础。财务造假严重挑战信息披露制度的严肃性,严重毁坏市场诚信基础,严重破坏市场信心,严重损害投资者利益,是证券市场的“毒瘤”。为切实保护投资者合法权益,在加大对上市公司财务造假行为处罚力度的同时,加大对上市公司财务造假行为的民事责任追究也势在必行。

“藏格控股是 2020 年中国证监会严厉打击的财务造假上市公司之一,其违法手段隐蔽、复杂,两年内串通上百家客户,利用大宗商品贸易实施虚构贸易,金额巨大,情节恶劣。对其‘首恶’提起支持诉讼就是为了实现行政执法与民事追偿的紧密衔接,让造假行为人无处遁形,真正实现对财务造假的‘零容忍’。”投服中心称。

2019 年《证券法》设“投资者保护”专章,为进一步维护投资者合法权益、增强投资者信心提供了有力制度保障。投服中心表示,除积极探索代表人诉讼外,还将进一步夯实支持诉讼维权基础,实现各种诉讼方式的有效衔接,积极落实 2019 年《证券法》,加大对董监高责任人员的追究力度,提高证券违法违规成本,净化市场环境,保护投资者合法权益,促进资本市场健康稳定发展。

投服中心发起第二例支持投资者上诉案①

中国证券报·中证网2021年7月26日报道　作者:林倩　周松林

中证中小投资者服务中心(以下简称投服中心)7月26日消息,近日,西宁市中级人民法院(以下简称西宁中院)以因虚假陈述引发投资者损失的直接赔偿责任主体应为上市公司为由,一审判决驳回投服中心提起的藏格控股案支持诉讼请求。2021年7月14日,投服中心支持投资者黄某1向青海高院提起上诉并获法院受理。这是投服中心继ST大控案后第二例支持投资者上诉案。

串通上百家客户实施财务造假

藏格控股股份有限公司(以下简称藏格控股)是2020年证监会严厉打击的财务造假上市公司之一,其违法手段隐蔽、复杂,两年内串通上百家客户,利用大宗商品贸易实施虚构贸易,金额巨大,情节恶劣。2019年12月,藏格控股被证监会青海监管局行政处罚。

2020年9月,投服中心委派公益律师陈波(德恒律师事务所上海分所)代理两位投资者提起支持诉讼,请求法院判定肖某1(公司实际控制人、时任董事长)对虚假陈述行为造成的损失承担赔偿责任,吴某某(公司时任董事、副总经理)和藏格控股承担连带赔偿责任。

投服中心表示,证券虚假陈述行为引发的民事赔偿案件中,关键要素是"三个日期一个价格",即实施日、揭露日、基准日和基准价。如果经过计算,投资者在实施日至揭露日期间股票买入均价减去揭露日至基准日之间计算出的基准价或者卖出价,金额大于0,即有损失,投资者可据此金额请求赔偿。

本案中,对于实施日、揭露日、基准日和基准价,原被告双方持不同意见。投服中心支持诉讼原告主张的实施日为2018年1月12日关联方非经营性占用资金应披未披日,揭露日为2019年4月30日藏格控股披露存在关联方非经营性占用资金,基准日为2019年6月10日,基准价为8.06元/股。

根据《行政处罚决定书》,藏格控股因虚增营业收入和营业利润、虚增应收账款和预付账款、未按规定披露其控股股东西藏藏格创业投资集团有限公司及其关联方非经营性占用资金事项三项行为被处罚。公司控股股东及关联方非经营性占用资金是通过

---

① 原文链接:https://www.cs.com.cn/tj/02/01/202107/t20210726_6187978.html。

虚假贸易业务预付账款、钾肥销售业务应收账款等形式。投服中心认为,根据公司公告,占用资金最早发生在 2018 年 1 月 10 日,公司应在两个交易日内及时披露,故实施日应为 2018 年 1 月 12 日。2019 年 4 月 30 日,公司发布会计师事务所保留意见审计报告及公司关于控股股东自查报告等一系列报告,股价开始下跌,该日具备揭露日特征。

被告主张实施日为 2018 年 4 月 30 日公司发布 2017 年年报之日,揭露日为 2019 年 6 月 22 日公司被中国证监会立案调查之日,基准日为 2019 年 7 月 9 日,基准价为 8.56元/股。

西宁中院一审判决支持了被告主张。

投服中心支持上诉　精准追偿责任人

投服中心认为,依据最高人民法院《关于审理证券市场因虚假陈述引发的民事赔偿案件的若干规定》,上市公司及主要责任人员、机构构成共同侵权责任,而共同侵权责任适用原《侵权责任法》的相关规定,在共同侵权案件中,原告有权请求部分或全部连带责任人承担责任,且责任承担顺序无法律限制。本案中,肖某 1、吴某某对藏格控股虚假陈述违法行为负主要责任,情节严重,并分别被处以 5 年、3 年市场禁入措施,应当承担赔偿责任。

据投服中心介绍,一审判决送达后,投资者黄某 1 某立即表示上诉。在告知投资者诉讼风险后,投服中心继续委派一审代理律师陈波支持黄某 1 某向青海高院提出上诉申请,请求按支持起诉时认定的实施日、揭露日向相关个人追究赔偿责任。

投服中心再度支持投资者上诉　藏格控股案二审胜诉①

证券时报 2021 年 12 月 9 日报道

近日,中证中小投资者服务中心(以下简称投服中心)收到青海省高级人民法院的终审判决,撤销西宁市中级人民法院关于黄某 1 诉肖某 1、吴某某、藏格控股股份有限公司(以下简称藏格控股)虚假陈述案一审判决,判决藏格控股赔偿黄某 1 损失1.9万余元,肖某 1、吴某某对上述损失承担连带赔偿责任。本案是投服中心在青海提起的首例支持诉讼,也是继大连控股案之后的第二例上诉案件,投资者胜诉并获赔。

一审驳回诉讼请求　二审改判投资者获赔

2021 年 9 月 8 日,投资者黄某 1 诉肖某 1、吴某某、藏格控股虚假陈述案二审在互

---

① 原文链接:https://baijiahao.baidu.com/s? id = 1718661379958642798&wfr = spider&for = pc。

联网法院线上公开审理,投服中心委派公益律师陈波(德恒上海律师事务所)代理投资者出庭。

西宁市中级人民法院一审判决认为,虚假陈述对外直接承担赔偿责任的主体是上市公司,投资者主张肖某1承担直接赔偿责任于法无据,不能成立,驳回诉讼请求。二审法庭围绕如何认定本案虚假陈述实施日、揭露日、基准日、基准价(简称三日一价)、如何认定投资者黄某1的损失以及如何认定赔偿责任主体及连带责任问题等展开辩论。庭审中,律师对法庭归纳的上述争议焦点进行充分论述。其中,关于原告投资损失应由谁承担赔偿责任的认定问题,坚持上诉人有权选择全部或部分人承担连带责任,并坚持将上市公司实际控制人列为第一被告追究赔偿责任。

二审法院支持了投资者部分上诉请求,判定肖某1、吴某某对藏格控股赔偿投资者损失承担连带责任,维持了一审判决对本案三日一价的认定。投资者已于近日收到1.9万余元赔偿款。

压实主体责任　推动市场各方归位尽责

上市公司信息披露真实、准确、完整是法定要求,披露的信息不得有虚假记载、误导性陈述或者重大遗漏。藏格控股违法事项金额巨大,情节恶劣。2017年7月至2018年12月,藏格控股通过开展虚假贸易业务的方式,虚增营业收入和营业利润,虚增应收账款和预付账款,未按规定披露其控股股东及其关联方非经营性占用资金。实际控制人、时任董事长肖某1,时任董事、副总经理吴某某对上述违法行为负主要责任。肖某1被采取5年市场禁入措施,吴某某被采取3年市场禁入措施。

2021年7月,中共中央办公厅、国务院办公厅印发了《关于依法从严打击证券违法活动的意见》,坚持对证券违法行为"零容忍",加大对证券发行人控股股东、实际控制人、董事、监事、高级管理人员等有关责任人证券违法行为的追责力度。在目前的司法实践中,鲜有投资者对上市公司实际控制人、直接责任人员提起诉讼,虚假陈述赔偿基本由上市公司承担。投服中心支持投资者向藏格控股直接责任人员追责,一审法院驳回诉讼请求后,继续支持投资者上诉,最终二审法院判决直接责任人员承担连带赔偿责任,投资者获得赔偿。

作为中国证监会直属的证券金融类投资者保护公益机构,2021年11月12日,投服中心全国首单特别代表人诉讼康美药业案一审判决,此外,投服中心自2016年7月提起全国首例证券支持诉讼"匹凸匹"案以来,累计提起支持诉讼案件46件,提起股东直接诉讼1件,提起股东代位诉讼1件。投服中心继续坚持"为民、奉献、专业、引领"理念,积极发挥示范作用,适应审判体制创新,完善诉讼维权机制,将积极督促上市公司向作恶实控人、董监高追责,并积极推进相应股东代位诉讼,从民事追偿角度实现对违法行为的“零容忍”,推动提升上市公司质量,促进资本市场健康稳定发展。

投服中心再次支持投资者上诉　藏格控股案二审胜诉①

上海证券报·中国证券网 2021 年 12 月 9 日报道　作者:祁豆豆

近日,中证中小投资者服务中心(以下简称投服中心)收到青海省高级人民法院的终审判决,撤销西宁市中级人民法院关于黄某 1 诉肖某 1、吴某某、藏格控股股份有限公司(以下简称藏格控股)虚假陈述案一审判决,判决藏格控股赔偿黄某 1 损失1.9万余元,肖某 1、吴某某对上述损失承担连带赔偿责任。本案是投服中心在青海提起的首例支持诉讼,也是继大连控股案之后的第二例上诉案件,投资者胜诉并获赔。

2021 年 9 月 8 日,投资者黄某 1 诉肖某 1、吴某某、藏格控股虚假陈述案二审在互联网法院线上公开审理,投服中心委派公益律师陈波(德恒上海律师事务所)代理投资者出庭。

西宁市中级人民法院一审判决认为,虚假陈述对外直接承担赔偿责任的主体是上市公司,投资者主张肖某 1 承担直接赔偿责任于法无据,不能成立,驳回诉讼请求。

二审法庭围绕如何认定本案虚假陈述实施日、揭露日、基准日、基准价(以下简称三日一价)、如何认定投资者黄某 1 的损失以及如何认定赔偿责任主体及连带责任问题等展开辩论。庭审中,律师对法庭归纳的上述争议焦点进行充分论述。其中,关于原告投资损失应由谁承担赔偿责任的认定问题,坚持上诉人有权选择全部或部分人承担连带责任,并坚持将上市公司实际控制人列为第一被告追究赔偿责任。

二审法院支持了投资者部分上诉请求,判定肖某 1、吴某某对藏格控股赔偿投资者损失承担连带责任,维持了一审判决对本案三日一价的认定。投资者已于近日收到1.9万余元赔偿款。

投服中心自 2016 年 7 月提起全国首例证券支持诉讼“匹凸匹”案以来,累计提起支持诉讼案件 46 件,提起股东直接诉讼 1 件,提起股东代位诉讼 1 件。投服中心表示,将继续坚持“为民、奉献、专业、引领”理念,积极发挥示范作用,适应审判体制创新,完善诉讼维权机制,积极督促上市公司向作恶实控人、董监高追责,并积极推进相应股东代

① 原文链接:https://company. cnstock. com/company/scp_gsxw/202112/4794555. htm。

位诉讼,从民事追偿角度实现对违法行为的“零容忍”,推动提升上市公司质量,促进资本市场健康稳定发展。

代理律师陈波:藏格控股虚假陈述支持诉讼案“有波折但先抑后扬”①

证券时报网 2021 年 12 月 9 日报道　作者:朱凯

近日,中证中小投资者服务中心(以下简称投服中心)收到青海省高级人民法院的终审判决,撤销西宁市中级人民法院(以下简称西宁中院)关于黄某 1 诉肖某 1、吴某某、藏格控股股份有限公司(以下简称藏格控股)虚假陈述案一审判决,判决藏格控股赔偿黄某 1 损失 1.9 万余元,肖某 1、吴某某对上述损失承担连带赔偿责任。

证券时报记者了解到,这是继大连控股案之后,投资者胜诉并获赔的第二例上诉案件。近日,记者对本案代理律师——德恒(上海)律师事务所律师陈波进行了采访。他认为,本案虽有波折,但先抑后扬,原告的合法权益最终得以保障。他希望本案对中国司法理念从提出到辩论、到应用,再到成为共识这一过程会有所帮助,能够对中国资本市场健康发展有所裨益。

一审立案到二审判决历时 15 个月

在谈及代理该案件的过程时,陈波首先介绍,2020 年 7 月,受中证中小投资者服务中心的指派,他作为中心外聘公益律师,与同事龙文杰律师一道,共同担任藏格控股(现名藏格矿业,000408)虚假陈述民事赔偿支持诉讼案件的代理人。2020 年 8 月,西宁中院受理案件。2021 年 6 月,西宁中院作出一审判决,驳回原告所有诉讼请求。

随后,2021 年 11 月,青海高院作出二审判决,决定撤销一审判决,判决藏格控股赔偿原告损失,实际控制人和一名高管承担 100% 连带责任。记者获悉,从一审立案到二审判决,历时 15 个月。一审、二审开庭过程均在中国庭审公开网进行了直播。

对此陈波指出,2019 年修订的《证券法》第 94 条规定,投资者保护机构对(证券发行人、证券公司)损害投资者利益的行为,可以依法支持投资者向人民法院提起诉讼。

隐瞒关联方巨额资金占用

藏格控股虚假陈述案是证监会点名的上市公司财务造假典型案例,其虚假陈述的核心是隐瞒关联方巨额资金占用。

具体来讲,藏格控股被青海证监局认定了三项虚假陈述行为,分别为未按规定披露

① 原文链接:https://news.stcn.com/news/202112/t20211209_3953297.html。

关联方资金占用、虚增营业收入和营业利润,以及虚增应收账款和预付账款。

据介绍,该三项虚假陈述行为之间存在因果关系,即为掩盖关联方资金占用和保持收支平衡,而以虚假贸易形式虚增应收账款和预付账款;为使虚假贸易业务具有商业合理性、维持一定毛利水平,而虚增营业收入和营业利润。

原《侵权责任法》和《民法典》中已有依据

陈波律师介绍,本案的最大特点是以上市公司的实际控制人为第一被告,上市公司承担连带责任,这与之前已经审理的多起藏格控股虚假陈述系列案件不同。通过具体的案件,宣传贯彻"追首恶"理念,是投服中心选择本案提起支持诉讼的重要原因。

该案中,陈波律师团队认为,上市公司在实际控制人操纵下实施虚假陈述的情形中,作为侵权人的上市公司和实际控制人之间存在意思联络,对外实施了一个行为,而不是二人以上分别实施侵权行为造成同一损害。因此,侵权人应当承担原《侵权责任法》第8条或《民法典》第1168条规定的真正的连带责任,与原《侵权责任法》第11条、第36条、第59条、第74条(分别为《民法典》第1171条、第1195条、第1197条、第1223条、第1241条)等条款规定的不真正的连带责任不同。

连带责任的本质属性之一,是责任人之间不分主次和先后。也正是因为难以分清主次和先后,法律才会规定连带责任,否则,就是各负其责、各得其所的单独责任、按份责任或者补充责任。

正是基于不分主次和先后这一连带责任的本质属性,原《侵权责任法》第13条和《民法典》第178条均规定,二人以上依法承担连带责任的,权利人有权请求部分或者全部连带责任人承担责任。原《担保法》第12条和《民法典》第699条也均规定,同一债务有两个以上保证人但没有约定保证份额的,债权人可以请求任何一个保证人在其保证范围内承担保证责任。

一审驳回理由属于法律适用错误

在介绍案件的关键问题时,陈波表示,权利人有权请求部分或者全部连带责任人承担责任,则权利人自然有权选择连带责任人作为被告的内部顺序,否则逻辑上将产生冲突。如果投资人以实际控制人为第一被告、上市公司为第二被告不合法,那么以实际控制人为唯一被告、实际控制人承担责任后向上市公司追偿,是否合法?

关于责任顺序,一种常见的理解是,因为上市公司是信息披露义务人,相关公告是以上市公司的名义发布的,因此上市公司应负直接赔偿责任、为第一被告,其他责任人承担连带责任。

“我们认为，将侵权行为实施过程中的直接间接之分，等同于连带责任中的担责顺序先后之别，没有法律依据。”陈波继续指出，在共同侵权行为可以作直接间接区分的情况下，直接实施侵权行为的人，有可能单独承担责任（如完全民事行为能力人受他人影响但非教唆而实施侵权），有可能承担连带责任（如完全民事行为能力人受他人教唆而实施侵权），还有可能根本就不承担责任（如无民事行为能力人受他人教唆而实施侵权行为）。

《证券法》的规定是上市公司应当承担赔偿责任，不能证明没有过错的实际控制人、董监高等承担连带赔偿责任。我们认为，对这一条文的正确理解是，实际控制人、董监高没有过错时，只由上市公司承担责任；实际控制人、董监高不能自证无过错时，则与上市公司承担连带责任。无从得出上市公司是承担直接赔偿责任的主体，应当较实际控制人、董监高优先承担责任的结论。

虚假陈述案件应由上市公司对外承担直接赔偿责任、其他责任人承担连带责任的解释，将导致原《侵权责任法》第 13 条和《民法典》第 178 条被架空。因为，按照这种解释，投资者将无权只请求上市公司以外的责任人承担责任。

陈波律师团队指出：“遗憾的是，我们以上的理解没有得到一审法院的支持。在原告拒绝变更诉讼请求的情况下，一审法院判决驳回了原告的诉讼请求。”

对此，二审法院认为，上诉人认为有权选择全部或部分人承担连带责任的理由符合法律规定，予以部分采纳，并根据相关法律规定明确责任的承担，一审法院不予支持、应予驳回的理由属于法律适用错误，应予纠正。据此，二审法院撤销了一审判决，判决赔偿原告损失，但行文仍然是上市公司赔偿、实际控制人等承担连带责任。

聚焦虚假陈述案件揭露日、更正日的认定

上市公司的虚假陈述可以分为临时报告虚假陈述和定期报告虚假陈述。同一虚假陈述情形，经常是先构成临时报告虚假陈述，后导致季报、半年报、年报等定期报告构成虚假陈述。对应披露的具体事项，临时报告虚假陈述的时间在先。在临时报告和定期报告均存在虚假陈述的情形下，我们认为应以在先的临时报告应披露但未披露日为虚假陈述的实施日。

本案中，资金占用最早发生在 2018 年 1 月 10 日，根据上市公司信息披露制度，应当在 2 个交易日内披露，上市公司没有及时披露，即构成虚假陈述。很遗憾，一审、二审法院均未能接受这个观点，而是以 3 个月之后的《2017 年年度报告》发布日（2018 年 4 月 28 日）为实施日。

关于虚假陈述更正日的认定,一个常见的争议点是停牌是否为认定要件。最高人民法院《关于审理证券市场因虚假陈述引发的民事赔偿案件的若干规定》(以下简称《虚假陈述案件若干规定》)的条文是"虚假陈述更正日,是指虚假陈述行为人在中国证券监督管理委员会指定披露证券市场信息的媒体上,自行公告更正虚假陈述并按规定履行停牌手续之日"。

同时,"按规定履行停牌手续"的通常理解为停牌,但是在监管导向是为避免滥用而限制停牌、保护投资者交易权的背景下,在停牌须经交易所同意的情况下,将其理解为停牌的结果,甚至可能导致无法认定更正日的后果。例如,根据本案适用的《深圳证券交易所股票上市规则(2014年修订)》等监管规则,上市公司发布年度报告、披露非标审计报告,均已经不再要求停牌,藏格控股在该日进行相关信息披露不构成必须停牌的情形,也不符合明文规定的可以申请停牌的条件。

陈波认为,在《虚假陈述案件若干规定》并未修订的情况下,将"按规定履行停牌手续"解释为履行申请停牌的程序,但不强求停牌的结果,是一种合适的折中方案。在欣泰电气虚假陈述案[(2020)最高法民申227号]等案件中,上市公司在更正日也没有停牌。

在本案之前,藏格控股虚假陈述系列案件已有十余份生效判决。对"三日一价"等案件基本事实的认定,保持前后一致,有其现实必要性。这也是虚假陈述系列诉讼不同于一般单个诉讼的特点,即在先审理的案件对后诉案件具有示范效应。

陈波表示,本案虽有波折,但先抑后扬,原告的合法权益最终得以保障。虽然生效判决关于赔偿责任主体的行文未能如原告所诉请,但原告关于事实认定和法律适用的众多意见被两级法院采纳;连带责任人之间的赔偿顺序、临时报告与定期报告对同一事项构成虚假陈述时实施日的认定、揭露日认定是否以停牌为必要条件等与虚假陈述案件审判有关的重要法律问题,得到了充分讨论;本案也起到了宣传"追首恶"理念的效果。

美丽生态案

首例支持诉讼+示范案件案例分析

——梁某等诉美丽生态股份有限公司等证券虚假陈述责任纠纷案

和晓科*

2020年4月9日通过的《深圳市中级人民法院关于依法化解群体性证券侵权民事纠纷的程序指引(试行)》(以下简称《化解群体证券纠纷指引》)第10条规定:“处理群体性证券侵权民事纠纷,本院可以选取一个或若干个案件作为示范案件,先行充分审理,先行裁判,促进平行案件或相同纠纷通过委派调解、委托调解或者法院调解等方式妥善化解。调解不成的,本院可以参照示范案件的裁判结果对平行案件简化审理和合并审理。示范案件是指群体性证券侵权民事纠纷案件中选取的具有代表性的案件。平行案件是指群体性证券侵权民事纠纷案件中除示范案件之外的针对同一侵权事实提起诉讼的其他案件。”第12条规定:“机关、社会团体、企事业单位、投资者保护机构对损害投资者利益的行为,可以通过为投资者提供专门法律服务等方式,依法支持投资者向人民法院提起诉讼。支持诉讼案件符合示范案件条件,本院作出示范判决后,其他案件可以参照指引第十条和第四章规定处理。”该指引第四章规定的就是平行案件的处理规范。

资本市场上中小投资者的权益保护具有力量小、人数多、影响面广、维权成本高的特点,同时很多投资人信息获取渠道单一,购买股票后并不知道自身权益受到

* 上海市浩信律师事务所律师,投服中心公益律师,代理美丽生态案诉讼时为上海市尚法律师事务所律师。

侵犯时可以通过法律途径维权。现今在资本市场中位于后端的中小投资者维权越来越受到关注,且已被纳入法治化解决轨道。在审判思路上,各地法院充分发挥本地区特色,先行先试,进行了诸多有益尝试。梁某诉美丽生态证券虚假陈述案件的标志性意义在于这是2019年《证券法》实施后审判机关首次将中证中小投资者服务中心(以下简称投服中心)支持诉讼案件作为示范诉讼,同时本案审理过程中在法院主持之下以调解方式结案,提高了诉讼效率,有效降低了当事人的诉讼成本。值得重视的是本次审判机关在法庭专设支持诉讼席位,投服中心委派两名工作人员列席庭审。从这三方面讲,本案具有重要的理论价值与实践意义。

为深入总结本案的操作意义,形成可复制可推广的成功司法经验,下文将从索赔方案的确定、审理过程和案件评析等方面对首例"支持诉讼+示范案件"进行完整介绍、详细分析,从而为后续的中小投资者权益保护新机制的建立和发展提供参考、拓宽思路。

案情介绍

(一)本案的主要诉讼参加人

本案被告之一——深圳美丽生态股份有限公司(以下简称美丽生态公司或美丽生态),曾用名北京深华新股份有限公司、深圳市华新股份有限公司、深圳华新股份有限公司,系中国最早的上市公司之一,在深圳证券交易所上市。涉诉时法定代表人为陈某某。①

本案主要被告——江苏八达园林有限责任公司(以下简称八达园林公司或八达园林),彼时系美丽生态公司的全资子公司,本案中美丽生态公司虚假陈述行为发生在其收购八达园林公司重大资产重组过程中。2020年11月27日,美丽生态公司已经全部出售了其持有的100%八达园林公司股权。

本案主要被告——贾某某,在美丽生态公司虚假陈述案发生时,担任公司董事

---

① 该公司的基本信息:股票简称:美丽生态,曾用名*ST美丽,股票代码:000010,上市时间:1995年10月27日,住所地:广东省深圳市宝安区新安街道×××路×号。主营业务:从事苗木种植、园林绿化工程施工和养护为一体的综合性园林服务。相关信息源于国家企业信用信息公示系统(http://www.gsxt.gov.cn/index.html)和巨潮资讯网(http://www.cninfo.com.cn)。为行文表述方便,下文中*ST美丽、深华新公司和美丽生态公司指同一家公司。

长,属于上市公司的高级管理人员,对虚假陈述行为承担法律责任。

本案主要被告——王某3,在美丽生态公司虚假陈述案发生时,担任八达园林公司法定代表人。

本案主要被告——王某4,在美丽生态公司虚假陈述案发生时,担任八达园林公司总经理。

本案原告均为美丽生态公司的中小投资者,系从二级市场购买获得该公司股票的散户,因美丽生态虚假陈述导致股价下跌而受有亏损。

本案原告的诉讼代理人为投服中心公益律师团公益律师,本案审理过程中,深圳市中级人民法院(以下简称深圳中院)在法庭上专门设置支持诉讼席位,投服中心委派工作人员列席庭审,以国家投资者保护机构身份表明对本案提起支持诉讼,并当庭发言陈述对本案的诉讼观点。

(二)案件违法事实

2016年10月14日,美丽生态公司发布《关于收到中国证券监督管理委员会调查通知书的公告》,《调查通知书》编号:深证调查通字16232号,中国证监会对公司予以立案调查。

美丽生态上述违法行为被揭露后,其股票在证券市场上的股价下跌幅度较大,至2016年11月14日,跌幅为5.79%,而同期深证成指涨幅为1.11%,这显示2016年10月14日美丽生态公司披露其违法行为被证监会立案调查后,该信息对市场的警示作用较为明显。

2017年6月9日,美丽生态公司首次披露收到中国证监会《行政处罚事先告知书》(处罚字〔2017〕72号),当事人提出听证。2018年11月22日再次披露处罚事先告知书。根据上述事先告知书,证监会拟对美丽生态公司、八达园林公司及时任公司董事、监事和高级管理人员处以警告,共计罚款308万元。

2019年7月5日,证监会作出《行政处罚决定书》(〔2019〕69号),《行政处罚决定书》确认*ST美丽存在误导性虚假陈述。贾某某时任美丽生态董事长,王某4时任八达园林总经理,美丽生态董事、副总经理,王某3为八达园林法定代表人,均系直接负责的主管人员。据此,证监会对5名被告予以行政处罚。2019年8月5日,美丽生态对上述处罚事宜进行了公告。具体违法事实如下:

(1)美丽生态在重大资产重组文件中对阜宁县金沙湖项目(以下简称金沙湖项

目)和镇江市官塘新城路网绿化工程(以下简称官塘项目)的进展情况存在误导性陈述;(2)对金沙湖项目和官塘项目 2015 年收入预测披露存在误导性陈述;(3)美丽生态在重大资产重组文件中未如实披露框架协议等的最新进展情况,存在误导性陈述;(4)美丽生态未及时披露金沙湖项目终止的重大事件,信息披露存在重大遗漏;(5)美丽生态在 2015 年年度报告中对子公司八达园林盘盈生物资产的会计处理不当,存在虚假记载。

(三)诉讼的启动

违法违规事件暴发后,美丽生态公司的股价持续下跌,为维护投资者权益,投服中心进行了深入、详细的诉前准备,并委派公益律师代理投资者提起支持诉讼。2020 年 4 月 8 日,深圳中院对投资者诉美丽生态公司、八达园林公司、贾某某等虚假陈述责任的案件正式立案,此后,为提高审判效率,深圳中院将本支持诉讼案选为示范案件。

本案的法律分析与索赔方案的确定

(一)索赔前提:本案信息披露违规行为构成侵权

根据 2019 年《证券法》第 85 条的规定,上市公司的年度报告及其他信息披露资料中有虚假记载、误导性陈述或者重大遗漏,致使投资者在证券交易中遭受损失的,上市公司应承担赔偿责任;上市公司的控股股东、实际控制人、董事、监事、高级管理人员应承担连带赔偿责任,但是能够证明自己没有过错的除外。对此类证券虚假陈述行为导致的赔偿责任,最高人民法院在《关于审理证券市场因虚假陈述引发的民事赔偿案件的若干规定》(法释〔2003〕2 号,以下简称《虚假陈述案件若干规定》)中进一步明确为民事侵权损害赔偿责任。

也就是说,上市公司及其董事、监事、高级管理人员、控股股东和实际控制人因虚假陈述向投资者承担的实系侵权损害赔偿责任,因此,行为人如果要承担法律责任必须符合原《侵权责任法》有关侵权责任之构成要件,包括加害行为、损害结果、因果关系和过错。鉴于此,本案诉讼代理人认真研析了案情,对相关构成要件的法律分析如下。

1. 美丽生态公司及相关人员存在证券虚假陈述的违法行为

根据2019年《证券法》第80条第2款第3项、第82条和《上市公司信息披露管理办法》第30条的规定，上市公司应当对订立重要合同、提供重大担保或者关联交易，可能对公司的资产、负债、权益和经营成果产生重要影响的重大事件依法履行及时、准确的信息披露义务，公司的董事、监事、高级管理人员应当保证披露信息的真实、准确、完整。依据2019年证监会下发的行政处罚决定书中涉及的4个方面的违法事实来看，美丽生态公司、八达园林公司、贾某某、王某4、王某3等人并未及时、准确履行上述义务，其行为完全符合《虚假陈述案件若干规定》第17条所规范之“虚假陈述行为”。

同时，该等虚假陈述行为还需具备法律所规定的“重大性”，经代理律师研究2015年5月19日美丽生态公司公布的《北京深华新股份有限公司发行股份及支付现金购买资产并募集配套资金暨关联交易报告书（草案）》（以下简称报告书草案），上述虚假陈述行为中仅最早披露的官塘项目一项即涉及20,450万元合同金额，占上市公司交易后2014年度营业收入113,114.41万元的18.08%，对投资者投资影响决策较大。

2. 损害后果

无损害即无赔偿是民事侵权责任的基本规则，因而投资者的损失认定是整个索赔方案中的核心环节。由于证券操作的复杂性，本案赔偿数额的具体计算方法将在下文详细阐述。

3. 因果关系

因果关系，是指美丽生态公司及相关人员的虚假陈述行为与投资者股票价值损失之间存在原因与结果的关系。《虚假陈述案件若干规定》第18条规定：“投资者具有以下情形的，人民法院应当认定虚假陈述与损害结果之间存在因果关系：（一）投资者所投资的是与虚假陈述直接关联的证券；（二）投资者在虚假陈述实施日及以后，至揭露日或者更正日之前买入该证券；（三）投资者在虚假陈述揭露日或者更正日及以后，因卖出该证券发生亏损，或者因持续持有该证券而产生亏损。”因果关系的认定主要涉及对虚假陈述实施日、揭露日或更正日的准确界定，详述如下。

（1）虚假陈述实施日

根据行政处罚决定书，美丽生态共有5个违法行为，但5个违法行为披露的时间并不一致:第一,美丽生态于 2015 年 7 月 17 日在《反馈意见的回复》中对金沙湖项目和官塘项目的进展情况的披露存在误导性陈述。第二,美丽生态于 2015 年 10 月 10 日在《报告书(修订稿)》中对金沙湖项目和官塘项目 2015 年收入预测存在误导性陈述。第三,美丽生态在重大资产重组文件中未如实披露框架协议等的最新进展情况,存在误导性陈述。根据调查事实,“镇江市官塘项目(市政)”框架协议实际于 2013 年 1 月 28 日已失效,但 2015 年 5 月 19 日披露的报告书草案第 240 页和第 261 页有两处在“已签订框架协议”中继续披露“镇江市官塘项目(市政)”,金额 20,450 万元。2015 年 10 月 10 日披露的《报告书(修订稿)》为另外两个项目“太华山风景区生态休闲项目(江苏)”“新源县世外桃源项目(新疆)”误导性陈述实施日。第四,美丽生态未及时披露金沙湖项目终止的重大事件,信息披露存在重大遗漏。终止合同协议的签订日为 2016 年 9 月 12 日,实施日为 9 月 14 日。第五,美丽生态在 2015 年年度报告中对子公司八达园林盘盈生物资产的会计处理不当,存在虚假记载。2016 年 4 月 27 日披露 2015 年年报,实施日为该日。

从上述分析能够看出,美丽生态公司最早在 2015 年 5 月 19 日在报告书草案当中对镇江市官塘项目进行了误导性陈述,且该项目签约金额重大,具有重大性。因此,代理律师认为,2015 年 5 月 19 日为“镇江市官塘项目(市政)”误导性陈述实施日。

(2)虚假陈述揭露日或更正日

《虚假陈述案件若干规定》第 20 条第 2 款规定,虚假陈述揭露日,是指虚假陈述在全国范围发行或者播放的报刊、电台、电视台等媒体上,首次被公开揭露之日。该条第 3 款规定,虚假陈述更正日,是指虚假陈述行为人在中国证券监督管理委员会指定披露证券市场信息的媒体上,自行公告更正虚假陈述并按规定履行停牌手续之日。揭露属于被动揭发,而更正属于上市公司的主动行为。

美丽生态公司于 2016 年 10 月 14 日公告收到立案调查通知书。2017 年 6 月 9 日、2018 年 11 月 22 日先后两次披露了处罚事先告知书。两份告知书认定的事实几乎一致。虽然立案案由未明确为信息披露违法,但从信息披露后股价的走势看,2016 年 10 月 14 日公告被立案调查后,股价下跌幅度较大,至 2016 年 11 月 14 日换手率达 100%,跌幅为 5.79%,显示立案的警示作用较明显。而两次披露处罚事先告知书后股价走势较为平稳,显示证券虚假陈述行为的利空影响早已被市场吸收。

2017 年 6 月 9 日公告后至 2017 年 9 月 25 日换手率达 100%，跌幅仅 2.65%。

同时，我们还应注意到，2016 年 1 月 27 日美丽生态公司公告《关于对北京深华新股份有限公司的关注函的回复》，在该回复中，美丽生态公司继续表述：官塘新城项目合作框架协议 5 亿元（其中签订正式施工合同 2.955 亿元），以此来误导投资者。虽然当天股价下跌 4.01%，但公告后直到 2016 年 3 月 8 日换手率达到 100%，涨幅竟达 8%。显然，该公告并没有 10 月 14 日披露立案调查通知对上市公司股价的影响那么明显。

代理律师认为，判断虚假陈述行为揭露日时，该揭露行为是否对所涉股票价格产生影响，是一个重要的考量因素。美丽生态公司虚假陈述案件中，2016 年 10 月 14 日的公告对市场产生的警示作用显然更明显。综上，代理律师认为将 2016 年 10 月 14 日界定为揭露日较合适。

综上所述，投资者在 2015 年 5 月 19 日当日及以后、2016 年 10 月 14 日前购买美丽生态股票，又在 2016 年 10 月 14 日后出售或继续持有股票而遭受的亏损与美丽生态公司的虚假陈述行为存在因果关系。

4. 过错

根据《虚假陈述案件若干规定》第 21 条的规定，上市公司对因虚假陈述而造成的投资者损失承担无过错责任，因此无论是否存在过错，美丽生态公司都应对投资者承担相应的赔偿责任。对公司董事、监事、高级管理人员，法律规定为过错推定责任，即法律首先推定上述人员存在过错，除非其有证据证明自身不存在过错。在本案中，作为上市公司董事长的贾某某，高级管理人员王某 4、王某 3 等人的过错是非常明显的，尤其是直接责任人王某 4、王某 3，不可能对本公司重大工程的履行情况不知情，在重大报告中出现错误披露，主观故意明显。

综上分析，代理律师认为，八达园林、贾某某、王云金、王某 3 及美丽生态公司的信息披露违规行为满足侵权行为的构成要件，应当对符合条件的投资者承担损害赔偿责任，本案索赔具备清晰的请求权基础。

（二）适格原告的确定

实际上，《虚假陈述案件若干规定》第 18 条不仅规定了因果关系的认定问题，同时也规范了投资者请求权资格确定的问题，只有股票投资损失与上市公司虚假陈述行为存在因果关系的投资者才能成为适格的原告。据此，本案中适格的原告须符合以下条件:(1)在 2015 年 5 月 19 日及以后至 2016 年 10 月 14 日前购买过美丽生态公司的股票;(2)在 2016 年 10 月 14 日之后卖出或继续持有美丽生态公司的股票;(3)具有相应的损失。

代理人依此审核了投资者的有关情况,重点关注了投资者投资行为的发生时点、股票交易情况,从而确认了梁某等 2 名投资者具有适格原告资格。

(三)赔偿责任人及首要被告的确定

索赔方案除要确定谁有请求权外,还必须明确向谁请求索赔的问题。代理律师认为,根据《虚假陈述案件若干规定》第 21 条的规定,美丽生态公司以及贾某某等主体应承担连带赔偿责任。考虑王某 4、王某 3 是美丽生态全资子公司八达园林的高级管理人员,系虚假陈述行为的直接责任人,本着"追首恶"的原则,同时考虑相关被告的偿付能力,最终决定选择贾某某、王某 4、王某 3 为首要责任人,要求上述责任人和八达园林公司对美丽生态虚假陈述承担连带赔偿责任。

作为投服中心支持诉讼的案件,"追首恶"是支持诉讼的出发点,让真正的责任人承担法律责任是本案的关键,仅让上市公司承担责任还不够,支持诉讼的目的是通过诉讼规范上市公司的信息披露行为,强化上市公司董事、监事、高级管理人员的公司法责任,强化其对广大中小股东诚信勤勉尽责的法律意识。正如前所述,贾某某等人是本次美丽生态公司收购八达园林公司的主要策划者,对八达园林公司的经营情况应当了解,但他们在实际操作时却丧失了基本的职业操守,基于此,方案最终决定追究贾某某等 3 名自然人的连带赔偿责任。

(四)索赔方案的重点和难点:损失赔偿额的计算

诉讼时,上市公司虚假陈述导致投资者损失的主要计算依据为《虚假陈述案件若干规定》第 30 ~ 33 条的规定。其第 30 条明确了投资者实际损失的构成,包括三部分:一是投资差额损失;二是投资差额损失部分的佣金和印花税;三是前两项总和的利息(自买入至卖出证券日或者基准日,按银行同期活期存款利率计算)。由此可见,投资差额损失是后两项损失的计算前提和依据,是投资者损失计算的关键部分。

《虚假陈述案件若干规定》第 31 ~ 33 条规定了投资差额损失的具体计算方法。第 33 条规定,投资差额损失计算的基准日,是指虚假陈述揭露或者更正后,为将投资者应获赔偿限定在虚假陈述所造成的损失范围内,确定损失计算的合理期间而规定的截止日期。确定基准日后,投资差额损失按《虚假陈述案件若干规定》第 31

条和第 32 条计算:若投资者在基准日及以前卖出证券的,其投资差额损失,以买入证券平均价格与实际卖出证券平均价格之差,乘以投资者所持证券数量计算(第 31 条);若投资者在基准日之后卖出或者仍持有证券的,其投资差额损失,以买入证券平均价格与虚假陈述揭露日或者更正日起至基准日期间,每个交易日收盘价的平均价格("基准价")之差,乘以投资者所持证券数量计算(第 32 条)。

《虚假陈述案件若干规定》第 33 条第 1 项的规定,基准日一般系指自揭露日或者更正日起,至被虚假陈述影响的证券累计成交量达到其可流通部分 100% 之日。所谓"被虚假陈述影响的证券累计成交量达到其可流通部分 100% 之日",是指从揭露日或更正日起,上市公司股票每日换手率(成交股数与流通股数之比)合计首次超过 100% 之日。据统计,按揭露日为 2016 年 10 月 14 日起算,美丽生态公司的每日换手率在 2016 年 11 月 14 日合计首次超过 100%,故基准日为 2016 年 11 月 14 日。将 2016 年 10 月 14 日至 11 月 14 日 22 个交易日的收盘价进行算术平均可得基准价为 8.08 元。同时,结合相关情况,索赔方案决定印花税按 1‰计算,佣金按 0.3‰计算,利息按当时银行活期存款年利率 3.5‰计算。

按照上述标准和计算方式,就能很方便地计算出投资者的实际损失。以梁某为例,他在 2015 年 6 月 12 日购买了 5000 股,股票买入价格为 16.5 元,成交金额为 82,500 元,直到基准日之后仍然持有。因为梁某只有一手交易,股票平均价也就是其买入价格 16.5 元,买入证券平均价格 16.5 元减基准价 8.08 元之差为 8.42 元,那么梁某的投资差额损失为 8.42 元乘以 5000 股等于 42,100 元,佣金损失为 42,100 元乘以 0.3‰为 12.63 元,印花税损失为 42,100 元乘以 1‰为 42.10 元,利息损失计算期间为买入日 2015 年 6 月 12 日至 2016 年 11 月 14 日共计 512 天,利息计算基数为 42,154.73 元(利息计算基数为投资差额损失加佣金损失加印花税损失之和),利息为年化 3.5‰,所以利息损失额为 209.84 元。综上所述,梁某索赔方案确定其损失赔偿额总计 42,364.57 元。

值得一提的是,本案中因为梁某仅有一次买入股票的行为,所以其平均价格就是其买入证券时的价格。投资者可能在实施日后,揭露日前有多次买入或者卖出股票操作,有一些可能会在揭露日后有多次卖出行为,在计算证券投资损失时就需要使用移动加权平均法。移动加权平均法,是指投资者每次买入股票后,以新买入的股票成本加上前次交易后的持仓成本,除以本次买入的股票数量加上前次交易后的持仓数。公式为:买入均价 =(本次购入股票金额 + 本次购入前持股总成本)/(本次购入股票数量 + 本次购入前持股数量),此计算方法的特点是卖出交易不影响买入均价计算,计算结果更客观公正,更符合《虚假陈述案件若干规定》的精神,缺点是计算过程复杂,手工计算较难实现。

本次投资者诉美丽生态案中,代理人使用的均是实际成本法,虽然移动加权平均法更能反映投资人的实际损失,但就本次所涉及的案件,使用实际成本法计算所得赔偿金额更能够弥补当事人的实际损失,故代理人最终决定使用实际成本法计算投资损失。另外,代理人认为,虽然目前业界较多采用的投资损失计算方法有实际成本法、移动加权平均法、先进先出法等,但是具体到实际案件当中,可以根据案件性质采用更能维护当事人合法权益的计算方法。

本案审理过程

(一)过程概述

2019 年 8 月 5 日,深圳美丽生态股份有限公司(以下简称美丽生态公司)发布公告称证监会对美丽生态公司、八达园林公司及其高管等相关责任主体做出行政处罚决定。2019 年 9 月 6 日投服中心支持两位投资者提起诉讼,指派公益律师代理两位投资者向美丽生态公司、八达园林、贾某某(时任美丽生态董事长)、王某 4(时任八达园林总经理)和王某 3(八达园林法定代表人)提起诉讼。2019 年 10 月 11 日,深圳市中级人民法院(以下简称深圳中院)下达先行调解通知书,如果调解不成,将及时将案件转入审判程序。2020 年 4 月 8 日,深圳中院将梁某等诉美丽生态公司证券虚假陈述责任纠纷正式立案并送达传票。本案于 2020 年 10 月 21 日和 12 月 29 日分两次开庭,双方当庭达成调解协议。2021 年 1 月 7 日投资者收到赔付款项。

(二)原告方的诉讼准备

代理人在此次庭审中共提出三项主张:(1)请求法院确认深圳美丽生态公司上述虚假陈述行为构成侵权责任法上的侵权行为。贾某某、王某 4、王某 3 等三名自然人承担共同侵权责任。(2)判令美丽生态公司赔偿投资差额损失、佣金损失、印花税损失及相应利息。(3)要求八达园林、贾某某、王某 4、王某 3 对第二项主张承担连带赔偿责任。为此，本案开庭前，代理人按照常规证券虚假陈述案件精心准备了相关证据材料，并通过网上和邮寄两种方式提交给法院。主要证据有：美丽生态公司关于收到证监会相关行政文件的公告、从第三方证券公司营业部获取的投资者证券账户卡和股票对账单，以及为每位投资者量身定做的损失计算表等。上述证据旨在证明美丽生态公司的虚假陈述行为、相关责任人员的过错以及本案原告作为美丽生态公司投资者的身份和受损金额。

代理人经过研究讨论，认为本案被告在庭审中重点会在虚假陈述实施日的认定、揭露日的认定、虚假陈述行为是否具有重大性等方面进行抗辩。为此，代理人专门把美丽生态公司收购八达园林公司的《报告书(草案)》作为重点证据提交，以此说明虚假陈述行为所涉金额巨大，符合证券法及相关规定所认定的重大性标准。确定了重大性问题，那么相关实施日也就能够确定。针对揭露日，代理人对美丽生态股票价格自实施日至揭露日后的价格走势进行了详细的分析论证，认为原告提出的揭露日的主张更符合法律规定。

(三)被告方的抗辩观点

1. 被告方当庭认为虚假陈述行为不具有重大性

美丽生态公司及贾某某代理人认为，在该报告书当中仅披露了其中一个项目，即官塘新城框架协议，不具有重大性。针对被告方的答辩意见，我方在前期充分准备的基础上认为误导性陈述涉及的三个框架协议合计占披露的已签订框架协议金额的57.28%，而镇江官塘项目框架协议占这三个框架协议金额的25%。另外，2015年5月19日至6月12日美丽生态的股价上涨137.57%，同期深证成指上涨仅为25.35%，通过对比就能够看出《报告书(草案)》的披露对股价的虚高拉升起到立竿见影的效果。

2019年11月最高人民法院发布的《全国法院民商事审判工作会议纪要》第85条指出："审判实践中，部分人民法院对重大性要件和信赖要件存在着混淆认识，以行政处罚认定的信息披露违法行为对投资者的交易决定没有影响为由否定违法行为的重大性，应当引起注意。重大性是指可能对投资者进行投资决策具有重要影响的信息，虚假陈述已经被监管部门行政处罚的，应当认为是具有重大性的违法行为。在案件审理过程中，对于一方提出的监管部门作出处罚决定的行为不具有重大性的抗辩，人民法院不予支持，同时应当向其释明，该抗辩并非民商事案件的审理范围,应当通过行政复议、行政诉讼加以解决。”

综上,美丽生态公司在收购八达园林重大资产重组过程中触及误导性陈述、重大遗漏及虚假记载三大虚假陈述违法行为,被中国证监会处罚,于 2019 年 8 月 5 日公告收到中国证监会《行政处罚决定书》,具有重大性。

2. 被告方提出美丽生态虚假陈述行为的实施日应当是 2015 年 7 月 17 日

被告方贾某某的代理律师提出,《报告书(草案)》只在第 240 页第 1 段披露了“镇江市官塘项目(市政)已签订框架协议,合同金额 20,450 万元”,对于太华山风景区生态休闲项目、新源县世外桃源项目则未涉及;而在 2015 年 7 月 17 日的《反馈意见的回复》中,则是披露了上述三个项目。因此,结合《行政处罚决定书》认定的存在误导性陈述的事实依据,应当认定《反馈意见的回复》的披露时间为虚假陈述实施日,而非《报告书(草案)》的披露时间。被告方的根本目的是想把虚假陈述实施日向后推迟,这样可以将更多的投资人排除在可以索赔的区间之外,尽可能降低被告方的损失。

针对上述表述,我方认为,被告方的虚假陈述是持续性、连贯性的行为,并不仅是一个独立的行为,《报告书(草案)》披露的“镇江市官塘项目(市政)”是虚假陈述的第一个行为,所以 2015 年 5 月 19 日披露的镇江官塘项目框架协议是最早的虚假陈述实施日。另外,《报告书(草案)》公布后,美丽生态股价急剧拉升,而 2015 年 7 月 17 日《反馈意见的回复》披露后,市场反应相对平稳,说明证券市场前期已经对美丽生态的重组收购行为有了充分反应。

(四)法院审理

2020 年 12 月 29 日第二次庭审时,在法院主持下,原告、被告双方达成调解协议,美丽生态公司将赔偿款也及时支付给了受损投资人。

庭审过程中,法院重点关注虚假陈述行为实施日的确定、虚假陈述行为是否具有重大性以及系统性风险如何扣除。此案中,在庭前双方进行了充分的证据交换,庭审中合议庭行使释明权,对当事人的诉讼权利与意愿给予了充分的尊重,促进当事人确定共同事实争点和法律争点,全面举证、质证,展开充分辩论。支持诉讼代理律师、原告、被告双方对侵权行为重大性、证券违法行为与原告损失之间是否存在因果关系、揭露日的认定、是否存在系统性风险、被告各方的责任分担等重要焦点问题进行辩论,各方对共同的事实争点和法律争点有了充分的专业性认识和判断。这些庭审行为有利于妥善解决纠纷。

2020 年 4 月,深圳中院发布《化解群体证券纠纷指引》,8 月,深圳中院将投服中心美丽生态支持诉讼案选为示范案件,先行充分审理,先行裁判,促进针对同一侵权事实提起诉讼的其他案件(平行案件)通过调解等方式妥善化解。如平行案件调解不成,法院亦可参照示范案件的裁判结果对平行案件简化审理和合并审理。美丽生态案是"支持诉讼 + 示范判决"机制在全国范围内的首次尝试,示范案件以调解方式结案,投资者在较短时间内获得赔偿,充分保障和维护了投资者的合法权益,对后续案件产生积极影响。

案件评析

(一)本案的特点

1. 一案触发三大虚假陈述类型

美丽生态公司收购八达园林公司重大资产重组过程中触及误导性陈述、重大遗漏及虚假记载三大虚假陈述违法行为。该虚假陈述行为总共有 5 项,收购过程中又存在诸多披露文件,涉及的披露时点有多个,如何识别和认定虚假陈述行为实施日就变得非常关键。代理人认为对连续虚假陈述行为的实施日认定应依据 4 个标准:在先原则、重大原则、交易市场反应明显原则、公平原则。

具体到美丽生态案件中,代理人认为的虚假陈述实施日所涉具体违法行为,披露时间最早,披露合同金额巨大。实施日后美丽生态股价在市场上反应明显,而 2015 年 7 月 17 日新的虚假陈述行为披露后,股价市场反应较为平缓,说明在 5 月 19 日披露相关文件后,市场已经有明显反应,影响力已经被市场充分吸收。另外,确定相应日期为实施日有助于最大限度维护投资人合法权益,将更多的实际受损投资人纳入可索赔区间。

代理人认为,在司法实践上,本案对虚假陈述实施日的认定具有一定借鉴意义,在确定具体实施日时应当通过大量的分析讨论和案例研究,充分利用大数据分析方法论证相关实施日的合理性与合法性。

2. 系统性风险应依据价值标准并结合股价走势综合判定

本案庭审过程中,美丽生态公司及其代理律师重要的抗辩意见是美丽生态的股价下跌主要是系统性风险造成的,与美丽生态公司等诸被告的违法行为不具有因果关系。代理人认为对于系统性风险的讨论不应当泛泛而谈,应当用数据说话,要讨论股价是否偏离其内在价值。

关于系统性风险主要规定在《虚假陈述案件若干规定》第19条。所谓证券市场系统风险,是指由于全局性的共同因素引起的对所有证券的收益产生的影响,系统风险的来源主要是由整体环境因素对证券价格所造成的影响。系统风险造成的后果具有普遍性,无论是系统风险还是其他因素,均应是指对证券市场产生普遍影响的风险因素,对证券市场所有股票价格产生影响,且这种影响为个别企业或行业不能控制,是整个市场或者市场某个领域的所有参与者共同面临的,投资人亦无法通过分散投资加以消除,因而投资者发生的该部分损失不应由虚假陈述行为人承担。①

对系统性风险的比例认定主要集中在虚假陈述行为的因果关系辩论环节。本案被告贾某某的代理律师提出美丽生态股票下跌的部分原因系2015年6~8月股票市场整体大幅波动,该观点过于空洞。代理律师认为,美丽生态股价从2015年5月19日至6月12日涨幅达到137.57%,最高价17.99元。此后一路下跌,再未达到如此峰值。这表明虚假陈述实施后股价被推至虚高位置,股价已不能反映其内在价值。另外,从2016年10月14日揭露日至11月14日基准日期间的股价走势来看,美丽生态股价跌幅达5.79%,而同期深证成指涨幅为1.11%。从以上分析能够看出,无论是从个股纵向走势来看,还是个股与大盘走势的横向比较,就能够发现美丽生态的股价波动与大盘系统性影响不存在因果关系。从股票价值理论来看,无论是虚假陈述实施日至基准日,还是披露日至基准日期间,美丽生态的基准价基本能够反映美丽生态股票的实际价值。

所以,在系统性风险诉辩阶段,投资人的代理律师可以从前述分析中找到一些切断系统性风险因果关系的思路。

(二)"支持诉讼+示范案件"新模式的探索

美丽生态证券虚假陈述案件系国家投资者保护机构支持诉讼案件,根据《化解

① 参见大连大福控股股份有限公司、刘书武证券虚假陈述责任纠纷二审民事判决书,辽宁省高级人民法院,案号(2019)辽民终398号。

群体证券纠纷指引》的规定,法院优先确定支持诉讼案件作为示范诉讼案件。这种审判方式有别于《证券法》第 95 条第 1 款和第 2 款规定的普通代表人诉讼制度。普通代表人诉讼当中,如果已经起诉的符合权利人范围的当事人加入代表人诉讼的前提是必须申请撤回本诉,而示范案件制度则规定平行案件在示范案件判决生效前,在深圳中院已经立案的平行案件可以中止审理或者先行调解(并不需要撤诉),同时上述处理方式并不影响按照《证券法》第 95 条和《民事诉讼法》第 53 条和第 54 条规定推选诉讼代表人。其他如代表人诉讼制度规定的非代表人诉讼案件、未登记诉讼案件的处理与示范案件制度中对平行案件的处理,《化解群体证券纠纷指引》与证券法代表人诉讼司法解释基本一致。

由此可以得出,深圳中院的示范判决机制与普通代表人诉讼制度并不矛盾,这一机制其实是对代表人诉讼制度的有益补充。

笔者作为投服中心公益律师有幸全程参与了本案。笔者认为投服中心目前的支持诉讼机制对维护中小投资者合法权益,维护证券市场健康稳定发展具有非常重要的意义。随着证券法规定的特别代表人诉讼制度的建立和完善,未来投服中心在投资者维权领域将有更加广阔的空间,公益律师也将有更多机会参与到资本市场投资者维权当中。同时,上述工作必将有力促进上市公司的合规经营,督促上市公司董事、监事和高级管理人员更加勤勉尽责,维护上市公司和广大投资者的合法权益。

律 师 介 绍

和晓科律师

上海市浩信律师事务所高级合伙人,毕业于华东政法大学法律学院与知识产权学院,法学学士、法学硕士。中证中小投资者服务中心公益律师,上海市中小企业发展服务中心专家律师。2010 年开始执业,拥有 12 年律师执业经历、3 年企业高管经验。长期专注于企业法律服务与争议解决(公司商事、IP 合规、挂牌融资)、金融证券诉讼、家事与家族财富传承等领域,对民法典、公司法、合同法、知识产权法、证券法、保险法有较深入的研究。

行政处罚决定书

中国证监会行政处罚决定书

〔2019〕69号

当事人:深圳美丽生态股份有限公司(以下简称美丽生态,原名北京深华新股份有限公司),注册地址:深圳市宝安区。时任法定代表人为贾某某。

江苏八达园林有限责任公司(以下简称八达园林),注册地址:江苏省常州市武进区。法定代表人王某3。

王某3,八达园林法定代表人,住址:江苏省常州市武进区。

王某4,时任八达园林总经理,美丽生态董事、副总经理,住址:江苏省常州市武进区。

贾某某,时任美丽生态董事长,住址:广东省深圳市南山区。

郑某2,时任美丽生态董事、总经理,住址:北京市东城区。

李某2,时任美丽生态财务总监,住址:浙江省宁波市江东区。

支某某,2013年10月至2015年9月,任美丽生态董事会秘书,住址:广西壮族自治区南宁市青秀区。

单某某,2015年9月至2018年8月,任美丽生态董事会秘书,住址:广东省深圳市福田区。

王某5,时任美丽生态董事,住址:广东省深圳市福田区。

丁某某,时任美丽生态董事,住址:浙江省宁波市海曙区。

蒋某2,时任美丽生态副董事长,住址:湖南省长沙市雨花区。

佘某某,时任美丽生态独立董事,住址:北京市朝阳区。

王某6,时任美丽生态独立董事,住址:广东省深圳市。

徐某1,时任美丽生态独立董事,住址:广东省深圳市福田区。

虞某某,时任美丽生态独立董事,住址:杭州市下城区。

徐某2,时任美丽生态监事,住址:北京市海淀区。

翟某某,时任美丽生态监事,住址:北京市西城区。

依据《证券法》的有关规定,我会对美丽生态信息披露违法行为进行了立案调查、审理,并依法向当事人告知了作出行政处罚的事实、理由、依据及当事人依法享有的权利。当事人美丽生态、贾某某、郑某2、李某2、支某某、单某某、王某5、丁某某、蒋某2、佘某某、王某6、徐某1、虞某某、徐某2、翟某某提出陈述、申辩意见并要求听证。当事人八达园林、王某3、王某4未提出陈述、申辩意见,并未要求听证。据此,我会举行了听证会,听取了当事人及其代理人的陈述、申辩意见。本案现已调查、审理终结。

经查明,美丽生态、贾某某等存在以下违法事实:

一、美丽生态在重大资产重组文件中对阜宁县金沙湖项目(以下简称金沙湖项目)和镇江市官塘新城路网绿化工程(以下简称官塘项目)的进展情况及项目2015年收入预测披露存在误导性陈述

(一)美丽生态重大资产重组的基本情况

2014年12月26日起,美丽生态停牌筹划重大资产重组。2015年5月19日,美丽生态披露《北京深华新股份有限公司发行股份及支付现金购买资产并募集配套资金暨关联交易报告书(草案)》[以下简称《报告书(草案)》],拟通过非公开发行股份与支付现金相结合的方式,购买王某3等47名股东持有的八达园林100%的股权,全部股权作价166,000万元。2015年7月14日,美丽生态披露收到我会行政许可审核反馈意见。2015年7月17日,美丽生态披露了《北京深华新股份有限公司发行股份及支付现金购买资产并募集配套资金暨关联交易申请文件一次反馈意见的回复》(以下简称《反馈意见的回复》),后分别于7月22日和8月8日对《反馈意见的回复》进行了两次细化补充。2015年10月10日,证监会核准了美丽生态重大资产重组,同日,美丽生态披露了《北京深华新股份有限公司发行股份及支付现金购买资产并募集配套资金暨关联交易报告书(修订稿)》(以下简称《报告书(修订稿)》)。2015年10月19日,相关交易完成资产过户,美丽生态自2015年11月起将八达园林纳入财务报表合并范围。八达园林王某4、美丽生态董事兼总经理郑某2、财务总监李某2等参与并购重组事项。

(二)金沙湖项目和官塘项目基本情况

2012年3月24日,八达园林与金沙湖管委会签订《建设工程施工合同》,工程名称为"阜宁县金沙湖旅游度假区二期工程",合同总金额100,000万元。工程地点为江苏省阜宁县城南新区渔深河以南等地段,工程内容包括大湖开发建设工程、金沙湖浴场完善提升工程等。2012年4月,金沙湖项目正式开工。2012年完成浴场提升绿化工程。2012年下半年至2013年完成湖型整理工程。2014年完成S329省道边侧道路景观绿化提升工程。截至2014年年末,金沙湖项目尚未确认收入的合同工程量为77,334.17

万元,预计2015年实现收入25,000万元。

2012年1月18日,八达园林与镇江市交通投资建设发展有限公司(以下简称镇江交投)签订了《镇江市官塘新城路网绿化景观工程建设项目合作框架协议》(以下简称《官塘新城框架协议》),上述框架协议中的估算工程总造价50,000万元。2012年,镇江交投向八达园林发出《中标通知书》,明确八达园林中标镇江市官塘新城路网绿化工程,明确工程总造价暂定为30,000万元,中标价以此为基础下浮至98.5%,即29,550万元。2013年1月28日,八达园林与镇江交投签订《镇江市官塘新城路网绿化工程投资、建设及移交合同书》,约定八达园林负责项目建设,工程范围包括官塘桥路、环山—莱山路等六条道路,总长度30.32公里。

2013年10月28日,八达园林向项目监理方提交《开工报告》,随后开始绿化工程施工。2013年10月至12月完成官塘桥路的绿化工程;2014年8月至12月完成环山路绿化工程。截至2014年年末,官塘项目尚未确认收入的合同工程量为11,583万元,预计2015年实现收入11,583万元。

(三)2015年金沙湖项目和官塘项目基本处于停工状态

2015年1月至9月,金沙湖项目的成本为3512.56万元,剔除金沙湖项目实际于2014年完成、2015年审定竣工并计入2015年的工程成本3375.30万元,金沙湖项目2015年实际发生成本为137.26万元,仅占2015年项目预测成本的0.81%。

2015年春节过后的项目碰头会上,金沙湖管委会规划建设局局长杨某娣向金沙湖项目现场负责人朱某忠通报了"金沙湖项目规划变更""已有开工项目继续做完""未开工项目暂缓,等待规划重新调整"等情况。碰头会开完后不久,朱某忠将"规划调整导致剩余工程项目暂时搁浅"的情况告知了八达园林总经理王某4。根据朱某忠、王某4的询问笔录,金沙湖项目2015年上半年主要工作是完成2014年已开工项目的收尾工作,2015年下半年基本处于停工状态。2015年10月16日,金沙湖管委会向八达园林出具《工程联系单》,明确"施工方案重新规划,施工作业面暂停""具体开工日期等我方书面通知"等。2016年9月12日,金沙湖管委会与八达园林签订《〈阜宁县金沙湖旅游度假区二期工程〉合同终止说明》,明确合同终止。

2015年1月至9月,官塘项目实际发生成本为385.8万元,仅占2015年项目预测成本的4.92%。2014年年底至今,因拆迁受阻,八达园林无法持续获得绿化施工所需工作面,官塘项目进展缓慢。根据该项目现场负责人郭某某的询问笔录,2015年1月至9月,官塘项目"未开展新工程施工""主要工作是养护原有的绿化工程""2015年完成原来拟定的 2015 年工程量的可能性不大”,官塘项目“能在 2017 年底完成就已经很不错了”。根据王某 4 的询问笔录,郭某伟向其汇报了官塘项目“施工情况、项目受阻情况和拆迁受阻情况”;王某 4 自 2014 年年底就知悉官塘项目进展缓慢的原因是“道路拆迁遇阻”;王某 4 知悉 2015 年 1 月至 9 月,官塘项目“未开展新工程施工”“主要工作是养护原有的绿化工程”。根据八达园林法定代表人王某 3 的询问笔录:在 2015 年 9 月、10 月,王某 4 向其汇报官塘项目时,称“由于项目拆迁的问题,项目无法在 2015 年按期完成”。

(四)美丽生态在重大资产重组文件中对金沙湖项目和官塘项目的进展情况披露存在误导性陈述

美丽生态于 2015 年 7 月 17 日、7 月 22 日和 8 月 8 日公开披露的《反馈意见的回复》及更新稿中,对于“请你公司结合已有合同或订单、业务开展情况等,补充披露八达园林 2015 年度业绩预测的可实现性”的反馈意见,回复称“截至本反馈意见出具之日,八达园林 2014 年已签订合同但未完工的工程项目基本已进场施工,工程进展良好”;在 2015 年 10 月 10 日披露的《报告书(修订稿)》中,美丽生态描述“园林工程施工业务进展情况”为“截至本报告书签署之日,八达园林 2014 年已签订合同但未完工的工程项目基本已进场施工,工程进展良好……金沙湖项目、官塘项目正常施工中”。美丽生态在上述重大资产重组文件中对工程进展情况的披露与事实不符,存在误导性陈述。

同时,美丽生态分别于 2015 年 7 月 17 日和 8 月 7 日向证监会报送的《反馈意见的回复》,于 8 月 7 日向证监会报送的《北京深华新股份有限公司发行股份及支付现金购买资产并募集配套资金暨关联交易报告书(上会稿)》[以下简称《报告书(上会稿)》]对上述两个工程项目进展情况的披露与《反馈意见的回复》《报告书(修订稿)》相同,与事实不符存在误导性陈述。

(五)美丽生态在《报告书(修订稿)》中对金沙湖项目和官塘项目 2015 年收入预测存在误导性陈述

美丽生态于 2015 年 10 月 10 日在《报告书(修订稿)》中披露金沙湖项目、官塘项目预计 2015 年实现收入、成本、毛利分别为 25,000 万元和 11,583 万元、16,935 万元和 7846.32 万元、8065 万元和 3736.68 万元,合计占八达园林 2015 年预测营业收入、营业成本和营业毛利的 26.95%、26.04%、29.11%,对八达园林 2015 年业绩预测的可实现性、收益法下的八达园林股权评估作价影响重大。但金沙湖项目、官塘项目 2015 年实际实现收入分别为 5086.32万元、2160.92 万元,仅占预测收入的 20.35%、18.63%。

截至《报告书(修订稿)》披露日,金沙湖项目仅有零星施工,也未收到金沙湖管委会有关剩余工程的施工指示及图纸,难以在 2015 年 12 月 31 日前完成 25,000 万元的收入目标。此外,按照金沙湖项目原规划,八达园林于 2015 年的主要工程为金沙湖大道工程和生态涵养区项目,工期分别是一年和一年半,在 2015 年上半年没有开工的情况下,按照原计划全部完成有难度。官塘项目的四条道路的大部分路段仍未完成拆迁,官塘项目道路的绿化工程施工需建立在道路建设施工已大部分完成的基础之上,尚不具备建设施工条件。综上,从客观情况和工程技术看,八达园林 2015 年完成预计工程量和预测收入基本不可能,需调整和重新预测,美丽生态仍然在《报告书(修订稿)》中披露原盈利预测金额,存在误导性陈述。根据王某 4 的询问笔录,金沙湖项目和官塘项目 2015 年收入预测由其本人做出。

二、美丽生态在重大资产重组文件中未如实披露框架协议等的最新进展情况,存在误导性陈述

2012 年 1 月 18 日,八达园林与镇江交投签订《官塘新城框架协议》,金额 50,000 万元。2013 年 1 月 28 日,框架协议转化落实为《镇江市官塘新城路网绿化工程投资、建设及移交合同书》的正式合同,金额 29,550 万元,框架协议失效。根据王某 4 的询问笔录,王某 4 知悉《官塘新城框架协议》已经全部正式转化为施工合同。

2015 年 5 月 27 日,八达园林与新源县悦达房地产开发有限公司(以下简称悦达地产)签订《新源县世外桃源项目战略合作框架协议》(以下简称《新源县框架协议》),协议金额 15,000 万元。2015 年 6 月 19 日,八达园林支付工程保证金 100 万元。2015 年 8 月,八达园林进驻现场后发现工程现场不具备施工条件。2015 年 9 月,八达园林与悦达地产未能就项目价格达成一致,并撤出项目现场,双方均确认不再履行框架协议。根据王某 4、王某 3 的询问笔录,2015 年 9 月,两人均知悉八达园林与悦达地产未能就项目价格达成一致;同月,《新源县框架协议》终止履行。

2015 年 6 月 9 日,八达园林与江苏太华金地藏生态休闲有限公司(以下简称金地藏)签订《太华山风景区生态休闲项目战略合作框架协议》(以下简称《太华山框架协议》),协议金额 45,000 万元。2015 年 8 月,金地藏要求八达园林支付现金保证金,否则将终止《太华山框架协议》。2015 年 9 月,八达园林表示不同意支付,《太华山框架协议》终止履行。根据王某 4、王某 3 的询问笔录,王某 3 作出不缴纳现金保证金的决策,知悉《太华山框架协议》终止履行。

美丽生态向证监会报送和披露的《报告书(草案)》《反馈意见的回复》《报告书(修

订稿)》中,均未准确披露上述框架协议的进展情况,在“已签订框架协议”中继续披露“镇江市官塘项目(市政)”,金额20,450万元;“太华山风景区生态休闲项目(江苏)”,金额45,000万元;“新源县世外桃源项目(新疆)”,金额15,000万元,三个框架协议金额合计占披露的已签订框架(意向)协议金额的57.28%,影响金额重大,存在误导性陈述。

三、美丽生态未及时披露金沙湖项目终止的重大事件,信息披露存在重大遗漏

2016年9月12日,金沙湖管委会与八达园林签订《〈阜宁县金沙湖旅游度假区二期工程〉合同终止说明》,金沙湖项目终止。按照合同总金额计算,若金沙湖项目继续履行,未来有约72,200万元待确认收入(合同总金额100,000万元,减去2012年至2015年已确认的收入27,800万元),占美丽生态2015年经审计营业收入的75.24%。金沙湖项目终止对美丽生态经营成果会产生重要影响,属于2014年《证券法》第67条第2款第3项所规定的重大事件,应当在合同签订后两个交易日内披露。美丽生态直至2016年10月26日晚才发布《关于子公司终止〈阜宁县金沙湖旅游度假区二期合同〉的公告》,延迟了23个交易日披露金沙湖项目终止情况。

四、美丽生态在2015年年度报告中对子公司八达园林盘盈生物资产的会计处理不当,存在虚假记载

2015年10月,美丽生态通过发行股份及支付现金方式收购八达园林100%股权,并完成了股权变更登记。2015年11月1日,美丽生态将八达园林纳入财务报表合并范围。八达园林在2014年以前未对其苗木资产进行过全面盘点。2015年12月底,八达园林应美丽生态的要求对苗木资产进行了全面盘点及清理,经常州中瑞延陵资产评估有限公司评估,确定盘盈苗木资产1250.63万元,盘亏苗木资产3.34万元,盘盈净额1247.29万元。根据八达园林提供的《关于2015年度苗圃苗木盘盈原因分析》等资料,八达园林盘盈生物资产全部形成于2014年以前。经八达园林第一届董事会第十四次会议审议批准,八达园林将上述金额计入了2015年度营业外收入。美丽生态在编制2015年财务报表时,将八达园林纳入合并报表范围,确认苗木资产盘盈产生的营业外收入1247.29万元,占2015年经审计合并利润总额的21.32%。

美丽生态自2015年11月1日起,将八达园林纳入财务报表合并范围,在2015年12月底存货盘点过程中发现大额存货盘盈,相关资产均形成于购买日之前,且存货盘盈发生在购买日后12个月之内,根据《企业会计准则第20号——企业合并》第16条“企业合并发生当期的期末,因合并中取得的各项可辨认资产、负债及或有负债的公允

价值或企业合并成本只能暂时确定的,购买方应当以所确定的暂时价值为基础对企业合并进行确认和计量。购买日后 12 个月内对确认的暂时价值进行调整的,视为在购买日确认和计量”之规定,美丽生态在编制 2015 年合并报表时,应根据盘盈存货在购买日的公允价值,调整购买日被购买方可辨认净资产公允价值,进而对商誉金额进行调整。

上述违法事实,有相关合同、公司公告、框架协议、八达园林提供的情况说明、盘点资料、相关专项审计报告及工作底稿、重组报告书、反馈意见的回复、相关人员的询问笔录、财务明细账等证据证明,足以认定。

我会认为,根据上述事实一的(一)至(四),美丽生态公开披露的《反馈意见的回复》及更新稿、《报告书(修订稿)》和向证监会报送的《反馈意见的回复》及更新稿、《报告书(上会稿)》中关于金沙湖项目和官塘项目进展情况的描述与事实不符,存在误导性陈述,违反了 2014 年《证券法》第 20 条第 1 款、第 63 条,《上市公司重大资产重组管理办法》(以下简称《重组办法》)第 4 条、第 54 条、第 55 条,《上市公司信息披露管理办法》(以下简称《信息披露办法》)第 58 条第 2 款、第 61 条的规定,构成 2014 年《证券法》第 193 条第 1 款、第 2 款所述的违法行为。八达园林的法定代表人王某 3、时任总经理王某 4,美丽生态时任董事长贾某某、时任董事兼总经理郑某 2 是直接负责的主管人员;美丽生态前任董事会秘书支某某、时任董事会秘书单某某是其他责任人员。

根据上述事实一的(一)至(三)、(五),美丽生态公开披露的《报告书(修订稿)》中对金沙湖项目、官塘项目 2015 年收入预测不符合项目施工进展的实际情况,存在误导性陈述,违反了 2014 年《证券法》第 20 条第 1 款、第 63 条,《重组办法》第 4 条、第 55 条,《信息披露办法》第 58 条第 2 款、第 61 条的规定,构成 2014 年《证券法》第 193 条第 1 款所述的违法行为。八达园林的法定代表人王某 3、时任总经理王某 4,时任美丽生态董事长贾某某、时任董事兼总经理郑某 2 是直接负责的主管人员;美丽生态时任董事会秘书单某某是其他责任人员。

根据上述事实二,美丽生态公开披露的《报告书(草案)》《反馈意见的回复》及更新稿、《报告书(修订稿)》和向证监会报送的《报告书(草案)》《反馈意见的回复》及更新稿、《报告书(上会稿)》中未如实披露八达园林已签订框架协议的最新进展情况,存在误导性陈述,违反了 2014 年《证券法》第 20 条第 1 款、第 63 条,《重组办法》第 4 条、第 54 条、第 55 条,《信息披露办法》第 58 条第 2 款、第 61 条的规定,构成 2014 年《证券法》第 193 条第 1 款、第 2 款所述的违法行为。八达园林的法定代表人王某 3、时任总经理王某 4,美丽生态时任董事长贾某某、时任董事兼总经理郑某 2 是直接负责的主管人员；美丽生态前任董事会秘书支某某、时任董事会秘书单某某是其他责任人员。

根据上述事实三，金沙湖项目终止属于2014年《证券法》第67条第2款第3项规定的重大事件，相关行为违反了2014年《证券法》第67条第1款、《信息披露办法》第31条第1款第2项、第58条第2款的规定，构成2014年《证券法》第193条第1款所述的违法行为。美丽生态时任董事长贾某某、时任总经理郑某2是该违法行为直接负责的主管人员，美丽生态时任董事会秘书单某某是其他直接责任人员。

根据上述事实四，美丽生态在2015年年度报告中对子公司八达园林盘盈生物资产的会计处理不当，导致美丽生态2015年度利润总额虚增1247.29万元，占当年经审计合并利润总额的21.32%，存在虚假记载。根据《信息披露办法》第24条“公司董事、高级管理人员应当对定期报告签署书面确认意见，监事会应当提出书面审核意见，说明董事会的编制和审核程序是否符合法律、行政法规和中国证监会的规定，报告的内容是否能够真实、准确、完整地反映上市公司的实际情况。董事、监事、高级管理人员对定期报告内容的真实性、准确性、完整性无法保证或者存在异议的，应当陈述理由和发表意见，并予以披露”之规定，美丽生态的董事、高级管理人员对美丽生态2015年年度报告签署了书面确认意见，监事签署了书面审核意见。

美丽生态2015年年度报告中的虚假记载违反了2014年《证券法》第63条“发行人、上市公司依法披露的信息，必须真实、准确、完整，不得有虚假记载、误导性陈述或者重大遗漏”之规定和第68条“上市公司董事、高级管理人员应当对公司定期报告签署书面确认意见。上市公司监事会应当对董事会编制的公司定期报告进行审核并提出书面审核意见。上市公司董事、监事、高级管理人员应当保证上市公司所披露信息真实、准确、完整”之规定以及《信息披露办法》第58条第1款“上市公司董事、监事、高级管理人员应当对公司信息披露的真实性、准确性、完整性、及时性、公平性负责，但有充分证据证明其已经履行勤勉尽责义务的除外”之规定，构成2014年《证券法》第193条第1款所述的违法行为。美丽生态时任董事长贾某某、时任总经理郑某2、时任财务总监李某2是美丽生态信息披露违法行为直接负责的主管人员，参加审议通过2015年年度报告并在年度报告上签字的时任董事单某某、王某5、丁某某、蒋某2、佘某某、王某6、徐某1、虞某某和时任监事徐某2、翟某某是其他直接责任人员。时任独立董事佘某某在审议2015年年度报告的董事会上，关注到了盘盈生物资产事项，并向时任财务总监李某2询问了盘盈生物资产的内容及形成过程，在李某2介绍了盘盈生物资产形成和盘盈的原因后表示了接受。佘某某对盘盈生物资产事项予以了关注并进行了询问。

听证会上及会后,美丽生态、贾某某、郑某 2 等当事人及其代理人先后提出如下陈述、申辩意见:

首先,针对第一项至第三项违法事实,由于美丽生态对子公司八达园林管理上存在漏洞,八达园林未及时将相关情况汇报给上市公司,导致美丽生态作出误导性披露和对重大事件未及时披露,但鉴于美丽生态及相关责任人员违法的主观性不深,并已认识到在依法合规经营过程中存在的问题与不足,请求予以从轻处罚。

其次,对第四项违法事实,认为存在事实不清楚、证据不充分,拟予以行政处罚的法定依据不足等问题。

(一)李某 2、单某某、王某 5、丁某某、蒋某 2、王某 6、徐某 1、虞某某、翟某某等当事人分别申辩如下:

(1)美丽生态管理层并无虚构资产数量、欺骗监管机构及投资者的动机与行为。盘盈的生物资产真实存在,并无虚构。现有证据不能证明盘盈的生物资产全部形成于 2014 年以前,八达园林提供的《分析》《说明》,未经董事会秘书、美丽生态审核,该证据系孤证,内容缺乏真实性、合理性、科学性。(2)盘盈苗木归属于 2015 年 11 月 1 日前没有依据。(3)美丽生态的会计处理并无不当。(4)盘盈苗木在重大资产重组之初并未纳入交易范围,期后发现的盘盈苗木应由双方协商处理,应视同出售方对公司的赠与。交易清单以外的盘盈苗木资产,不适用《企业会计准则第 20 号——企业合并》。(5)盘盈资产对财务报表的影响不重大,营业外收入科目不是重要科目。(6)苗木资产盘盈与苗木资产减值应同时调整,不会对报表产生较大影响。(7)上市公司审计机构是否存在错误目前并无明确的、权威的认定,不能认定美丽生态 2015 年年报编制存在虚假陈述的违法行为。(8)对"苗木盘盈"两次行政处罚事先告知书的依据并不相同。(9)证监会请致同会计师事务所出具的《专项审计报告》不能作为行政处罚的依据。(10)无损害股东利益的动机,无损害股东利益、误导股民、导致股价波动的行为后果。

(二)贾某某、郑某 2 等当事人除提出前述相同申辩意见外,还分别对个人责任承担提出如下陈述申辩意见:

(1)贾某某及其代理人提出:一是对前述第一项至第三项涉嫌违法事实的成立不持异议,但其违法的主观性不深,金沙湖项目披露不及时,其于 2016 年 10 月 25 日才知晓,核实后于次日就进行了披露。恳请按照管理失职从轻追究责任,减轻处罚。二是对 2015 年年报的编制和披露尽到了勤勉尽责的义务。(2)郑某 2 及其代理人提出,针对第四项违法事实,拟对本人给予的处罚缺少事实和法律依据,不能接受。请依法不予处罚。(3)李某2及其代理人提出,针对第四项违法事实,请依法不予处罚。(4)支某某及其代理人提出,《报告书(草案)》《反馈意见回复》及更新稿、《报告书(上会稿)》均是在2015年9月之前披露和申报的,不可能提前披露或在申报材料中说明上述两个项目终止的情况。其于2015年9月7日由于个人原因辞去美丽生态董秘职务,姑且不论未能如实披露的原因,其不能为辞职后信息披露或相关说明描述负责。镇江市官塘项目列入框架协议系工作疏忽大意。申请撤销拟对本人的处罚。(5)单某某及其代理人提出,前述第一项、第二项信息披露违法违规事实,其未参与重大资产报告书的编写、修改、报送的任何一个流程,担任董秘后接触不到审核中的重大资产报告书等文件,2015年8月14日《报告书(上会稿)》提交时其不知情,10月9日《报告书(上会稿)》证监会审核通知后,有无误导性陈述本人的确不知,理应无知者无过。在收到《报告书(上会稿)》审核通知后,应当依法依规进行披露,如果拟对其进行处罚,则意味着披露是违规,不披露也是违规。(6)王某5及其代理人提出,其非会计专业人士,信赖了会计师事务所等专业人士出具的年报的相关描述,请求撤回拟对其进行的行政处罚。(7)丁某某及其代理人提出,其主要负责公司的园林景观设计,恳请撤销拟对本人的处罚。(8)蒋某2及其代理人提出,其于2013年9月担任董事期间一直忠实勤勉履职,其审阅相关文件后与财务负责人沟通,确认盘盈属实,2015年年报审议时投了赞成票,无主观恶意,恳请撤销处罚。(9)佘某某及其代理人提出,佘某某在2015年年报董事会上,质询了存货盘盈、商誉、税务三个方面问题及八达园林产生盘盈的原因和会计处理依据,财务总监李某2对此进行了详细解释。在上述情况下,佘某某审议2015年年报后,投赞成票。佘某某申请免于处罚。(10)王某6及其代理人提出,关于盘盈苗木的会计处理,审计委主席佘某某提出为什么有盘盈,王某6对此也提出了质疑。李某2、贾某某作了解释,因此王某6没有追问。申请撤销拟对其的作出处罚。(11)徐某1及其代理人提出,徐某1作为法律专业的独立董事,已尽到了勤勉尽责的义务,对相关会计处理问题及对年审会计师事务所出具的相关审计报告涉及的专业财务、会计问题没有能力提出专业性的质询意见,恳请撤回拟对其的行政处罚。(12)虞某某及其代理人提出,2016年4月26日,公司召开第九届董事会第五次会议,审议2015年年报等事项,在会议召开前一晚19:00多,虞某某向财务总监李某2重点询问了2015年财务收支情况及资产盘盈的真实性、资产盘点的方式方法等,其已尽到了勤勉尽责义务。(13)徐某2及其代理人提出,处罚决定书中所述财务问题,具体会计账务问题徐某2不懂且没有参与,公司年报是经专业会计师制作,不存在任何虚假。(14)翟某某及其代理人提出,美丽生态不存在前述第四项违法事实,请求依法撤销拟作的处罚。

我会认为,当事人的申辩理由不能成立,对当事人提供的证据、相关证人证言不予采纳,理由如下:

第一,美丽生态及其代理人、贾某某、郑某2等当事人及其代理人针对第一至第四项违法事实的陈述申辩意见,我会认为,美丽生态及相关责任人员无《中华人民共和国行政处罚法》(以下简称《行政处罚法》)第27条所列应当依法从轻或减轻处罚的情形,故对其陈述、申辩意见不予采纳。

第二,针对相关当事人的前述第二项陈述申辩意见。(1)我会在法定职责范围内,依照法定程序,取得了八达园林提供的证据,相关证据的真实性与准确性不以美丽生态是否知悉、董秘是否审核为前提。根据我会在案证据证明,八达园林提供的《分析》和《说明》并非孤证。我会调取的在案证据如下:一是相关人员签字的盘点清单;二是不同人员提交的盘点资料,含八达园林苗圃会计姜某花提交的苗圃苗木盘点清单、张某敏提供的盘点清单等;三是评估时形成的底稿和原始表格;四是与美丽生态2015年年审机构的访谈记录;五是相关谈话笔录;六是八达园林提供的《分析》《说明》等资料;七是相关盘盈明细表中列明的盘盈苗木的名称、规格(胸径、地径、高度、蓬径)等数据。根据对相关在案证据的审慎判断,未发现相关证据真实性、合法性、关联性存疑,上述证据能够相互印证,相关证据充分说明了盘盈苗木并非短期内形成,《分析》和《说明》并非孤证。(2)根据前述事实和证据,盘盈苗木均形成于购买日前(2015年11月1日前)。(3)根据《企业会计准则第20号——企业合并》第16条,美丽生态在编制2015年合并报表时,应根据盘盈存货在购买日的公允价值,调整购买日被购买方可辨认净资产公允价值,进而对商誉金额进行调整。(4)美丽生态通过发行股份及支付现金方式收购的资产为八达园林100%的股权,其盘盈资产的会计处理应适用《企业会计准则第20号——企业合并》第16条。(5)美丽生态在编制2015年度财务报表时,确认苗木资产盘盈产生的营业外收入1247.29万元,占2015年经审计合并利润总额的21.32%,对2015年财务报表构成重大影响。营业外收入对公司净利润影响重大,在美丽生态2015年年报中为影响重大科目。(6)美丽生态盘盈苗木资产与账面记录苗木资产的减值为两个独立的经济事项,分别对财务报表中相关科目存在重大影响,其对财务报表造成的影响不能合并计算。(7)美丽生态及其有关责任人员的会计责任,与其所聘任的审计机构的审计责任,是两种不同性质的责任,双方各司其职,各尽其责。财务信息是上市公司应当披露的最重要信息之一,上市公司及其责任人员应当严格按照《企业会计制度》《企业会计准则》等编制财务报告，应当保证上市公司所披露的财务信息真实、准确、完整，否则，应承担相应的法律责任。(8)根据《企业会计准则第20号——企业合并》第16条，美丽生态盘盈资产的会计处理存在虚假记载，我会对该会计处理问题的认定合法。(9)在案件调查过程中，我会聘请审计机构、评估机构为案件调查工作提供专业支持，我会依据经合法的调查程序调取的证据独立作出专业判断，依法作出行政处罚。(10)依据2014年《证券法》第63条的规定，上市公司依法披露的信息，必须真实、准确、完整。

综上，美丽生态在2015年年度报告中对子公司八达园林盘盈生物资产的会计处理不当，存在虚假记载，故我会对美丽生态及其代理人、当事人及其代理人的该部分陈述、申辩意见不予采纳。

第三，我会意见。(1)针对贾某某、郑某2、李某2、支某某、单某某、王某5、丁某某、蒋某2、佘某某、王某6、徐某1、虞某某、徐某2、翟某某及他们代理人提出的具有共性的陈述申辩意见。我会认为，上市公司信息披露是证券市场的基石和核心，信息披露违法行为严重损害投资者的知情权，严重影响证券市场的稳定和健康发展。根据2014年《证券法》第63条、第68条和《信息披露办法》第58条第1款的相关规定，上市公司董事、监事、高级管理人员对上市公司信息披露的真实性、准确性、完整性等负有法定责任，上市公司董事、监事、高级管理人员应当具备公司管理所需的必备专业知识，并基于自己的判断独立履行职责；应当勤勉尽责，充分了解、掌握公司的经营、财务等状况，负有合理、审慎的注意义务和质询义务等，对上市公司实施必要的、有效的监督。否则，上市公司的法人治理结构将流于形式，形同虚设，无法发挥其应有的作用和效力。本案中，美丽生态在2015年年度报告中对子公司八达园林盘盈生物资产的会计处理不当，导致美丽生态2015年度利润总额虚增1247.29万元，占当年利润总额的21.32%，存在虚假记载。根据《信息披露办法》第24条的相关规定，美丽生态的董事、高级管理人员对美丽生态2015年年度报告签署了书面确认意见，监事签署了书面审核意见。据此，美丽生态2015年年报首页第一节重要提示中用黑体大字显著标示提示广大投资者：本公司董事会、监事会及董事、监事、高级管理人员保证年度报告内容的真实、准确、完整，不存在虚假记载、误导性陈述或重大遗漏，并承担个别和连带的法律责任。上述保证义务依据《证券法》等法律、行政法规的规定作出，具有法律效力和保证责任。当事人提出的管理失职、工作疏忽大意、不知情、非会计专业人士、基于对会计师事务所的《审计报告》的信赖、在董事会上提出过质询因公司财务人员的解释而采纳了陈述、申辩意见等,不是法定的免责理由,上述当事人及其代理人未举出有效证据证明自己履行了董事、监事、高级管理人员的勤勉义务,也无《行政处罚法》第 27 条所列应当依法从轻或者减轻处罚的情形,当事人及其代理人的该部分陈述、申辩意见不予采纳。

(2)针对支某某及其代理人提出的陈述、申辩意见。我会认为,2015 年 5 月 19 日,美丽生态披露了《报告书草案》;2015 年 7 月 17 日,美丽生态公开披露了《反馈意见的回复》;2015 年 7 月 22 日和 8 月 8 日公开披露了《反馈意见的回复》更新稿;2015 年 8 月 7 日公开披露了《报告书(上会稿)》。美丽生态于 2015 年 9 月 8 日对支某某辞去董事会秘书职务进行了公告。支某某对其辞职前美丽生态的上述信息披露中存在的误导性陈述负有责任,当事人及其代理人的该部分陈述、申辩意见不予采纳。

(3)针对单某某的相关陈述申辩意见。单某某自 2015 年 9 月 18 日起担任美丽生态董事会秘书,在此之前公司披露的《报告书(草案)》《反馈意见的回复》等存在误导性陈述,单某某未担任董秘,我会未将其作为责任人员。但是,在单某某董事会秘书任期内,2015 年 10 月 10 日,美丽生态披露了《报告书(修订稿)》,《报告书(修订稿)》对金沙湖项目和官塘项目 2015 年收入预测存在误导性陈述;《报告书(修订稿)》未如实披露框架协议等的最新进展情况,存在误导性陈述。单某某作为董事会秘书,负责组织和协调公司信息披露事务,应当对美丽生态信息披露的真实性、准确性、完整性、及时性、公平性负责。其他相关重大资产重组文件在单某某任董事会秘书前已经公开披露,其接触不到相关文件的理由不能成立。

(4)虞某某提供了《关于个人履职情况的说明》。虞某某、王某 6 提出其在审议年报的董事会上,就盘盈事项问询了管理层。我会认为,一是无相关证据证明,二是上述询问仅代表其关注了相关问题,但未作出专业、正确的判断,不足以证明其已经履行勤勉尽责义务。

本案审理时,我会已经综合考虑了各相关责任人员职务、履职情况,对违法行为应承担责任大小予以了区分,我会对相关当事人的上述陈述、申辩意见不予采纳。

根据当事人违法行为的事实、性质、情节与社会危害程度,依据《证券法》第 193 条第 1 款、第 2 款的规定,我会决定:

一、对美丽生态责令改正,给予警告,并处以 60 万元罚款。

二、对八达园林责令改正,给予警告,并处以 60 万元罚款。

三、对贾某某、王某 4、王某 3 给予警告,并分别处以 30 万元罚款。

四、对郑某 2、李某 2 给予警告,并分别处以 20 万元罚款。

五、对支某某、单某某给予警告，并分别处以10万元罚款。

六、对王某5、丁某某、蒋某2、王某6、徐某1、虞某某、徐某2、翟某某给予警告，并分别处以5万元罚款。

七、对余某某给予警告，并处以3万元罚款。

上述当事人应自收到本处罚决定书之日起15日内，将罚款汇交中国证券监督管理委员会(财政汇款专户)，开户银行：中信银行北京分行营业部，账号：711××××××××××××××××，由该行直接上缴国库，并将注有当事人名称的付款凭证复印件送中国证券监督管理委员会稽查局备案。当事人如果对本处罚决定不服，可在收到本处罚决定书之日起60日内向中国证券监督管理委员会申请行政复议，也可在收到本处罚决定书之日起6个月内直接向有管辖权的人民法院提起行政诉讼。复议和诉讼期间，上述决定不停止执行。

中国证监会

2019年7月5日

新闻报道

*ST美丽支持诉讼案获法院受理一案触发三大虚假陈述类型①

新华网2020年4月18日报道

日前，中证中小投资者服务中心支持的*ST美丽诉讼案件获深圳市中级人民法院受理，这是继鞍重股份支持诉讼案件后第二起将被重组方列为被告的支持诉讼案件。

2015年5月19日，*ST美丽收购江苏八达园林有限责任公司(以下简称八达园林)100%股权，但在重大资产重组文件中对八达园林承接的金沙湖项目和官塘新城路网绿化工程未如实披露最新进展情况，并且未及时对工程量和预计收入进行调整和重新预测，构成误导性陈述。

按照合同总金额计算，金沙湖项目总合同金额10亿元，减去2012年至2015年已确认的收入2.78亿元，未来约有7.22亿元待确认收入，占*ST美丽2015年经审

① 原文链接：http://baijiahao.baidu.com/s?id=1681393666049227829&wfr=spider&for=pc。

计营业收入的75.24%,将对美丽生态经营成果产生重要影响。2016年9月12日,金沙湖项目终止,但*ST美丽未及时披露,发生重大遗漏。

此外,在2015年12月底存货盘点过程中,八达园林苗木资产盘盈净额1247.29万元,全部形成于2014年以前,但美丽生态在编制2015年财务报表时,将1247.29万元苗木资产全部确认为营业外收入,占2015年经审计合并利润总额的21.32%。不当的会计处理,使年度报告存在虚假记载。

2019年8月4日,*ST美丽因在收购八达园林重大资产重组过程中触及误导性陈述、重大遗漏及虚假记载三大虚假陈述违法行为,收到证监会《行政处罚决定书》,*ST美丽、八达园林和时任*ST美丽董事长贾某某、时任八达园林总经理王某4和八达园林法定代表人王某3等共计16位责任人员被处罚。

上市公司信息披露是证券市场的基石和核心,信息披露违法行为严重损害投资者的知情权,严重影响证券市场的稳定和健康发展。3月1日起实施的2019年《证券法》,明确了上市公司董监高责任,对上市公司信息披露违法行为惩罚力度更大。

中证中小投资者服务中心表示,上市公司董事、监事、高级管理人员未能勤勉尽责,未对上市公司实施有效监督,上市公司的法人治理结构将流于形式,形同虚设,无法发挥其应有的作用和效力。中证中小投资者服务中心将始终秉承"追首恶"理念,将主要责任人员作为被告提起支持诉讼,再次警醒上市公司董监高在履职过程中应勤勉尽责,提高承担责任和风险的意识。

"支持诉讼+示范案件"破冰　证券支持诉讼取得历史性突破①

新华网2020年10月24日报道

中证中小投资者服务中心(以下简称投服中心)支持投资者对深圳美丽生态股份有限公司(股票简称美丽生态)提起的虚假陈述侵权诉讼案作为示范案件在深圳市中级人民法院(以下简称深圳中院)公开开庭审理并进行网上直播。这是2019年《证券法》修订后司法审判机关首次将投保机构支持诉讼案作为示范案件。

深圳中院在法庭设支持诉讼席位,投服中心委派两名工作人员列席庭审,以国家投资者保护机构身份表明对本案提起支持诉讼,投服中心公益律师担任诉讼代理人。该

① 原文链接:http://www.xinhuanet.com/finance/2020-10/24/c_1126630460.htm。

案标志着实践中一直探索并推进的"支持诉讼+示范案件"模式破冰。

资产重组虚假陈述被处罚　支持诉讼选为示范案件

美丽生态于2019年8月5日公告收到证监会《行政处罚决定书》,因公司在收购江苏八达园林有限责任公司(以下简称八达园林)重大资产重组过程中触及误导性陈述、重大遗漏及虚假记载三大虚假陈述违法行为,被中国证监会处罚。

诸多投资者起诉至法院请求赔偿。投服中心支持两位投资者向美丽生态、八达园林、贾某某(时任美丽生态董事长)、王某4(时任八达园林总经理)和王某3(时任八达园林法定代表人)提起诉讼。

本着群体性证券侵权民事纠纷案件着重调解、鼓励当事人和解的原则,深圳中院启动诉前调解程序,因当事人不同意和解,2020年4月8日,投服中心支持诉讼案件被正式受理;此后,为提高审判效率,深圳中院将该支持诉讼案选为示范案件。

明确共同事实及争点　示范诉讼提高审判效率

美丽生态示范案件是深圳中院发布《关于依法化解群体性证券侵权民事纠纷的程序指引(试行)》(以下简称《化解群体证券纠纷指引》)后启动的首单示范案件。

该案庭前进行了充分的证据交换,庭审中合议庭行使释明权,促进当事人确定共通事实争点和法律争点,全面举证、质证,展开充分辩论。支持诉讼代理律师根据《行政处罚决定书》中认定的违法事实及相关法律法规,对虚假陈述违法事实进行详细阐述。原告、被告双方对侵权行为重大性、证券违法行为与原告损失之间是否存在因果关系、揭露日的认定、是否存在系统性风险、被告各方的责任分担进行了充分辩论。

根据深圳中院今年4月发布的《化解群体证券纠纷指引》,示范判决生效后,已为示范判决所认定的共通的事实、法律适用标准、损失计算方法对平行案件具有既判力。平行案件的投资者可以通过调解的方式请求赔偿,或者法院以简化审理的方式快速审理案件,不再重复对共通的事实争点和法律争点进行审理,以提高审理效率。

探索多种诉讼模式　实现证券违法行为"零容忍"

作为证监会直属的证券金融类投资者保护公益机构,投服中心自2016年7月提起全国首例证券支持诉讼"匹凸匹"案以来累计提起支持诉讼案件30件,其中已审结案件10件。

投服中心表示,深知中小投资者被侵权后面临的维权困境,在实践中积极研究探索"支持诉讼+示范判决"、股东直接诉讼、股东代位诉讼、公益诉讼、特别代表人诉讼等多种诉讼模式,并通过组织课题研究、论坛研讨、参与法律修订等多种方式推动完善公益维权机制。

2019年《证券法》规定了投保机构对损害投资者利益的行为,可以依法支持投资者向人民法院提起诉讼;取消投保机构提起股东诉讼的持股比例和持股期限限制;投保机构可以接受50名以上投资者委托作为特别代表人参加诉讼,开启"默示加入,明示退出"的中国特色集体诉讼制度。

投服中心表示,将适应审判体制创新,完善诉讼维权机制,促进上市公司信息披露真实、准确、完整,从民事追偿角度实现对违法行为的"零容忍",推动提升上市公司质量,促进资本市场健康稳定发展。

"支持诉讼+示范案件"破冰,美丽生态虚假陈述案成首单①

第一财经2020年10月23日报道　作者:黄思瑜

10月21日,中证中小投资者服务中心(以下简称投服中心)支持投资者对美丽生态(000010. SZ)提起的虚假陈述侵权诉讼案作为示范案件在深圳中院公开开庭审理并进行网上直播。

这是2019年《证券法》修订后司法审判机关首次将投保机构支持诉讼案作为示范案件。

美丽生态示范案件是深圳市中级人民法院(以下简称深圳中院)发布《关于依法化解群体性证券侵权民事纠纷的程序指引(试行)》(以下简称《化解群体证券纠纷指引》)后启动的首单示范案件。

2019年8月5日,美丽生态公告称,该公司收到证监会《行政处罚决定书》,因其在收购江苏八达园林有限责任公司(以下简称八达园林)重大资产重组过程中触及误导性陈述、重大遗漏及虚假记载三大虚假陈述违法行为,被证监会处罚。

为此,诸多投资者起诉至法院请求赔偿。投服中心支持两位投资者向美丽生态、八达园林、贾某某(时任美丽生态董事长)、王某4(时任八达园林总经理)和王某3(时任八达园林法定代表人)提起诉讼。

投服中心相关负责人称,一开始投服中心本着群体性证券侵权民事纠纷案件着重调解、鼓励当事人和解的原则,申请深圳中院启动诉前调解,因当事人不同意和解,2020年4月8日,投服中心支持诉讼案件被正式受理;此后,为提高审判效率,深圳中院将该

① 原文链接:https://www.yicai.com/news/100810470.html。

支持诉讼案选为示范案件。

据第一财经记者了解,该案的审理过程为,庭前进行证据交换,庭审中合议庭行使释明权,促进当事人确定共通事实争点和法律争点,全面举证、质证,展开充分辩论。支持诉讼代理律师根据《行政处罚决定书》中认定的违法事实及相关法律法规,对虚假陈述违法事实进行详细阐述。原告、被告双方对侵权行为重大性、证券违法行为与原告损失之间是否存在因果关系、揭露日的认定、是否存在系统性风险、被告各方的责任分担进行了辩论。

根据深圳中院今年4月发布的《化解群体证券纠纷指引》,示范判决生效后,已为示范判决所认定的共通的事实、法律适用标准、损失计算方法对平行案件具有既判力。平行案件的投资者可以通过调解的方式请求赔偿,或者法院以简化审理的方式快速审理案件,不再重复对共通的事实争点和法律争点进行审理,以提高审理效率。

投服中心自2016年7月提起全国首例证券支持诉讼"匹凸匹"案以来累计提起支持诉讼案件30件,其中已审结案件10件。

上述负责人称,投服中心在实践中积极研究探索"支持诉讼+示范判决"、股东直接诉讼、股东代位诉讼、公益诉讼、特别代表人诉讼等多种诉讼模式,并通过组织课题研究、论坛研讨、参与法律修订等多种方式推动完善公益维权机制。

2019年《证券法》规定了投保机构对损害投资者利益的行为,可以依法支持投资者向人民法院提起诉讼;取消投保机构提起股东诉讼的持股比例和持股期限限制;投保机构可以接受50名以上投资者委托作为特别代表人参加诉讼,开启"默示加入、明示退出"的中国特色集体诉讼制度。

投服中心表示,今后,该中心将积极发挥示范作用,适应审判体制创新,完善诉讼维权机制,促进上市公司信息披露真实、准确、完整,从民事追偿角度实现对违法行为的"零容忍",推动提升上市公司质量,促进资本市场健康稳定发展。

全国首单支持诉讼示范案件成功调解 为投资者诉讼提供参考①

新华网2021年1月11日报道 作者:陈 剑

2020年12月29日,中证中小投资者服务中心(以下简称投服中心)首单支持诉讼示范案件——深圳美丽生态股份有限公司(以下简称美丽生态)虚假陈述民事侵权纠

---

① 原文链接:https://baijiahao.baidu.com/s?id=1688573240075132552&wfr=spider&for=pc。

纷案在深圳市中级人民法院(以下简称深圳中院)二次开庭审理。该案当庭调解结案,2021 年 1 月 7 日投资者收到赔付款项。

该案是 2019 年《证券法》实施后,司法审判机关首次将投保机构支持诉讼案选为示范案件,也是一直探索的“支持诉讼 + 示范案件”模式破冰。

据悉,美丽生态因在收购八达园林重大资产重组过程中存在误导性陈述、重大遗漏和虚假记载的虚假陈述违法行为,于 2019 年 8 月 2 日被证监会处罚。投服中心秉持“追首恶”理念,支持方某某、梁某某两位投资者向美丽生态、八达园林、王某 3、王某 4 和贾某某提起诉讼,并委派公益律师担任诉讼代理人,请求法院确认各被告共同证券虚假陈述侵权行为成立,判令五位被告共同赔偿两位原告合计 8 万余元。

2020 年 8 月,深圳中院将投服中心美丽生态支持诉讼案选为示范案件。该案经 10 月 21 日、12 月 29 日两次开庭审理,经过双方的充分辩论和法庭的全面调查,被告美丽生态的代理律师申请调解。法庭充分尊重当事人诉讼权利和调解意愿,在法庭主持下,原告、被告双方当庭达成调解协议,商定于 2021 年 1 月 8 日之前,由美丽生态、贾某某二位被告共同赔付原告,并明确了赔付金额、违约责任及诉讼费承担等内容。被告美丽生态在约定期提前一日给付了赔付款项。

国浩律师事务所资深顾问黄江东表示,与一般的证券纠纷案件相比,投服中心参与的支持诉讼案件着重突出“追首恶”的原则,多将“维权对象”转向上市公司董监高、实际控制人等直接责任人,以减轻上市公司对广大投资者可能造成的“二次伤害”。此次美丽生态案将上市公司及其董事长、重组方及其法定代表人和总经理等均纳入被告范围,从该案最终获赔情况来看,“追首恶”的原则有助于加大投资者的获赔概率。

投服中心表示,会将“追首恶”进行到底,探索以股东代位诉讼方式追究违法行为人的赔偿责任,从民事追偿角度实现对违法行为的“零容忍”。

该案最终以调解方式结案,使投资者在较短时间内获得赔偿,充分保障维护了投资者的合法权益,对后续案件产生积极影响。

浙江大学光华法学院教授、博士研究生导师李有星表示,在各种保护中小投资者利益的手段中,“支持诉讼 + 示范案件”制度设计是值得称赞和积极推广应用的创新制度。国家投资者保护机构支持的示范诉讼有利于公正、充分、高效和专业审判,有利于群体性证券纠纷快捷、低成本地解决。

华东政法大学国际金融法律学院副教授肖宇表示,美丽生态虚假陈述案为支持诉讼开创了两个“第一次”:支持诉讼第一次有了“支持诉讼席位”,为投服中心的工作人员列席庭审提供专门席位，让投资者保护机构参加支持诉讼，在法律上有依据，在法庭上有席位；支持诉讼案件第一次被选择为“示范案件”，“支持诉讼＋示范案件”模式，支持诉讼有助于示范判决中对中小投资者的合法权益的维护，通过示范判决的既判力扩张，适用于平行案件，让更多在平行案件中提起诉讼的投资者受益，同时提高了司法效率。

肖宇认为，本案值得关注的地方还有，案件采取了调解结案的方式。被告方申请调解，在法庭主持下，被告很快愿意通过调解全额偿付原告的诉讼请求。由此可以看出，“支持诉讼＋示范案件”模式有一定的威慑作用，当事人很快愿意通过调解全额偿付对方当事人的诉讼请求；法院对当事人的诉讼权利与意愿给予了充分的尊重，调解尊重了双方当事人的意思自治，也有助于原告迅速实现诉讼目的；本案的调解有一定的示范意义，为后续投资者的诉讼提供了参考；如果对后续投资者的诉讼，被告不愿意接受调解，该案作为示范案件，法院仍可通过示范判决，为平行案件提供判决依据。

不过，上海明伦律师事务所王智斌律师提出，调解结案的示范案件中涉及的相关要素是否仍然可以在平行案件中参照适用，是值得探讨的问题。对于被告而言，其并不希望因示范诉讼而形成“共通”的裁判标准，因此，被告会产生仅就示范案件进行调解的诉讼策略。如果简单否定调解结案示范案件的示范性，将是对被告诉讼策略的“奖励”，也不能实现集约、高效审理平行案件的初衷。

国浩律师事务所资深顾问黄江东表示，略有遗憾的是，美丽生态案最终未能实现支持诉讼与示范判决的完美结合。示范案件的最大意义在于，示范判决围绕共通的事实争点和法律争点展开论述，认定共通的事实，阐明共通的法律适用，从而产生示范效应。然而，美丽生态案以调解方式结案，未形成对平行案件具有既判力的示范判决。此外，在重组方八达园林及其责任人员未到庭的情况下，原告撤回对其起诉，这在一定程度上削弱了该案对虚假陈述侵权主体的追责力度。

美丽生态证券侵权责任案件原告代理律师——上海市尚法律师事务所律师和晓科表示，虽然本案原告、被告双方达成调解结案，但庭审过程中对案件事实的充分调查辩论有助于法院进一步厘清案件事实，准确适用法律，客观上为平行案件的审理提供了可贵经验。他希望以共同诉讼、示范诉讼和代表人诉讼为主的集体诉讼“三驾马车”解决机制能够进一步加以完善，助力证券市场民事纠纷依法高效解决。

全国首单支持诉讼示范案件当庭成功调解①

证券日报 2021 年 1 月 8 日报道　作者:昌校宇

2020 年 12 月 29 日,中证中小投资者服务中心(以下简称投服中心)首单支持诉讼示范案件——深圳美丽生态股份有限公司(以下简称美丽生态)虚假陈述民事侵权纠纷案在深圳市中级人民法院(以下简称深圳中院)二次开庭审理,该案由深圳中院分管副院长黄志坚担任审判长,深圳金融法庭庭长袁银平、审判员王畅组成合议庭进行审理。法庭特设支持诉讼席位,投服中心参加庭审,投服中心公益律师和晓科(上海市尚法律师事务所)代理两位受损投资者向美丽生态、江苏八达园林有限责任公司(以下简称八达园林)、王某 3、王某 4 和贾某某提起诉讼。该案当庭调解结案。庭审全程在中国庭审公开网直播。2021 年 1 月 7 日,投资者收到赔付款项。

原告诉请五名被告共同赔偿

美丽生态因在收购八达园林重大资产重组过程中存在误导性陈述、重大遗漏和虚假记载的虚假陈述违法行为,于 2019 年 8 月 2 日被证监会处罚。《行政处罚决定书》认定八达园林的法定代表人王某 3、时任总经理王某 4,美丽生态时任董事长贾某某是直接负责的主管人员。上市公司董监高对上市公司信息披露的真实性、准确性、完整性等负有法定责任。投服中心支持方某某、梁某某两位投资者向美丽生态、八达园林、王某 3、王某 4 和贾某某提起诉讼,并委派公益律师担任诉讼代理人,请求法院确认各被告共同证券虚假陈述侵权行为成立,判令五位被告共同赔偿两位原告合计 8 万余元。

2020 年 4 月,深圳中院发布《关于依法化解群体性证券侵权民事纠纷的程序指引》(以下简称《化解群体证券纠纷指引》)。8 月,深圳中院将投服中心美丽生态支持诉讼案选为示范案件。该案经 10 月 21 日、12 月 29 日两次开庭审理。原告代理律师和晓科、徐向日律师出庭,被告美丽生态、贾某某委托代理律师出庭,法庭设置支持诉讼席位,投服中心作为支持诉讼方参与庭审。八达园林、王某 3、王某 4 未到庭,也未委托律师出庭。

开创"支持诉讼 + 示范案件"新机制

庭审中,原告、被告双方对案件事实进行翔实说明,并针对虚假陈述行为的实施日与揭露日、虚假陈述行为的重大性、投资者损失是否受到系统性风险的影响、投资者损

---

① 原文链接:http://www.zqrb.cn/toufu/toubaodongtai/2021-01-08/A1610120190187.html。

失与虚假陈述行为的因果关系等主要法律争点展开激烈辩论。投服中心作为支持诉讼方独立发表意见。

经过双方的充分辩论和法庭的全面调查,被告美丽生态的代理律师申请调解。法庭充分尊重当事人的诉讼权利和调解意愿,在法庭主持下,原告、被告双方当庭达成调解协议,商定于 2021 年 1 月 8 日之前,由美丽生态、贾某某二位被告共同赔付原告,并明确了赔付金额、违约责任及诉讼费承担等内容。被告美丽生态在约定期提前一日给付了赔付款项。

实现证券违法行为"零容忍"

根据深圳中院《化解群体证券纠纷指引》中示范判决机制的规定,法院选取若干案件作为示范案件,先行充分审理,先行裁判,促进针对同一侵权事实提起诉讼的其他案件(平行案件)通过调解等方式妥善化解纠纷。如平行案件调解不成,法院亦可参照示范案件的裁判结果对案件简化审理和合并审理。美丽生态案是"支持诉讼 + 示范判决"机制深圳中院在全国范围内的首次尝试,示范案件以调解方式结案,投资者在较短时间内获得赔偿,充分保障和维护了投资者的合法权益,对后续案件产生积极影响。

未来,投服中心将继续坚持"为民、奉献、专业、引领"理念,继续推进"支持诉讼 + 示范判决"机制的实践,积极发挥示范作用,维护广大投资者的合法权益。同时,探索以股东代位诉讼方式追究违法行为人的赔偿责任,促进上市公司信息披露真实、准确、完整,从民事追偿角度实现对违法行为的"零容忍",推动提升上市公司质量,促进资本市场健康稳定发展。

美丽生态支持诉讼案系列评论(一)
实践"支持诉讼 + 示范案件"制度　彰显中小投资者利益保护

李有星*

中证中小投资者服务中心(以下简称投服中心)作为证监会直属的投资者保护公益机构,其在实践中积极研究探索"支持诉讼 + 示范案件"模式。投服中心首例支持投资者对深圳美丽生态股份有限公司(股票简称美丽生态,股票代码 000010)提起的虚假陈述侵权诉讼案作为示范案件取得突破性的成功,取得十分成功的经验和效果,彰显了保护中小投资者合法利益的决心和能力。在各种保护中小投资者利益的手段中,"支

* 浙江大学光华法学院教授、博士研究生导师。

持诉讼+示范案件”制度设计是值得称赞和积极推广应用的创新制度。“支持诉讼+示范案件”的实践,彰显该制度保护中小投资者利益的优势,应予推广应用。

第一,国家投资者保护机构身份在诉讼中的地位确立。深圳市中级人民法院(以下简称深圳中院)在法庭设支持诉讼席位,投服中心委派两名工作人员列席庭审,以国家投资者保护机构身份表明对本案提起支持诉讼,投服中心公益律师和晓科(上海市尚法律师事务所)担任诉讼代理人。实践中探索并推进的“支持诉讼+示范案件”模式,审判机关对投资者保护机构给予了尊重和法律诉讼地位。

第二,国家投资者保护机构“支持诉讼+示范案件”的主动性和优先性。深圳中院发布的《关于依法化解群体性证券侵权民事纠纷的程序指引(试行)》(以下简称《化解群体证券纠纷指引》)第12条规定,示范判决+调解+简化审理机制是指处理群体性证券侵权民事纠纷时,法院可以选取一个或若干个案件作为示范案件,先行充分审理,先行裁判,促进平行案件或相同纠纷通过委派调解、委托调解或者法院调解等方式妥善化解。调解不成的,本院可以参照示范案件的裁判结果对平行案件简化审理和合并审理。示范案件是指群体性证券侵权民事纠纷案件中选取的具有代表性的案件。平行案件是指群体性证券侵权民事纠纷案件中除示范案件之外的针对同一侵权事实提起诉讼的其他案件。(1)投资者保护机构的主动性。《化解群体证券纠纷指引》第12条的支持诉讼+示范判决机制规定,投资者保护机构对损害投资者利益的行为,可以通过为投资者提供专门法律服务等方式,依法支持投资者向人民法院提起诉讼。支持诉讼案件符合示范案件条件,本院作出示范判决后,其他案件可以参照《化解群体证券纠纷指引》第10条和第四章规定处理。① 这个区别于证券特别代表人制度中投资者保护机构的受50人委托的被动性设计。(2)示范案件确定的优先性。《化解群体证券纠纷指引》第17条规定,群体性证券侵权民事纠纷案件中,依法设立的投资者保护机构为原告的案件或者属于本指引第12条规定的支持诉讼案件且符合示范案件选定条件的,优先确定作为示范案件。(3)示范案件优先审理。《化解群体证券纠纷指引》第22条规定,示范案件的送达、审前准备、证据调查、排期开庭、合议、裁判文书审批签发、上诉案件移送等应加快进度,同等条件下优先进行,以缩短审理周期,确保裁判文书尽快生效,推动平行案件的审理进度。

---

① 深圳中院发布的《关于依法化解群体性证券侵权民事纠纷的程序指引(试行)》第四章规定了平行案件处理制度。

第三,国家投资者保护机构支持的示范诉讼有利于公正、充分、高效和专业审判。《化解群体证券纠纷指引》第 23 条规定,在示范案件审理中,合议庭应遵循合法、中立、公开、适度的原则,积极合理行使释明权,促进当事人及时确定群体性证券侵权民事纠纷共通的事实争点和法律争点,全面举证、质证,充分展开辩论。《化解群体证券纠纷指引》第 24 条规定,在示范案件审理中,本院可以依当事人申请或者依职权委托具有相应资质的第三方专业机构调取相关交易数据,进行专业分析,确定损失核算方法或者核定损失数额等。《化解群体证券纠纷指引》第 25 条规定,根据示范案件审理的需要,可以从证券监管机构、证券市场经营主体、研究机构等单位遴选专家陪审员参与案件审理。第 26 条规定了示范案件最终裁判意见,合议庭合议后须提交专业法官会议讨论。必要时可以提请本院审判委员会讨论决定。

第四,国家投资者保护机构支持的示范诉讼有利于群体性证券纠纷的快捷、低成本解决。(1)委托调解。《化解群体证券纠纷指引》第 33 条规定了平行案件委托调解制度,指出示范判决生效后,平行案件应由本院主持调解或者委托依法设立的投资者保护机构、相关调解组织参照示范判决进行调解。在示范判决生效前诉前委派调解不成功的平行案件,视为自动继续委托相关证券投资者保护机构和调解组织参照示范判决进行调解。(2)节约费用。《化解群体证券纠纷指引》第 34 条规定,平行案件当事人在开庭审理前因达成和解协议而申请撤诉,或者当事人达成调解协议,本院制作民事调解书结案的,案件受理费可以按照相关规定依法予以减免。

本案的投资人在投服中心的支持下成为深圳中院的示范诉讼案件,此案庭前进行了充分的证据交换,庭审中合议庭行使释明权,促进当事人确定共通事实争点和法律争点,全面举证、质证,展开充分辩论。支持诉讼代理律师、原被告双方对侵权行为重大性、证券违法行为与原告损失之间是否存在因果关系、揭露日的认定、是否存在系统性风险、被告各方的责任分担等重要焦点问题进行辩论。各方对共通的事实争点和法律争点有了充分专业性认识和判断,显然有利于调解或和解解决纠纷。在法院主持下,双方当事人达成调解协议。

我国证券市场一直把保护投资者合法权益作为主旨之一,我国 2019 年《证券法》设立“投资者保护”专章,规定投资者保护机构对损害投资者利益的行为,可以依法支持投资者向人民法院提起诉讼,可以提起股东诉讼、投保机构可以接受 50 名以上投资者委托作为特别代表人参加诉讼,开启“默示加入,明示退出”的中国特色集体诉讼制度等。在众多的投资者保护方案中,“支持诉讼 + 示范判决”是优选方案。下一步,充分发挥投资者保护机构的连接投资者、公益律师、监管机构、司法机构的优势,精准选案,推进“支持诉讼+示范判决”的维权优势,维护中小投资者利益。

美丽生态支持诉讼案系列评论(二)

肖　宇*

2019年《证券法》为投服中心的支持诉讼提供了法律依据,第94条第2款规定:“投资者保护机构对损害投资者利益的行为,可以依法支持投资者向人民法院提起诉讼。”深圳市中级人民法院(以下简称深圳中院)审理的美丽生态虚假陈述案,为支持诉讼开创了两个“第一次”。(1)支持诉讼第一次有了“支持诉讼席位”,为投服中心的工作人员列席庭审提供专门席位,让投资者保护机构参加支持诉讼,在法律上有依据,在法庭上有席位。(2)支持诉讼案件第一次被选择为“示范案件”,“支持诉讼+示范案件”模式,支持诉讼有助于将判决中对中小投资者合法权益的维护予以示范,通过示范判决的既判力扩张,使其适用于平行案件,让更多平行案件中的投资者受益,同时提高了司法效率。

肖宇认为,本案值得关注的地方还在于,案件采取了调解结案的方式。在双方充分辩论和法庭的全面调查后,被告方申请调解,在法庭主持下,被告很快愿意通过调解全额偿付原告的诉讼请求。由此可以看出:(1)“支持诉讼+示范案件”模式有一定的威慑作用,当事人很快愿意通过调解全额偿付对方当事人的诉讼请求。(2)法院对当事人的诉讼权利与意愿给予了充分的尊重,调解尊重了双方当事人的意思自治,也有助于原告迅速地实现诉讼目的。(3)本案的调解有一定的示范意义,为后续投资者的诉讼提供了参考。(4)如果对后续投资者的诉讼,被告不愿意接受调解,该案作为示范案件,法院仍可通过示范判决,为平行案件提供判决依据。

因此,本案探索了“支持诉讼+示范案件”实践中,调解结案的新模式。在当事人愿意调解的时候尊重当事人意愿,不愿意调解时再通过示范判决为平行案件提供适用依据。实现了当事人意愿、司法效率和司法效果三者的较好结合,是司法实践的创新,是值得探索和推广的证券诉讼的新模式。

* 华东政法大学国际金融法律学院副教授。

美丽生态支持诉讼案系列评论(三)
从美丽生态证券侵权赔偿案件看虚假陈述行为的实施日和系统性风险的认定标准

和晓科*

新年伊始,我所在的上海市尚法律师事务所律师团队收到了美丽生态证券虚假陈述责任案件的民事调解书,投资人也已经于2021年1月7日拿到了被告深圳美丽生态股份有限公司(以下简称美丽生态)的赔偿款。律师团队在此案中最大限度维护了投资人合法权益。

本人于2019年8月接受中证中小投资者服务中心就美丽生态证券虚假陈述民事赔偿支持诉讼案公益律师指派后,立即组建了以本人及徐向日两名律师为主的服务团队。我们取得了该案两名受损失投资人的正式委托后,随即展开紧锣密鼓的调查取证工作并将全部诉讼材料提交给深圳市中级人民法院(以下简称深圳中院)。本着群体性证券侵权民事纠纷案件着重调解、鼓励当事人和解的原则,深圳中院启动诉前调解程序,因当事人未能达成和解,该案被正式受理。2020年8月,为提高审判效率,深圳中院将该支持诉讼案件选为示范案件。该案经过两次庭审,最终于2020年12月29日以调解形式结案。本人作为该案代理律师对本案代理过程中的一些关键环节发表以下两点感悟。

连续虚假陈述行为的实施日认定应依据四大标准

对美丽生态案件,行政处罚决定书一共披露了四类五项违法行为,其中一项是美丽生态重大资产重组文件中未如实披露三项协议,而三项协议所指向的具体违法行为的实施日不同。本案系争虚假陈述行为指其中一个协议,实施日为2015年5月19日。审理中被告贾某某方认为5月19日披露的协议没有重大性,实施日应为行政处罚决定书所涉资产重组三项协议全部完整披露的时间,即2015年7月17日。我方认为该案虚假陈述系连续发生的多个违法行为,对于此类虚假陈述实施日的确定标准有4个:第一,在先原则;第二,重大原则;第三,交易市场反应明显;第四,公平原则。我方认为的虚假陈述实施日所涉具体违法行为,披露时间最早,披露合同金额巨大。实施日后美丽生态股价在市场上反应明显,而7月17日新的虚假陈述行为被披露后,股价市场反应

* 上海市浩信律师事务所律师,投服中心公益律师,代理美丽生态案诉讼时为上海市尚法律师事务所律师。

较为平缓,说明在 5 月 19 日披露相关文件后,市场已经有明显反应,影响力已经被市场充分吸收。另外,确定该日期为实施日有助于最大限度维护投资人合法权益,将更多的实际受损害投资人纳入可索赔区间。

我方律师依据上述 4 项标准对被告贾某某代理律师提出的将实施日推后的论点进行了有力抗辩。

系统性风险应依据价值标准并结合股价走势综合判定

关于系统性风险主要规定在最高人民法院《关于审理证券市场因虚假陈述引发的民事赔偿案件的若干规定》(法释〔2003〕2 号)第 19 条当中。所谓证券市场系统风险,是指由于全局性的共同因素引起的对所有证券的收益产生的影响,系统风险的来源主要是由整体环境因素对证券价格所造成的影响。系统风险造成的后果带有普遍性,无论是系统风险还是其他因素,均应是指对证券市场产生普遍影响的风险因素,对证券市场所有股票价格产生影响,且这种影响为个别企业或行业所不能控制,是整个市场或者市场某个领域的所有参与者所共同面临的,投资人亦无法通过分散投资加以消除,因而投资者发生的该部分损失不应由虚假陈述行为人承担。

对于系统性风险的比例认定主要集中在虚假陈述行为的因果关系辩论环节。本案被告贾某某的代理律师提出美丽生态股票下跌部分原因系 2015 年 6 ~ 8 月股票市场整体大幅波动导致。我方认为美丽生态股票从 2015 年 5 月 19 日虚假陈述实施日开盘(开盘价 8.14 元)之后,至 2015 年 5 月 29 日,涨跌幅达 114.4%,最高价达到 17.45 元,其间每日涨幅均在 8% 以上。从 2015 年 5 月 19 日至 6 月 12 日,股价涨幅达到 137.57%,最高价 17.99 元。此后一路下跌,再未达到如此峰值。这表明虚假陈述实施后股价被推至虚高位置,股价已不能反映其内在价格。另外,从 2016 年 10 月 14 日揭露日至 11 月 14 日基准日期间的股价走势来看,美丽生态股价跌幅达 -5.79%,基准价为 8.08 元,而同期深证成指涨幅为 1.11%。从以上分析能够看出,无论是从个股纵向走势来看,还是个股与大盘走势横向比较,都能够得出美丽生态的股价波动与大盘系统性影响不存在因果关系的结论。从股票价值理论来看,无论从虚假陈述实施日至基准日,还是从披露日至基准日期间,美丽生态的基准价基本能够反映美丽生态股票的实际价值。

我方据此反驳了被告贾某某提出的原告股票的投资损失部分由系统性风险造成,与虚假陈述行为不具有因果关系的论点。

特别值得一提的是,我代理的美丽生态案件有幸成为 2019 年《证券法》修订后首例“支持诉讼 + 示范案件”。本案审理时,深圳中院《关于依法化解群体性证券侵权民事纠纷的程序指引(试行)》已经生效。虽然本案的原告、被告双方达成调解,但庭审过程中对案件事实的充分调查辩论有助于法院进一步厘清案件事实,准确适用法律,客观上为平行案件的审理提供了可贵经验。

作为投服中心的公益律师,我衷心希望以共同诉讼、示范诉讼和代表人诉讼为主的集体诉讼"三驾马车"解决机制能够进一步加以完善,助力证券市场民事纠纷依法高效解决。

美丽生态支持诉讼案系列评论(四)
简评美丽生态支持诉讼案件

黄江东*

美丽生态于2019年8月公告收到中国证监会《行政处罚决定书》,因美丽生态在收购八达园林重大资产重组过程中触及误导性陈述、重大遗漏及虚假记载三大虚假陈述违法行为,被证监会处罚。2020年8月,投服中心支持两位投资者提起诉讼,向美丽生态、八达园林及相关责任人员索赔(以下简称美丽生态案),该案获得深圳中院受理后选作示范案件。这是2019年《证券法》实施后司法审判机关首次将投保机构支持诉讼案选为示范案件,也是实践中一直探索的"支持诉讼+示范案件"模式破冰。2020年12月29日,深圳中院第二次开庭公开审理该案。审理过程中,法院当庭进行调解,两位原告获得全额赔付。

2016年起,投服中心开始尝试在证券领域采取支持诉讼的方式帮助中小投资者维护权益。截至2020年年底,投服中心已提起20多起支持诉讼案件,挽回了相当一批中小投资者的损失,取得了良好的社会效果。2020年3月1日起正式实施的2019年《证券法》第94条第2款新增规定,"投资者保护机构对损害投资者利益的行为,可以依法支持投资者向人民法院提起诉讼"。2019年《证券法》在法律层面将投保机构确立为证券支持诉讼的唯一法定主体,为投服中心的维权工作增添了强有力的法律支撑。

与一般的证券纠纷案件相比,投服中心参与的支持诉讼案件着重突出"追首恶"的原则,多将"维权对象"指向上市公司董监高、实际控制人等直接责任人,以减轻上市公司对广大投资者可能造成的"二次伤害"。此次美丽生态案将上市公司及其董事长、重组方及其法定代表人和总经理等均纳入被告范围,从该案最终获赔的情况来看,"追首

---

* 国浩律师事务所资深顾问。

恶”的原则有助于加大投资者的获赔概率。

投服中心在支持诉讼案件的选择、受损投资者征集、调查取证、损失计算等问题上已积累了丰富的经验，深圳中院将投服中心支持诉讼的美丽生态案选作示范案件进行审理，无疑是对投服中心选案能力及参与诉讼能力的肯定。相应地，美丽生态案探索的“支持诉讼＋示范案件”模式也将不断放大支持诉讼的个案效力，从而将使投保机构参与的证券纠纷维权效果发挥得淋漓尽致。

略为遗憾的是，美丽生态案最终未能实现支持诉讼与示范判决的完美结合。示范案件的最大意义在于，示范判决围绕共通的事实争点和法律争点展开论述，认定共通的事实，阐明共通的法律适用，从而产生示范效应。然而，美丽生态案以调解方式结案，未形成对平行案件具有既判力的示范判决。此外，在重组方八达园林及其责任人员未到庭的情况下，原告撤回对其起诉，这在一定程度上削弱了该案对虚假陈述侵权主体的追责力度。

美丽生态支持诉讼案系列评论（五）

王智斌*

根据2019年《证券法》第85条的规定，在虚假陈述案件中，实际控制人、公司高管对于投资者损失承担连带赔偿责任。基于此，本案中贾某某对投资者损失承担的是连带赔偿责任。这意味着只要有上市公司一方全额支付了赔偿款，该调解书即告履行完毕，贾某某未必会进行实际的赔付。

不过，根据《公司法》第149条的规定，贾某某有义务就美丽生态因虚假陈述对投资者产生的赔偿责任承担最终责任。换言之，美丽生态可以在本案中对投资者的损失全额“买单”，但在本案之外，美丽生态有义务向贾某某追偿。如果美丽生态怠于追偿的，将会损害现有在册股东利益，符合条件的现有在册股东也可依据《公司法》第151条之规定提起股东代表诉讼。

调解结案的示范案件中涉及的相关要素是否仍然可以在平行案件中参照适用，是值得探讨的问题。对于被告而言，其并不希望因示范诉讼而形成“共通”的裁判标准，因此，被告会产生仅就示范案件进行调解的诉讼策略。如果简单否定调解结案示范案件的示范性，将是对被告诉讼策略的“奖励”，也不能实现集约、高效审理平行案件的初衷。

---

* 上海明伦律师事务所律师。

美丽生态股东代位诉讼案评析

万　辰*

案情经过

此前，投服中心支持投资者梁某、方某向贾某某、深圳美丽生态股份有限公司（以下简称美丽生态或公司）虚假陈述进行民事索赔。2020 年 12 月 29 日，广东省深圳市中级人民法院当庭对双方进行了调解，并出具（2020）粤 03 民初 1370、1372 号《民事调解书》，双方达成协议：两被告贾某某和美丽生态连带向两位投资者原告偿付××元，案件受理费××元由两被告承担。投服中心见证了调解的达成，并在庭后表示要求公司向“首恶”贾某某进一步追偿，公司口头允诺。2021 年 1 月 7 日，美丽生态向两位投资者支付了全部调解赔付款，贾某某未与公司分担责任。

投服中心持续跟进本案公司的追偿，于 2021 年 3 月 18 日发出《股东质询建议函》，要求公司监事会对公司已代被告贾某某支付的赔偿款及时采取法律手段进行追偿，尽快向有管辖权的人民法院起诉。公司于 2021 年 3 月 29 日出具《关于中证中小投资者服务中心〈股东质询建议函〉的回复》，确认其已于 2021 年 3 月 22 日收到投服中心发出的《股东质询建议函》，并承诺将对已代被告支付的赔偿款进行追偿。5 月 17 日，投服中心再次致电询问公司进展，公司董秘回复称计划于 6 月起诉。

鉴于经多次催促公司仍无行动，投服中心于 7 月 19 日通过代理律师国浩（深圳）律师事务所胡劲峰、李睿智向深圳前海合作区人民法院提交网上立案申请，7 月 20 日法院电话告知律师已于 7 月 5 日受理公司诉贾某某偿还垫款一案。本案遂告终止。

* 中证中小投资者服务中心高级经理。

案件思路

为更好地研究案件,投服中心曾从中国裁判文书网等渠道下载虚假陈述判决相关裁判文书4万余份,同时对上市公司财报进行研究,发现虽然很多上市公司对投资者的虚假陈述民事索赔进行了赔付,但对“首恶”,也即应负责任的自然人直接责任人极少有上市公司对其要求分担或承担责任。

投服中心维权诉讼的宗旨在于“追首恶”,净化资本市场环境,引领带动市场主体自我维权,但虚假陈述民事索赔往往是上市公司赔付,导致现有的股东利益受损,而真正的责任人却往往没有得到民事上真正的追索。因云南绿大地案是不多的上市公司追索前实控人责任的案件之一,故投服中心维权事务部以云南绿大地案判决为模板,对类似案件进行选案研究,上市公司已对投资者偿付的案件应当催促上市公司向直接责任人进行索赔。研究过程中,又恰逢《证券法》修订后赋予投保机构不受《公司法》要求的持股期限及比例限制,即可对上市公司董监高等主体提起股东代位诉讼的权利。

2021年3月起,投服中心筛选了一批曾提起过支持诉讼的案件(主要考虑是较为了解案件信息及赔付情况)作为此类案件的试点,向一部分公司发函要求就公司已对投资者的赔付追究主要责任人的民事责任。首批案件中便有美丽生态案、大智慧案。

从请求权基础角度,可以有两种思路对主要责任人进行追偿:(1)连带责任。最高人民法院《关于审理证券市场虚假陈述侵权民事赔偿案件的若干规定》(法释〔2022〕2号)将应负责任的实控人、董监高等与公司一道列为应负连带责任的主体,在上市公司已对投资者进行赔付的情况下,依据《民法典》第178条的规定,“连带责任人的责任份额根据各自责任大小确定;难以确定责任大小的,平均承担责任。实际承担责任超过自己责任份额的连带责任人,有权向其他连带责任人追偿”。上市公司有权向其他连带责任人进行追偿,这也是绿大地案的法律依据。(2)公司董监高违法行为损害上市公司利益。根据《公司法》第149条之规定,董监高违法行为给公司造成损失的,应当承担赔偿责任,而股东可以根据《公司法》第151条之规定要求公司向其索赔,投保机构可以依据《证券法》第94条第3款之规定不受《公司法》第151条的持股数量及期限的限制而提起本诉。[①] 但是这个思路的缺陷是仅能针对上市公司董监高,是否能针对外

① 还有个折中使用的思路,要求董监高赔偿因违法行为造成损害赔偿连带责任带来的损失。

部第三方仍有待研究。在本案中,我们选择了连带责任的追偿权作为切入点,首案稳妥起见,尽量选择争议较小的法律关系。

案件意义与遥想

此前,投服中心发起了一系列的证券虚假陈述支持诉讼,坚持将实控人、董监高等“首恶”列为被告,宣示追责到实际的责任人,压实“首恶”责任。然而情况不是非常理想,有投资者放弃起诉自然人被告,有法院由于送达等原因劝原告放弃起诉自然人被告,最让人无奈的是即使有连带判决也往往是上市公司单独赔付后就没有了下文。上市公司财报里有赔付的说明,现有的股东承担赔付的责任,真正的组织、策划、执行虚假陈述的高管却没有分担责任。从法律上、从道义上这种情况都不合理。

市场上的维权律师主要从获取律师费角度考虑问题,很多上市公司往往还在前实控人、高管的控制下,更没有动力去追索,市场实践对“追首恶”还非常麻木。夯实主体责任,坚决对组织策划执行违法行为而损害上市公司利益的违法者进行民事追责,是投服中心作为投保机构应该发挥的示范引领作用。

我们也乐于看到大智慧案中,投保机构提起了一个小诉讼,上市公司跟随其后向高管提起了一个3.25亿元标的的索赔诉讼。

未来我们甚至可以探讨在市场风气形成后,不索赔的董监高是否构成怠于行使权利而致使公司受损的可能性,用制度去催促上市公司对这些真正组织、策划、执行违法行为的不法者进行民事索赔,真正达到“追首恶”的效果。

新闻报道

以股东代位诉讼为盾　投服中心督促美丽生态追责到人①

证券时报网2021年7月29日报道　作者:朱凯

近日,投服中心获悉广东省深圳市前海合作区人民法院(以下简称前海法院)受理了深圳美丽生态股份有限公司(以下简称美丽生态)诉贾某某追偿权纠纷案。这是在

① 原文链接:https://news.stcn.com/news/202107/t20210729_3488783.html? bsh_bid=5751017517。

投服中心多次督促上市公司向个人追偿后,在股东代位诉讼之前,上市公司履行职责的首个案例。

追责到人　避免公司股东二次伤害

司法实践中,大部分虚假陈述案件都是由上市公司向受损投资者赔付,而实际组织、策划、实施虚假陈述等证券违法行为决策的往往是董监高、实控人,这类群体却逍遥法外,这对广大上市公司的现有投资者、股东造成二次伤害。

投服中心在公益维权过程中一贯主张追究个人责任,对准上市公司董监高、实际控制人等直接违法行为责任人,在支持诉讼中通常将处罚认定承担直接责任的上市公司董监高、实际控制人列为共同被告,引领广大受损投资者向违法董监高、实控人追责。

以股东代位诉讼为盾　督促公司追责个人

2019 年 8 月 5 日,美丽生态公告收到中国证监会《行政处罚决定书》。投服中心支持两位投资者向美丽生态及时任董事长、实控人贾某某等提起证券虚假陈述民事赔偿诉讼。2020 年 4 月 8 日,深圳市中级人民法院(以下简称深圳中院)立案受理。2020 年 8 月,该支持诉讼被深圳中院选定为示范案件。2020 年 12 月 29 日,在深圳中院的主持下原告、被告成功调解。2021 年 1 月 7 日,美丽生态向两位被支持投资者全额赔付到位,但贾某某未实际分担责任。

美丽生态向投资者全额赔付调解金额后,投服中心于 3 月 18 日向美丽生态发股东质询建议函,建议美丽生态请求贾某某分担责任;3 月 29 日美丽生态回复将向贾某某进行追偿。5 月 17 日,投服中心再次询问美丽生态进展,美丽生态回复称计划于 6 月底起诉,直至 7 月初投服中心仍未收到美丽生态起诉贾某某的讯息。7 月 19 日,投服中心向前海法院申请提起股东代位诉讼,被告知该院已于 7 月 5 日受理了美丽生态诉贾某某追偿调解金纠纷。

净化资本市场　急需股东代位诉讼跟进

7 月 6 日,中共中央办公厅、国务院办公厅公布《关于依法从严打击证券违法活动的意见》,要求依法从严从快查处欺诈发行、虚假陈述、操纵市场、内幕交易、利用未公开信息交易以及编造、传播虚假信息等重大违法案件,加大对发行人控股股东及实控人、违法中介机构及其从业人员等的追责力度。

2019 年修订的《证券法》第 94 条第 3 款规定:发行人的董事、监事、高级管理人员执行公司职务时违反法律、行政法规或者公司章程的规定给公司造成损失,发行人的控股股东、实际控制人等侵犯公司合法权益给公司造成损失,投资者保护机构持有该公司股份的，可以为公司的利益以自己的名义向人民法院提起诉讼，持股比例和持股期限不受《公司法》规定的限制。这是《证券法》修订的亮点之一，目的就是让违法的人付出“破产”代价，将责任压实到个人，加大追责力度，净化资本市场环境，维持资本市场的基本秩序，从而更好地保障投资者权益，让资本市场得以健康发展。

作为中国证监会直属的证券金融类投资者保护公益机构，投服中心自 2016 年 7 月提起全国首例证券支持诉讼“匹凸匹”案以来累计提起支持诉讼案件 44 件。面对中小投资者被侵权后面临的维权困境，投服中心积极推动“支持诉讼 + 示范判决”、股东直接诉讼，践行特别代表人诉讼，探索股东代位诉讼，研究公益诉讼等多种诉讼模式，并通过课题研究、论坛研讨、推动法律修订等多种方式完善公益维权机制。

投服中心将继续坚持“为民、奉献、专业、引领”理念，积极发挥示范作用，适应审判体制创新，完善诉讼维权机制，将积极督促上市公司向作恶实控人、董监高追责，并积极推进相应股东代位诉讼，从民事追偿角度实现对违法行为的“零容忍”，推动提升上市公司质量，促进资本市场健康稳定发展。

联建光电案

从联建光电虚假陈述侵权案看虚假陈述行为人的认定

叶建霄*

前　言

2021 年 8 月,本人所在的广东百健律师事务所证券维权律师团队收到了联建光电证券虚假陈述责任纠纷案的一审民事判决书。从 2019 年 3 月接受中证中小投资者服务中心(以下简称投服中心)就联建光电证券虚假陈述民事赔偿支持诉讼案公益律师指派至今,足足两年有半。

本案一开始的时候,投服中心筛选了多名的受损投资人拟支持诉讼。虽然是投服中心支持诉讼,投资人的顾虑却很多,如胜算不大、金额不高、诉讼过于烦琐等,有一些投资者放弃了诉讼。最终,我们取得了本案受损失人的正式委托,随后立即组织证据、调查取证,在取得指派函 10 个工作日内即形成了全部诉讼材料并提交给深圳市中级人民法院(以下简称深圳中院)。随即,深圳中院启动诉前调解程序,调解不成后,深圳中院在 2019 年 6 月 17 日正式立案。后来,又因被告深圳市联建光电股份有限公司(以下简称联建光电)、何某某、刘某 2 就中国证券监督管理委员会深圳监管局(以下简称深圳证监局)作出的行政处罚提起行政诉讼,因此该案

* 广东百健律师事务所律师,投服中心公益律师。

中止审理。2020 年 12 月,本案被深圳中院选为示范案件。

案件违法事实以及过程

2018 年 12 月 17 日,深圳监管局发布行政处罚决定书,对联建光电、何某某等人进行处罚。经证监局查证:

联建光电于 2013 年 12 月 18 日与何某某、周某某、朱某某、黄某 2 等 12 位四川分时广告传媒有限公司(以下简称分时传媒)股东签订《现金及发行股份购买资产协议》及《盈利预测补偿协议》,以现金及发行股份方式收购分时传媒 100% 股份,交易对价为 8.6 亿元。12 位分时传媒股东承诺,分时传媒 2013 ~ 2017 年经审计的归属于母公司股东的扣除非经常性损益后的净利润分别不低于 8700 万元、10,000 万元、11,300 万元、12,200 万元和 12,800 万元。若分时传媒实际利润低于上述承诺净利润,则补偿义务人将按照协议的相关约定对上市公司进行补偿。2014 年 4 月 11 日,证监会出具《关于核准深圳市联建光电股份有限公司向何某某等发行股份购买资产并募集配套资金的批复》,核准此次交易。2014 年 4 月 29 日,分时传媒完成股权变更登记手续,成为联建光电的全资子公司。自 2014 年 5 月起,联建光电开始将分时传媒纳入合并报表范围。

在 2014 ~ 2016 年,分时传媒通过虚构广告业务收入、跨期确认广告业务收入等方式,共虚增营业收入 61,787,035.34 元,虚增利润 60,472,468.90 元。

分时传媒通过虚构广告业务收入、跨期确认广告业务收入等方式,2014 年虚增营业收入 6,196,226.42 元,虚增利润 6,196,226.42 元,虚增利润金额占当期联建光电披露利润总额的 3.82%;2015 年虚增营业收入 36,374,615.98 元,虚增利润 35,060,049.54元,占当期联建光电披露利润总额的 12.97%;2016 年虚增营业收入 19,216,192.94 元,虚增利润 19,216,192.94 元,占当期联建光电披露利润总额的 4.07%。上述行为导致联建光电 2014 年年度报告、2015 年半年度报告、2015 年年度报告、2016 年半年度报告、2016 年年度报告和 2017 年半年度报告存在虚假记载,违反了《证券法》第 63 条的规定,构成《证券法》第 193 条第 1 款所述违法行为。

本案的违法事实,实际上相当典型。联建光电在 2014 年通过非公开发行股份的方式,向何某某、朱某某等分时传媒的股东定向增发用以购买分时传媒 100% 的股权,交易对方何某某等原分时传媒股东对上市公司作出了连续 5 年的盈利承诺。在完成收购后,实际上分时传媒只完成第一年的业绩承诺,随后 4 年都没有完成,并实施了为期 4 年的财务造假行为。

案件法律分析

在接到案件的时候,我们发现深圳证监局处罚决定中涉案的当事人达 21 人,若全部起诉不仅会增加原告的诉讼成本,而且会附带增加法院、律师团队和投服中心的工作量,并非最佳选择。简单可行的方案就是起诉联建光电公司及联建光电公司的实际控制人、法定代表人刘某 2。但考虑本案是投服中心支持诉讼案件,将会对其他投资者形成示范,同时需要兼顾在诉讼中体现惩罚首恶的价值观,我们决定将分时传媒的原控股股东何某某也列为被告。按照深圳证监局的认定,何某某是原分时传媒的实际控制人、业绩承诺补偿义务人。涉案期间,何某某实际承担分时传媒的管理职责,并安排对有关广告业务进行回款,应对涉案违法行为承担主要责任,系对违法行为直接负责的主管人员。

根据最高人民法院《关于审理证券市场因虚假陈述引发的民事赔偿案件的若干规定》(以下简称《虚假陈述案件若干规定》)第 7 条的规定,虚假陈述证券民事赔偿案件的被告,应当是虚假陈述行为人。这里我们首先要明晰,什么是虚假陈述,什么是虚假陈述行为人。

(一)什么是虚假陈述

证券市场的虚假陈述,最早见于 1993 年国务院证券委员会颁布的《禁止证券欺诈行为暂行办法》(已废止),该办法规定,虚假陈述是指单位或个人对证券的发行、交易及相关活动的事实、性质、前景、法律等事项作出不实、严重误导或者含有重大遗漏的、任何形式的陈述或者诱导。另外,依据《虚假陈述案件若干规定》,证券市场的虚假陈述,是指信息披露义务人违反证券法律规定,在证券发行或者交易过程中,对重大事件作出违背事实真相的虚假记载、误导性陈述,或者在披露信息时发生重大遗漏、不正当披露信息的行为。虚假记载,是指将不真实的重要事实记载于证券文件中的故意或过失行为。虚假记载的方式很多,以财务报表不实为虚假记载的重点。误导性陈述,是指行为人公开披露文件的内容,虽然没有违背事实真相,但其表述存在显著的缺陷或不当,致使投资者无法进行客观完整的理解和判断,并容易导致投资者形成不客观的误解和误信。重大遗漏,是指信息行为人在公开文件中将与证券发行、交易及相关活动有关的关键信息予以隐瞒或疏漏的虚假陈述。不当披露,是指行为人未按照法律、行政法规和监管部门的规章规定的时间和方式披露信息,对可能导致证券价格变化并影响投资决策的重大信息未按照法定方式披露。

从规定上来看,我国相关的立法基本遵循了各国立法的统一标准,将虚假记载、误导性陈述、重大遗漏及不正当披露均囊括在内。

(二)虚假陈述的民事责任主体

虚假陈述的责任主体,主要包括4类:一是发行人及公司发起人;二是发行公司的重要职员;三是参与其中的专业技术人员;四是承销商。

按照2014年《证券法》的规定,虚假陈述的责任主体包括发行人、上市公司;发行人、上市公司的董事、监事、高级管理人员和其他直接责任人员;保荐人、承销的证券公司;发行人、上市公司的股东、实际控制人;国家工作人员、传播媒介的从业人员;证券交易所、证券公司、证券登记结算机构、证券服务机构及其从业人员,证券业协会、证券监督管理机构及其工作人员。

另外,《虚假陈述案件若干规定》第7条也列举了以下人员属于虚假陈述的责任主体:(1)发起人、控股股东等实际控制人;(2)发行人或者上市公司;(3)证券承销商;(4)证券上市推荐人;(5)会计师事务所、律师事务所、资产评估机构等专业中介服务机构;(6)上述(2)~(4)项所涉单位中负有责任的董事、监事和经理等高级管理人员以及(5)项中的直接责任人;(7)其他作出虚假陈述的机构或者自然人。

(三)当时法律框架下,何某某列为被告是否有法律依据?

因为何某某并非联建光电的实际控制人,也不是联建光电的董事、监事和经理等高级管理人员,可以适用的可能只有《虚假陈述案件若干规定》第7条第7项的兜底条款"其他作出虚假陈述的机构或者自然人"。根据当时的法律规定,何某某并没有被明确列为虚假陈述的民事责任主体,但我们认为,何某某是首恶,是直接责任人,根据法理,应当可以追究其民事责任。

根据2014年《证券法》第5条的规定,证券的发行、交易活动,必须遵守法律、行政法规;禁止欺诈、内幕交易和操纵证券市场的行为。很明显,虚增利润,属于欺诈行为,违反了《证券法》第5条关于禁止欺诈的规定。另外,根据《虚假陈述案件若干规定》第25条的规定,依据本规定第7条第7项规定的其他作出虚假陈述行为的机构或者自然人,违反《证券法》第5条、第72条、第188条和第189条规定,给投资人造成损失的,应当承担赔偿责任。

因为何某某的行为属于欺诈行为,若其对投资者造成损失的,应当依据《虚假陈述案件若干规定》第25条,列为其第7条第7项规定的"其他作出虚假陈述的机构或者自然人"。

至此,我们认为何某某实际上作出了虚假陈述行为,亦属于《虚假陈述案件若干规定》中的虚假陈述行为人,是本案的适格被告,应当对原告造成的损失承担民事赔偿责任。因此,最终方案确定联建光电、何某某、刘某2三人为被告。

(四)2019年《证券法》的规定

由于《证券法》在2019年12月28日进行了修改,在第85条中规定信息披露义务人存在虚假记载、误导性陈述,致使投资者在证券交易中遭受损失的,信息披露义务人应当承担赔偿责任。实际上,该条款也完全吸收了《虚假陈述案件若干规定》中的相关规定。因此,此次深圳中院在本次的判决中,直接依据2019年《证券法》第85条规定,判令何某某承担连带赔偿责任。

本案的意义

联建光电证券虚假陈述民事赔偿案件,是2019年《证券法》实施后,第一例作出判决的"支持诉讼+示范判决"案件。依照深圳市中级人民法院《关于依法化解群体性证券侵权民事纠纷的程序指引(试行)》第27条的规定,示范判决是围绕共通的事实争点和法律争点展开充分论述,着重分析共通的证据,认定共通的事实,阐明共通的法律适用,以体现示范效应。根据上述指引第12条的规定,按照"支持诉讼+示范判决"机制作出示范判决后,其他案件将会作为"平行案件"参照指引第10条和第四章规定处理。

该案件的判决,有利于快捷低成本地解决其他平行案件,维护中小投资者的合法利益。

律 师 介 绍

叶建霄律师

广东百健律师事务所副主任、律师。东南大学法学学士,主修法学专业,辅修工商管理专业。中证中小投资者服务中心公益律师,广州仲裁委员会仲裁员,民革广州市委员会社会和法制委员会委员。2009 年开始执业,拥有 13 年执业经验。长期精研公司法、合同法、证券法、工程建设法律方面的法律法规,对于公司股权、刑事辩护、民刑交叉类案件有较深入的研究。

行政处罚决定书

中国证券监督管理委员会深圳监管局行政处罚决定书

〔2018〕7 号

当事人:深圳市联建光电股份有限公司(以下简称联建光电或公司)。住址:深圳市宝安区。

何某某,住址:成都市青羊区。

周某某,2014 年 4 月至 2017 年 7 月任四川分时广告传媒有限公司(以下简称分时传媒)董事,2014 年 10 月至 2017 年 12 月(调查时)任分时传媒 CEO。住址:成都市武侯区。

朱某某,2015 年 8 月起任联建光电董事,2016 年 4 月起任联建光电副总经理,2014 年 4 月至 2017 年 12 月(调查时)任分时传媒董事长。住址:成都市武侯区。

刘某 2,联建光电实际控制人、法定代表人,2009 年 10 月起任联建光电董事长,2010 年 9 月起任联建光电总经理,2014 年 4 月起任分时传媒董事。住址:深圳市南山区。

褚某某,2015 年 8 月至 2017 年 11 月任联建光电财务总监。住址:深圳市福田区。

黄某 2,2015 年 3 月至 2016 年 4 月任联建光电副总经理,2014 年 4 月起任分时传媒法定代表人。住址:上海市闸北区。

姚某 2,2009 年 10 月起任联建光电董事,2014 年 4 月起任分时传媒董事。住址:深圳市罗湖区。

熊某某,2009 年 10 月起任联建光电董事,2009 年 11 月至 2015 年 8 月任联建光电副总经理。住址:深圳市南山区。刘某 2、熊某某为联建光电披露的控股股东和实际控制人。

蒋某 3,2015 年 8 月至 2016 年 4 月任联建光电监事,2016 年 4 月起任联建光电副总经理,2016 年 5 月起任联建光电董事。住址:北京市朝阳区。

段某某,2015 年 3 月至 2017 年 4 月任联建光电副总经理,2015 年 8 月至 2017 年 4 月任联建光电董事。住址:深圳市宝安区。

向某某,2009 年 10 月至 2015 年 8 月任联建光电董事,2012 年 1 月至 2016 年 4 月任联建光电副总经理。住址:西安市雁塔区。

马某某,2016 年 4 月起任联建光电副总经理,2016 年 5 月起任联建光电董事。住址:深圳市南山区。

李某 3,2015 年 8 月起任联建光电独立董事。住址:北京市西城区。

谢某某,2009 年 11 月起任联建光电监事会主席。住址:深圳市南山区。

张某 2,2009 年 10 月至 2016 年 11 月任联建光电监事。住址:深圳市宝安区。

肖某 3,2016 年 4 月起任联建光电监事。住址:河南省夏邑县。

杨某某,2015 年 3 月至 2016 年 4 月任联建光电副总经理。住址:湖北省孝感市。

肖某 4,2017 年 1 月起任联建光电独立董事。住址:北京市海淀区。

苑某某,2016 年 11 月起任联建光电监事。住址:北京市东城区。

钟某某,2012 年 8 月至 2017 年 8 月任联建光电董事会秘书,2012 年 8 月至 2015 年 8 月任联建光电董事,2015 年 8 月至 2017 年 8 月任联建光电副总经理。住址:深圳市南山区。

依据《证券法》的有关规定,我局对联建光电信息披露违法案进行了立案调查、审理,并依法向当事人告知了作出行政处罚的事实、理由、依据及当事人依法享有的权利。当事人何某某、周某某、朱某某、黄某 2、向某某、钟某某提交了陈述申辩意见,其他当事人未提出陈述申辩,也未要求举行听证。本案现已调查、审理终结。

经查明,联建光电存在以下违法事实:

联建光电于 2013 年 12 月 18 日与何某某、周某某、朱某某、黄某 2 等 12 位分时传媒股东签订《现金及发行股份购买资产协议》及《盈利预测补偿协议》,以现金及发行股份方式收购分时传媒 100% 股份,交易对价为 8.6 亿元。12 位分时传媒股东承诺,分时传媒2013年至2017年经审计的归属于母公司股东的扣除非经常性损益后的净利润分别不低于8700万元、10,000万元、11,300万元、12,200万元和12,800万元。经查，2014年至2016年，分时传媒通过虚构广告业务收入、跨期确认广告业务收入等方式，共虚增营业收入61,787,035.34元，虚增利润60,472,468.90元。具体违法事实如下：

一、2014年8月，分时传媒与泸州老窖柒泉小酒酒类销售有限公司（以下简称柒泉小酒）签署户外广告发布合同，合同金额为1500万元，并按照合同金额确认了销售收入；2015年9月，西藏大禹伟业广告有限公司（以下简称西藏大禹，分时传媒孙公司）与柒泉小酒签署户外广告发布合同，合同金额为626万元，并按照合同金额确认了销售收入。经查，合同实际并未全部执行。分时传媒以此虚增2014年、2015年营业收入分别为6,196,226.42元、942,793.80元，虚增2014年、2015年利润分别为6,196,226.42元、942,793.80元。

二、2015年9月和2016年1月，西藏大禹与成都金宝盛世投资管理有限公司（以下简称金宝盛世）签订广告制作发布协议，合同金额分别为920万元和2100万元，并按照合同金额确认了销售收入。经查，合同实际并未全部执行，分时传媒以此虚增2015年、2016年营业收入分别为7,643,245.37元、9,919,952.80元，虚增2015年、2016年利润分别为7,643,245.37元、9,919,952.80元。

三、2015年7月，西藏大禹与江苏绿能宝融资租赁有限公司签订户外广告发布合同，2015年11月，双方签署媒体替补点位确认单，约定合同金额变更为880.95万元，并按照合同金额确认了销售收入；2015年11月，西藏大禹与绿能宝电子商务（苏州）有限公司（以下与江苏绿能宝融资租赁有限公司统称绿能宝）签订户外广告发布合同，合同金额为3800万元，并按照合同金额确认了销售收入。经查，合同实际并未全部执行，分时传媒以此虚增2015年营业收入27,788,576.81元，虚增2015年利润26,474,010.37元。

四、2016年11月，西藏大禹与成都四季营销网络科技有限公司（以下简称四季营销）签订户外广告发布合同，合同金额为1500万元。经查，分时传媒通过跨期确认该合同广告业务收入，虚增2016年营业收入9,296,240.14元，虚增2016年利润9,296,240.14元。

综上，分时传媒通过虚构广告业务收入、跨期确认广告业务收入等方式，2014年虚增营业收入6,196,226.42元，虚增利润6,196,226.42元，虚增利润金额占当期联建光电披露利润总额的3.82%；2015年虚增营业收入36,374,615.98元，虚增利润

35,060,049.54元,占当期联建光电披露利润总额的12.97%;2016年虚增营业收入19,216,192.94元,虚增利润19,216,192.94元,占当期联建光电披露利润总额的4.07%。上述行为导致联建光电2014年年度报告、2015年半年度报告、2015年年度报告、2016年半年度报告、2016年年度报告和2017年半年度报告存在虚假记载,违反了《证券法》第63条的规定,构成《证券法》第193条第1款所述违法行为。

上述违法事实,有公司公告、询问笔录、情况说明、合同文件、会计记录、会计凭证、银行流水、会议记录、书面确认意见等证据在案证明。

何某某为原分时传媒实际控制人、业绩承诺补偿义务人。涉案期间,何某某实际承担分时传媒管理职责,并安排对有关广告业务进行回款,应对涉案违法行为承担主要责任,系对违法行为直接负责的主管人员。

周某某为原分时传媒股东、业绩承诺补偿义务人。涉案期间,周某某任分时传媒董事、CEO,组织、参与上述与柒泉小酒、绿能宝和四季营销的广告业务,应对涉案违法行为承担主要责任,系对违法行为直接负责的主管人员。

朱某某为原分时传媒股东、业绩承诺补偿义务人。涉案期间,朱某某任联建光电董事、副总经理、分时传媒董事长,组织、参与上述与金宝盛世的广告业务,并在2015年半年报至2017年半年报等5期定期报告上签字,应对涉案违法行为承担主要责任,系对违法行为直接负责的主管人员。

刘某2系联建光电实际控制人、法定代表人、董事长兼总经理、分时传媒董事,全面负责公司工作,在2014年年报至2017年半年报等6期定期报告上签字,保证公司信息披露真实、准确、完整,但未能勤勉尽责,系对违法行为直接负责的主管人员。

褚某某时任联建光电财务总监,对公司财务报告的真实、准确和完整性承担主要责任,其在2015年半年报至2017年半年报等5期定期报告上签字,保证公司信息披露真实、准确、完整,但未能勤勉尽责,系对违法行为直接负责的主管人员。

黄某2时任联建光电副总经理、分时传媒法定代表人,在2015年半年报和2015年年报等2期定期报告上签字,保证公司信息披露真实、准确、完整,但未能勤勉尽责,系对违法行为负责的其他直接责任人员。

姚某2时任联建光电董事、联建光电派驻分时传媒董事,在2014年年报至2017年半年报等6期定期报告上签字,保证公司信息披露真实、准确、完整,但未能勤勉尽责,系对违法行为负责的其他直接责任人员。

熊某某时任联建光电董事、副总经理,在2014年年报至2017年半年报等6期定期报告上签字；向某某时任联建光电董事、副总经理，在2014年年报至2015年年报等3期定期报告上签字；段某某时任联建光电董事、副总经理，在2015年半年报至2016年年报等4期定期报告上签字；蒋某3历任联建光电监事、董事、副总经理，在2015年半年报、2016年半年报至2017年半年报等4期定期报告上签字或审核确认；马某某时任联建光电董事、副总经理，在2016年半年报至2017年半年报等3期定期报告上签字；李某3时任联建光电独立董事，在2015年半年报至2017年半年报等5期定期报告上签字；谢某某时任联建光电监事会主席，审核确认2014年年报至2017年半年报等6期定期报告；张某2时任联建光电监事，审核确认2014年年报至2016年半年报等4期定期报告；肖某3时任联建光电监事，审核确认2015年年报至2017年半年报等4期定期报告；杨某某时任联建光电副总经理，在2015年半年报和2015年年报等2期定期报告上签字；肖某4时任联建光电独立董事，在2016年年报和2017年半年报等2期定期报告上签字；苑某某时任联建光电监事，审核确认2016年年报和2017年半年报等2期定期报告；钟某某时任联建光电董事、董事会秘书、副总经理，在2014年年报至2016年年报等5期定期报告上签字。上述人员作为联建光电董事、监事和高级管理人员，应当保证公司信息披露真实、准确、完整，但未能勤勉尽责，系对违法行为负责的其他直接责任人员。

何某某提出申辩意见，请求免予行政处罚和市场禁入：第一，未对其出具立案《调查通知书》，违反行政处罚法定程序。第二，未在联建光电和分时传媒任职，也不是控股股东或实际控制人，未实际承担或履行相应的管理职责，不负责分时传媒业务执行和财务工作，没有组织、参与、实施、直接导致或指使他人从事信息披露违法行为，对其处罚没有事实和法律依据，有违过罚相当原则。第三，分时传媒的经营管理由联建光电负责，朱某某、周某某只是偶尔汇报情况，不能以其为原实际控制人、业绩承诺补偿义务人、联建光电第二大股东为由，认定其实际承担管理职责，并承担责任。第四，没有就涉案广告业务安排过回款，向绿能宝提供的借款是正常的借贷行为，在借款时不知道绿能宝拖欠广告费用。何某某在调查中称，该借款系通过补充成都斯为美网络科技有限公司（以下简称成都斯为美，何某某持有99%股份）注册资本的方式借给绿能宝，双方没有约定利息，资金来源于本人股票质押款，成本为6%～8%，并称在转账前几天向周某某了解到与绿能宝合作情况不错，以后还有合作可能，答应借款是为了维护合作机会。同时，积极配合调查。

经复核,我局认为:

第一,我局工作人员按程序向何某某出具《调查通知书》,并就调查事项向何某某进行询问,程序合法,并无不当。

第二,在案证据显示,联建光电收购分时传媒后,何某某作为分时传媒原股东,虽未在分时传媒任职,但实际掌控分时传媒的经营管理。(1)按照联建光电与何某某、周某某、朱某某等 12 位分时传媒股东签订的《现金及发行股份购买资产协议》约定,联建光电收购分时传媒后的业绩承诺期内,分时传媒日常经营管理由原股东负责。在联建光电收购前,何某某及其父亲持有分时传媒 77.71% 的股份,实际控制分时传媒。(2)收购完成后,何某某仍实际掌控分时传媒的经营管理,分时传媒主要管理人员由何某某安排,并向其汇报工作。分时传媒业务主要分为成都业务板块和北京业务板块,并分别由朱某某和周某某负责管理,涉案广告业务亦由两人团队分别负责。朱某某任分时传媒董事长,周某某任分时传媒董事、CEO,两人在分时传媒的任职和分工,由何某某安排确定,两人均向何某某汇报工作并对其负责,主要经营决策由何某某决定。分时传媒财务人员定期向何某某和朱某某、周某某等人报送财务报表。

第三,涉案有关广告业务由何某某联系介绍并组织安排业务回款。在案证据显示,涉案的绿能宝广告业务系何某某联系介绍,并由周某某团队负责。关于绿能宝广告业务回款,2016 年 12 月 28 日、29 日,何某某安排通过成都斯为美向绿能宝电子商务(苏州)有限公司转款 4785 万元,12 月 29 日,绿能宝电子商务(苏州)有限公司向西藏大禹转款 47,849,004 元。关于何某某所称系正常借款的解释,我局认为:(1)经查询成都斯为美工商登记资料,2016 年 12 月该公司并无补充注册资本的记录,何某某所称补充注册资本的解释与事实不符。(2)涉案绿能宝广告业务执行时间为 2015 年 12 月,因受广告发布管控影响,该广告仅少量发布就未再执行,2016 年开始分时传媒与绿能宝再无业务往来,合同未执行部分被用于 2016 年发布分时传媒的其他广告业务。何某某所称转账前几日从周某某处了解到双方合作不错,以后还有合作机会的解释不能成立。(3)2016 年 3 月,联建光电财务总监褚某某向何某某、朱某某等人发送过"关于江苏绿能宝审计内核的问题"的电子邮件,内容显示,因绿能宝合同金额特别巨大、毛利率异常、对分时传媒净利润影响重大,审计机构已重点关注,建议尽快催收回款便于审计。2016 年 4 月,绿能宝就支付广告费用事宜向分时传媒出具《付款计划确认函》,承诺在 2016 年 10 月底之前付清广告费用。何某某所称不知道绿能宝拖欠广告费用的解释明显不能成立。(4)成都斯为美向绿能宝转账的时间和金额与绿能宝支付广告费用的时间和金额极其相近。同时,何某某的资金成本为6% ~8% ,但其借款没有约定利息;绿能宝业务合同仅少部分执行,绿能宝却通过借款支付全部广告费用,均与常理不符。综合上述情形,何某某关于借款的有关解释明显不合常理,且与事实不符,不予采信。此外,配合调查并非法定免责事由。

我局认为,何某某虽未在分时传媒和联建光电任职,但在业绩承诺期内,其实际掌控分时传媒的经营管理,联系介绍涉案广告业务,并在涉案广告业务并未全部实际执行的情况下,组织安排业务回款,应当对分时传媒虚增营业收入和利润,并直接导致联建光电信息披露违法的行为承担主要责任,系对违法行为直接负责的主管人员。

朱某某和周某某提出申辩意见,请求免予行政处罚和市场禁入:第一,涉案广告业务真实合法,分时传媒收到了交易款项,未对上市公司利益造成严重损害,并且联建光电对相关会计差错进行了更正和披露,及时消除了影响,未严重影响投资者利益。分时传媒会计差错导致联建光电定期报告记载不准确,不属于重大信息披露违法行为。第二,根据法律法规的规定和证监会过往作出市场禁入决定的案件情况,本案情形不符合采取市场禁入措施的条件。第三,朱某某还提出,系在分时传媒实际控制人何某某的安排下在分时传媒和联建光电任职,并向何某某汇报工作。作为联建光电外部董事、高管,名义上担任分时传媒董事长,仅参与何某某介绍的金宝盛世合同签署,不负责分时传媒业务合同执行和财务工作,也不负责联建光电的信息披露工作,不知悉分时传媒会计差错事项。对相关业务合同和定期报告财务信息予以了应有关注,并合理信赖会计师的专业判断,已勤勉尽责,且日常履职过程中也尽到了忠实勤勉义务。在2014年年度报告期内,未担任联建光电董监高,不应对该年度定期报告信息披露负责。第四,周某某还提出,未在联建光电任职,也没有组织、参与、实施或直接导致联建光电信息披露违法。系在分时传媒实际控制人何某某的安排下在分时传媒任职,并向其汇报工作。名义上担任分时传媒CEO,且2015年7月至2016年10月未担任CEO,参与了柒泉小酒、绿能宝、四季营销等合同签署,对相关合同执行情况予以了应有关注,并合理相信会计师的专业意见,但不负责分时传媒业务合同执行和财务工作,不知悉合同的具体执行情况,也无法发现会计差错问题,已尽到了勤勉尽责义务。

经复核,我局认为:

第一,本案中,分时传媒在业绩承诺期内,通过将未全部实际执行的合同确认营业收入、跨期确认营业收入等方式,累计虚增营业收入61,787,035.34元,虚增利润60,472,468.90元,数额巨大,且直接导致联建光电连续多年定期报告信息披露违法,并非违法行为轻微。分时传媒收到交易款项、联建光电在立案调查后进行会计更正等情形不影响本案违法事实的认定。

第二,上市公司董事、监事、高级管理人员负有保证上市公司信息披露真实、准确、完整的义务,应当忠实、勤勉地履行职责,独立作出判断。朱某某时任联建光电董事、副总经理,签字确认涉案5期定期报告,应对涉案信息披露违法行为承担相应责任。相信专业机构意见,非法定免责事由。其所称的对相关业务合同和财务信息予以了应有关注,既无证据支持,也不足以证明其尽到了勤勉尽责义务。

第三,涉案期间,朱某某任分时传媒董事长,周某某任分时传媒董事、CEO,两人实际履行分时传媒日常经营管理职责,并组织、参与涉案广告业务。(1)如前所述,根据协议约定,联建光电收购分时传媒后的业绩承诺期内,分时传媒的日常经营管理由原股东负责。在联建光电收购前,朱某某、周某某系分时传媒第二、第三大股东。(2)收购完成后,朱某某、周某某分别担任分时传媒董事长、董事和CEO,实际履行分时传媒日常经营管理职责。分时传媒业务主要分为成都业务板块和北京业务板块,并分别由朱某某和周某某负责,两人也会共同使用西藏大禹的名义对外签订合同,但各自团队的业务各自进行管理。朱某某在询问笔录中称,其全面负责成都业务板块的管理,包括业务、销售、客户和财务等各方面;两人团队的广告客户分别进行管理,相关合同、会计凭证、验收报告和收付款等文件各自负责保管。周某某在询问笔录中称,其负责北京业务板块的业务和管理工作,分时传媒由其本人负责管理,并向何某某进行汇报。(3)朱某某、周某某团队负责涉案广告业务,两人实际组织、参与涉案广告业务。涉案广告业务中,金宝盛世广告业务由朱某某团队负责,朱某某组织、参与金宝盛世广告业务的谈判接洽,成都团队工作人员向朱某某汇报向金宝盛世的催款情况。柒泉小酒、绿能宝、四季营销广告业务由周某某团队负责,周某某组织、参与绿能宝、柒泉小酒和四季营销广告业务的谈判接洽,并在广告发布合同、广告发布验收单、销售合同审批单、媒体合同签订单、自有媒体合同签订通知单和广告费请款单上审批签字;柒泉小酒广告业务回款,部分资金最终来源于分时传媒和西藏大禹,周某某在相关票据审批单上签字。

第四,关于当事人的责任认定和量罚幅度,我局已充分考虑本案违法行为的事实、性质、情节和社会危害程度,以及当事人的职务职责、履行职责和在涉案违法事项中的地位、作用等情况。关于周某某提出的2015年7月至2016年10月未担任分时传媒CEO的申辩意见,既无证据支持,也不影响对其责任的认定。

综上,朱某某、周某某分别担任分时传媒董事长、董事和CEO,承担相应的日常经营管理职责，分别作为成都业务团队和北京业务团队负责人，全面负责各自团队的经营管理，并实际组织、参与涉案广告业务，应对分时传媒虚增营业收入和利润，并直接导致联建光电信息披露违法的行为承担主要责任，系对违法行为直接负责的主管人员。

黄某2提出申辩意见，请求免予行政处罚：第一，担任分时传媒法定代表人“有名无实”，没有全面负责公司的生产和经营，仅作为管委会成员，管理对外投资和行政事务。第二，担任联建光电副总经理一年期间，实际履职时间不到半年，无薪无考勤无办公条件，无财务核查的权力，也无权聘请外部审计机构，无法否定审计机构的专业意见。同时，作为联建光电委派人员，在联建光电与控股股东共同发起设立的德塔基金三次股权收购事项中提出反对意见，勤勉尽责，并因此被边缘化，不应认定为其他直接责任人员，且处罚将对个人产生重大影响。第三，主持完成了分时传媒的两个收购项目，运营情况良好，尽到了职责。

向某某提出申辩意见，请求减轻或免予行政处罚：第一，对虚构事项不知情，未参与，曾向分时传媒相关人员咨询了解分时传媒经营财务情况和绿能宝合同相关情况，但没有发现异常，且在任职期间一直忠实勤勉，已尽勤勉尽责义务，没有过错。第二，未参与分时传媒的经营管理，不具备财会专业背景，且合理相信审计机构的专业意见，没有发现定期报告中存在的问题。

钟某某提出申辩意见，请求免予行政处罚：第一，对于分时传媒涉案相关项目，曾派风控人员进行现场审核，主管内审部期间曾组织进行内部审计，但均未报告项目存在财务异常问题，未再分管内审部后，无法通过内审手段收集分时传媒的财务数据；多次现场考察分时传媒，与分时传媒管理层沟通经营和相关项目情况并要求提供相关材料，没有发现且分时传媒管理层也未汇报有财务异常问题；多次在与年审会计师关于定期报告的沟通会上、在总经理述职会上关注和询问项目情况，在年度董事会上询问分时传媒业绩承诺完成情况和商誉减值情况，已尽勤勉尽责义务。第二，在担任董事会秘书期间一直勤勉履职，并在其他方面亦勤勉尽责，就并购公司管理方面提出建议，多次发表独立意见否决可能损害上市公司利益的决策，并被迫离职。立案后积极配合公司自查自纠，并建议独立董事提议变更审计机构。

经复核，我局认为：

第一，上市公司董事、监事、高级管理人员负有保证上市公司信息披露真实、准确、完整的义务，应当忠实、勤勉地履行职责，独立作出判断。上市公司董事、监事、高级管理人员应主动了解并持续关注公司生产、经营和财务状况，主动调查、获取决策所需要的材料。不知情、未参与、未直接从事经营管理、其他人员未报告、不具备专业背景、相信专业机构意见、无薪酬无考勤无办公条件、处罚对个人产生重大影响、配合调查等均非法定免责事由,不足以排除作为上市公司董事、监事和高级管理人员应当承担的信息披露责任。

第二,关于黄某2。在案证据显示,涉案期间,黄某2担任联建光电副总经理,同时任分时传媒法定代表人、经理,并作为企业负责人在分时传媒财务报表上签章,相比一般管理人员,有职责、有条件了解和掌握分时传媒相关经营和财务状况,但在案无证据显示其尽到了勤勉尽责义务。关于其提出的在其他收购事项中尽职的申辩意见,与其就涉案违法事项是否勤勉尽责没有关联,亦不足以证明其已尽勤勉尽责义务。对其责任的认定,我局已充分考虑其任职和履职等情况,并与其他相关责任人员作了区分。

第三,关于向某某。其提出的咨询了解分时传媒经营的财务情况和绿能宝业务的合同情况,仅属一般性询问;其在任职期间忠实勤勉的申辩意见,与其就涉案违法事项是否勤勉尽责没有关联,均不足以证明其已尽勤勉尽责义务,且对其责任的认定,我局已充分考虑了其任职和履职等情况。

第四,关于钟某某。涉案期间,钟某某担任联建光电董事会秘书,负责组织和协调公司信息披露事务,并先后兼任公司董事和副总经理,签字确认涉案多期定期报告。关于其提出的履职尽责的有关情况,可以认定其履行了一定的职责,但结合其任职和履责情况,尚不足以证明其对涉案违法事项实施了必要、有效的监督,不足以证明其已尽到了勤勉尽责义务,且我局在责任认定时已予以从轻考虑。

根据当事人违法行为的事实、性质、情节和社会危害程度,依据《证券法》第193条第1款的规定,我局决定:

一、对联建光电责令改正,给予警告,并处以60万元罚款;

二、对何某某、周某某、朱某某给予警告,并分别处以30万元罚款;

三、对刘某2、褚某某给予警告,并分别处以20万元罚款;

四、对黄某2、姚某2给予警告,并分别处以10万元罚款;

五、对熊某某、蒋某3、段某某、向某某、马某某、李某3、谢某某、张某2、肖某3给予警告,并分别处以8万元罚款;

六、对杨某某、肖某4、苑某某、钟某某给予警告,并分别处以3万元罚款。

上述当事人应自收到本处罚决定书之日起15日内,将罚款汇交中国证券监督管理委员会(财政汇缴专户),开户银行:中信银行总行营业部,账号:711××××××××

×××××××××,由该行直接上缴国库。当事人还应将注有当事人名称的付款凭证复印件送中国证券监督管理委员会稽查局和深圳证监局备案。当事人如对本处罚决定不服,可在收到本处罚决定书之日起60日内向中国证券监督管理委员会申请行政复议,也可在收到本处罚决定书之日起6个月内直接向有管辖权的人民法院提起行政诉讼。复议和诉讼期间,上述决定不停止执行。

深圳证监局

2018年12月17日

中国证券监督管理委员会深圳监管局市场禁入决定书

〔2018〕1号

当事人:何某某。住址:成都市青羊区。

周某某,2014年4月至2017年7月任四川分时广告传媒有限公司(以下简称分时传媒)董事,2014年10月至2017年12月(调查时)任分时传媒CEO。住址:成都市武侯区。

朱某某,2015年8月起任深圳市联建光电股份有限公司(以下简称联建光电)董事,2016年4月起任联建光电副总经理,2014年4月至2017年12月(调查时)任分时传媒董事长。住址:成都市武侯区。

依据《证券法》的有关规定,我局对联建光电信息披露违法案进行了立案调查、审理,并依法向当事人告知了作出市场禁入的事实、理由、依据及当事人依法享有的权利。当事人何某某、周某某、朱某某提交了陈述申辩意见。本案现已调查、审理终结。

经查明,联建光电存在以下违法事实:

联建光电于2013年12月18日与何某某、周某某、朱某某等12位分时传媒股东签订《现金及发行股份购买资产协议》及《盈利预测补偿协议》,以现金及发行股份方式收购分时传媒100%股份,交易对价为8.6亿元。12位分时传媒股东承诺,分时传媒2013年至2017年经审计的归属于母公司股东的扣除非经常性损益后的净利润分别不低于8700万元、10,000万元、11,300万元、12,200万元和12,800万元。若分时传媒实际利润低于上述承诺净利润,则补偿义务人将按照协议的相关约定对上市公司进行补偿。2014年4月11日,中国证监会出具《关于核准深圳市联建光电股份有限公司向何某某等发行股份购买资产并募集配套资金的批复》,核准此次交易。2014年4月29日,分时传媒完成股权变更登记手续,成为联建光电全资子公司。自2014年5月起,联建光电将分时传媒纳入合并报表范围。

经查,2014 年至 2016 年,分时传媒通过虚构广告业务收入、跨期确认广告业务收入等方式,共虚增营业收入 61,787,035.34 元,虚增利润 60,472,468.90 元。具体违法事实如下:

一、2014 年 8 月,分时传媒与泸州老窖柒泉小酒酒类销售有限公司(以下简称柒泉小酒)签署户外广告发布合同,合同金额为 1500 万元,并按照合同金额确认了销售收入;2015 年 9 月,西藏大禹伟业广告有限公司(以下简称西藏大禹,分时传媒孙公司)与柒泉小酒签署户外广告发布合同,合同金额为 626 万元,并按照合同金额确认了销售收入。经查,合同实际并未全部执行。分时传媒以此虚增 2014 年、2015 年营业收入分别为 6,196,226.42 元、942,793.80 元,虚增 2014 年、2015 年利润分别为 6,196,226.42 元、942,793.80 元。

二、2015 年 9 月和 2016 年 1 月,西藏大禹与成都金宝盛世投资管理有限公司(以下简称金宝盛世)签订广告制作发布协议,合同金额分别为 920 万元和 2100 万元,并按照合同金额确认了销售收入。经查,合同实际并未全部执行,分时传媒以此虚增 2015 年、2016 年营业收入分别为 7,643,245.37 元、9,919,952.80 元,虚增 2015 年、2016 年利润分别为 7,643,245.37 元、9,919,952.80 元。

三、2015 年 7 月,西藏大禹与江苏绿能宝融资租赁有限公司签订户外广告发布合同,2015 年 11 月,双方签署媒体替补点位确认单,约定合同金额变更为 880.95 万元,并按照合同金额确认了销售收入;2015 年 11 月,西藏大禹与绿能宝电子商务(苏州)有限公司(以下与江苏绿能宝融资租赁有限公司统称绿能宝)签订户外广告发布合同,合同金额为 3800 万元,并按照合同金额确认了销售收入。经查,合同实际并未全部执行,分时传媒以此虚增 2015 年营业收入 27,788,576.81 元,虚增 2015 年利润 26,474,010.37 元。

四、2016 年 11 月,西藏大禹与成都四季营销网络科技有限公司(以下简称四季营销)签订户外广告发布合同,合同金额为 1500 万元。经查,分时传媒通过跨期确认该合同广告业务收入,虚增 2016 年营业收入 9,296,240.14 元,虚增 2016 年利润 9,296,240.14 元。

综上,分时传媒通过虚构广告业务收入、跨期确认广告业务收入等方式,2014 年虚增营业收入 6,196,226.42 元,虚增利润 6,196,226.42 元,虚增利润金额占当期联建光电披露利润总额的 3.82%;2015 年虚增营业收入 36,374,615.98 元,虚增利润 35,060,049.54 元,占当期联建光电披露利润总额的 12.97%;2016 年虚增营业收入

19,216,192.94 元,虚增利润 19,216,192.94 元,占当期联建光电披露利润总额的 4.07%。上述行为导致联建光电 2014 年年度报告、2015 年半年度报告、2015 年年度报告、2016 年半年度报告、2016 年年度报告和 2017 年半年度报告存在虚假记载,违反了《证券法》第 63 条的规定,构成《证券法》第 193 条第 1 款所述违法行为。

上述违法事实,有公司公告、询问笔录、情况说明、合同文件、会计记录、会计凭证、银行流水、会议记录、书面确认意见等证据在案证明。

何某某为原分时传媒实际控制人、业绩承诺补偿义务人。涉案期间,何某某实际承担分时传媒管理职责,并安排对有关涉案广告业务进行回款,应对涉案违法行为承担主要责任,系对违法行为直接负责的主管人员。

周某某为原分时传媒股东、业绩承诺补偿义务人。涉案期间,周某某任分时传媒董事、CEO,组织、参与上述与柒泉小酒、绿能宝和四季营销的广告业务,应对涉案违法行为承担主要责任,系对违法行为直接负责的主管人员。

朱某某为原分时传媒股东、业绩承诺补偿义务人。涉案期间,朱某某任联建光电董事、副总经理和分时传媒董事长,组织、参与上述与金宝盛世的广告业务,并在 2015 年半年报至 2017 年半年报等 5 期定期报告上签字,应对涉案违法行为承担主要责任,系对违法行为直接负责的主管人员。

何某某提出申辩意见,请求免予行政处罚和市场禁入:第一,未对其出具立案《调查通知书》,违反行政处罚法定程序。第二,未在联建光电和分时传媒任职,也不是控股股东或实际控制人,未实际承担或履行相应的管理职责,不负责分时传媒业务执行和财务工作,没有组织、参与、实施、直接导致或指使他人从事信息披露违法行为,对其处罚没有事实和法律依据,有违过罚相当原则。第三,分时传媒的经营管理由联建光电负责,朱某某、周某某只是偶尔汇报情况,不能以其为原实际控制人、业绩承诺补偿义务人、联建光电第二大股东为由,认定其实际承担管理职责,并承担责任。第四,没有就涉案广告业务安排过回款,向绿能宝提供的借款是正常的借贷行为,在借款时不知道绿能宝拖欠广告费用。何某某在调查中称,该借款系通过补充成都斯为美网络科技有限公司(以下简称成都斯为美,何某某持有 99% 股份)注册资本的方式借给绿能宝,双方没有约定利息,资金来源于本人股票质押款,成本为 6% ~8%,并称在转账前几天向周某某了解到与绿能宝合作情况不错,以后还有合作可能,答应借款是为了维护合作机会。同时,积极配合调查。

经复核,我局认为:

第一,我局工作人员按程序向何某某出具《调查通知书》,并就调查事项向何某某进行询问,程序合法,并无不当。

第二,在案证据显示,联建光电收购分时传媒后,何某某作为分时传媒原股东,虽未在分时传媒任职,但实际掌控分时传媒的经营管理。(1)按照联建光电与何某某、周某某、朱某某等12位分时传媒股东签订的《现金及发行股份购买资产协议》约定,联建光电收购分时传媒后的业绩承诺期内,分时传媒日常经营管理由原股东负责。在联建光电收购前,何某某及其父亲持有分时传媒77.71%的股份,实际控制分时传媒。(2)收购完成后,何某某仍实际掌控分时传媒的经营管理,分时传媒主要管理人员由何某某安排,并向其汇报工作。分时传媒业务主要分为成都业务板块和北京业务板块,并分别由朱某某和周某某负责管理,涉案广告业务亦由两人团队分别负责。朱某某任分时传媒董事长,周某某任分时传媒董事、CEO,两人在分时传媒的任职和分工,由何某某安排确定,两人均向何某某汇报工作并对其负责,主要经营决策由何某某决定。分时传媒财务人员定期向何某某和朱某某、周某某等人报送财务报表。

第三,涉案有关广告业务由何某某联系介绍并组织安排业务回款。在案证据显示,涉案的绿能宝广告业务系何某某联系介绍,并由周某某团队负责。关于绿能宝广告业务回款,2016年12月28日、29日,何某某安排通过成都斯为美向绿能宝电子商务(苏州)有限公司转款4785万元,12月29日,绿能宝电子商务(苏州)有限公司向西藏大禹转款47,849,004元。关于何某某所称系正常借款的解释,我局认为:(1)经查询成都斯为美工商登记资料,2016年12月该公司并无补充注册资本的记录,何某某所称补充注册资本的解释与事实不符。(2)涉案绿能宝广告业务执行时间为2015年12月,因受广告发布管控影响,该广告仅少量发布就未再执行,2016年开始分时传媒与绿能宝再无业务往来,合同未执行部分被用于2016年发布分时传媒的其他广告业务。何某某所称转账前几日从周某某处了解到双方合作不错,以后还有合作机会的解释不能成立。(3)2016年3月,联建光电财务总监褚某某向何某某、朱某某等人发送过“关于江苏绿能宝审计内核的问题”的电子邮件,内容显示,因绿能宝合同金额特别巨大、毛利率异常、对分时传媒净利润影响重大,审计机构已重点关注,建议尽快催收回款便于审计。2016年4月,绿能宝就支付广告费用事宜向分时传媒出具《付款计划确认函》,承诺在2016年10月底之前付清广告费用。何某某所称不知道绿能宝拖欠广告费用的解释明显不能成立。(4)成都斯为美向绿能宝转账的时间和金额与绿能宝支付广告费用的时间和金额极其相近。同时，何某某的资金成本为6% ~8%，但其借款没有约定利息；绿能宝业务合同仅少部分执行，绿能宝却通过借款支付全部广告费用，均与常理不符。综合上述情形，何某某关于借款的有关解释明显不合常理，且与事实不符，不予采信。此外，配合调查并非法定免责事由。

我局认为，何某某虽未在分时传媒和联建光电任职，但在业绩承诺期内，其实际掌控分时传媒的经营管理，联系介绍涉案广告业务，并在涉案广告业务并未全部实际执行的情况下，组织安排业务回款，应当对分时传媒虚增营业收入和利润，并直接导致联建光电信息披露违法的行为承担主要责任，系对违法行为直接负责的主管人员。

朱某某和周某某提出申辩意见，请求免予行政处罚和市场禁入：第一，涉案广告业务真实合法，分时传媒收到了交易款项，未对上市公司利益造成严重损害，并且联建光电对相关会计差错进行了更正和披露，及时消除了影响，未严重影响投资者利益。分时传媒会计差错导致联建光电定期报告记载不准确，不属于重大信息披露违法行为。第二，根据法律法规的规定和证监会过往作出市场禁入决定的案件情况，本案情形不符合采取市场禁入措施的条件。第三，朱某某还提出，系在分时传媒实际控制人何某某的安排下在分时传媒和联建光电任职，并向何某某汇报工作。作为联建光电外部董事、高管，名义上担任分时传媒董事长，仅参与何某某介绍的金宝盛世合同签署，不负责分时传媒业务合同执行和财务工作，也不负责联建光电的信息披露工作，不知悉分时传媒会计差错事项。对相关业务合同和定期报告财务信息予以了应有关注，并合理信赖会计师的专业判断，已勤勉尽责，且日常履职过程中也尽到了忠实勤勉义务。在2014年年度报告期内，未担任联建光电董监高，不应对该年度定期报告信息披露负责。第四，周某某还提出，未在联建光电任职，也没有组织、参与、实施或直接导致联建光电信息披露违法。系在分时传媒实际控制人何某某的安排下在分时传媒任职，并向其汇报工作。名义上担任分时传媒CEO，且2015年7月至2016年10月未担任CEO，参与了柒泉小酒、绿能宝、四季营销等合同签署，对相关合同执行情况予以了应有关注，并合理相信会计师的专业意见，但不负责分时传媒业务合同执行和财务工作，不知悉合同的具体执行情况，也无法发现会计差错问题，已尽到了勤勉尽责义务。

经复核，我局认为：

第一，本案中，分时传媒在业绩承诺期内，通过将未全部实际执行的合同确认营业收入、跨期确认营业收入等方式，累计虚增营业收入61,787,035.34元，虚增利润60,472,468.90元，数额巨大，且直接导致联建光电连续多年定期报告信息披露违法，并非违法行为轻微。分时传媒收到交易款项、联建光电在立案调查后进行会计更正等情形不影响本案违法事实的认定。

第二,上市公司董事、监事、高级管理人员负有保证上市公司信息披露真实、准确、完整的义务,应当忠实、勤勉地履行职责,独立作出判断。朱某某时任联建光电董事、副总经理,签字确认涉案 5 期定期报告,应对涉案信息披露违法行为承担相应责任。相信专业机构意见,非法定免责事由。其所称的对相关业务合同和财务信息予以了应有关注,既无证据支持,也不足以证明其尽到了勤勉尽责义务。

第三,涉案期间,朱某某任分时传媒董事长,周某某任分时传媒董事、CEO,两人实际履行分时传媒日常经营管理职责,并组织、参与涉案广告业务。(1)如前所述,根据协议约定,联建光电收购分时传媒后的业绩承诺期内,分时传媒的日常经营管理由原股东负责。在联建光电收购前,朱某某、周某某系分时传媒第二、第三大股东。(2)收购完成后,朱某某、周某某分别担任分时传媒董事长、董事和 CEO,实际履行分时传媒日常经营管理职责。分时传媒业务主要分为成都业务板块和北京业务板块,并分别由朱某某和周某某负责,两人也会共同使用西藏大禹的名义对外签订合同,但各自团队的业务各自进行管理。朱某某在询问笔录中称,其全面负责成都业务板块的管理,包括业务、销售、客户和财务等各方面;两人团队的广告客户分别进行管理,相关合同、会计凭证、验收报告和收付款等文件各自负责保管。周某某在询问笔录中称,其负责北京业务板块的业务和管理工作,分时传媒由其本人负责管理,并向何某某进行汇报。(3)朱某某、周某某团队负责涉案广告业务,两人实际组织、参与涉案广告业务。涉案广告业务中,金宝盛世广告业务由朱某某团队负责,朱某某组织、参与金宝盛世广告业务的谈判接洽,成都团队工作人员向朱某某汇报向金宝盛世的催款情况。柒泉小酒、绿能宝、四季营销广告业务由周某某团队负责,周某某组织、参与绿能宝、柒泉小酒和四季营销广告业务的谈判接洽,并在广告发布合同、广告发布验收单、销售合同审批单、媒体合同签订单、自有媒体合同签订通知单和广告费请款单上审批签字;柒泉小酒广告业务回款,部分资金最终源于分时传媒和西藏大禹,周某某在相关票据审批单上签字。

第四,关于当事人的责任认定和量罚幅度,我局已充分考虑了本案违法行为的事实、性质、情节和社会危害程度,以及当事人的职务职责、履行职责和在涉案违法事项中的地位、作用等情况。关于周某某提出的 2015 年 7 月至 2016 年 10 月未担任分时传媒 CEO 的申辩意见,既无证据支持,也不影响对其责任的认定。

综上,朱某某、周某某分别担任分时传媒董事长、董事和 CEO,承担相应的日常经营管理职责，分别作为成都业务团队和北京业务团队负责人，全面负责各自团队的经营管理，并实际组织、参与涉案广告业务，应对分时传媒虚增营业收入和利润，并直接导致联建光电信息披露违法的行为承担主要责任，系对违法行为直接负责的主管人员。

根据当事人违法行为的事实、性质、情节和社会危害程度，依据《证券法》第233条，《证券市场禁入规定》第3条、第5条及第6条之规定，我局决定：

一、对何某某采取5年证券市场禁入措施；

二、对周某某、朱某某分别采取3年证券市场禁入措施。

自我局宣布决定之日起，上述人员在禁入期间内，不得从事证券业务或者担任上市公司或非上市公众公司董事、监事、高级管理人员职务。

当事人如果对本市场禁入决定不服，可在收到本决定书之日起60日内向证券监督管理委员会申请行政复议，也可在收到本决定书之日起6个月内直接向有管辖权的人民法院提起行政诉讼。复议和诉讼期间，上述决定不停止执行。

深圳证监局

2018年12月17日

起　诉　状

原告：范某某。

被告一：何某某。

被告二：刘某2。

被告三：深圳市联建光电股份有限公司，统一社会信用代码：914××××××××××××××，住所：广东省深圳市宝安区×××路×××工业厂区×号房×楼，法定代表人：刘某2。

请求事项：

1. 判令被告三赔偿投资差额损失42,994元；

2. 判令被告三赔偿佣金损失12.90元；

3. 判令被告三赔偿印花税损失42.99元；

4. 判令被告赔偿上述三项损失的利息439.40元；

5. 判令被告一、被告二对上述第1项至第4项诉讼请求承担连带赔偿责任；

6. 判令被告一、被告二、被告三承担本案的诉讼费用。

以上第1项至第4项诉讼请求合计金额为43,488.29元。

事实与理由:

深圳市联建光电股份有限公司(以下简称联建光电)系于深圳证券交易所挂牌的上市公司,股票代码为"300269",证券简称为"联建光电"。

2017年12月8日,联建光电发布《关于收到中国证券监督委员会调查通知书暨股票存在被实施暂停上市风险的提示性公告》,联建光电因涉嫌信息披露违法违规,正在被证监会立案调查。2018年12月17日,中国证券监督管理委员会深圳监管局作出《行政处罚决定书》(〔2018〕7号),《行政处罚决定书》确认2014年至2016年,联建光电子公司四川分时广告传媒有限公司(以下简称分时传媒)通过虚构广告业务收、跨期确认广告业务收入等方式,共虚增营业收入61,787,035.30元,虚增利润60,472,468.90元。其中,2014年虚增营业收入6,196,226.42元,虚增利润6,196,226.42元;2015年虚增营业收入36,374,615.98元,虚增利润35,060,049.54元;2016年虚增营业收入19,216,192.94元,虚增利润19,216,192.94元。分时传媒的上述行为,导致联建光电2014年年度报告、2015年年度报告、2016年半年度报告、2016年年度报告以及2017年半年度报告存在虚假记载的违法行为。

被告一何某某为原分时传媒实际控制人、业绩承诺补偿义务人。涉案期间,何某某实际承担分时传媒的管理职责,并安排对有关广告业务进行回款,应对涉案虚假陈述行为承担主要责任,系对虚假陈述行为直接负责的主管人员。被告二刘某2系联建光电实际控制人、法定代表人、董事长兼总经理、分时传媒董事,全面负责公司工作,在2014年年报至2017年半年报期间6份定期报告上签字,保证公司信息披露真实、准确、完整,但未能勤勉尽责,系对虚假陈述行为直接负责的主管人员。

据此,证监会深圳监管局对三名被告予以行政处罚。2018年12月21日,联建光电对上述处罚事宜进行了公告。

根据《行政处罚决定书》,针对2014年年度报告、2015年半年度报告、2015年年度报告、2016年半年度报告、2016年年度报告和2017年半年度报告利润总额虚假记载的持续虚假陈述行为,应当以最早实施虚假陈述行为的时点为虚假陈述实施日。联建光电系于2015年4月1日公告2014年年度报告,2017年8月29日,联建光电发布了2017年半年度报告。根据最高人民法院《关于审理证券市场因虚假陈述引发的民事赔偿案件的若干规定》(以下简称《虚假陈述案件若干规定》)第20条,应选取其中最早实施违法行为的时点作为实施日。因此,本案的实施日应当为2015年4月1日。

根据《虚假陈述案件若干规定》第20条和联建光电发布的《关于收到中国证券监督委员会调查通知书暨股票存在被实施暂停上市风险的提示性公告》,虚假陈述揭露日为2017年12月8日。根据《虚假陈述案件若干规定》第33条,在以达到100%换手率为计算依据的基础上,以2017年12月8日为揭露日所对应的基准日为2018年2月26日,基准价为12.51元/股。

原告于2015年4月1日至2017年12月8日买入联建光电的股票,在2017年12月8日以后,因卖出/持续持有该股票产生了损失。

根据《虚假陈述案件若干规定》第7条、第15条,被告一何某某对原告造成的损失应承担民事赔偿责任。根据《虚假陈述案件若干规定》第7条、第21条,被告三深圳市联建光电股份有限公司对原告造成的损失应承担民事赔偿责任,被告二刘某2对上述损失应承担连带赔偿责任。

原告认为,被告的虚假陈述行为给原告造成了投资损失,为维护自身合法权益,特诉至贵院,请求法院支持原告的诉讼请求。

此致

深圳市中级人民法院

具状人(签名):______

2019年4月1日

变更诉讼请求申请书

申请人:范某某。

委托诉讼代理人:

叶建霄,广东百健律师事务所执业律师。

何嘉懿,广东百健律师事务所实习人员。

请求事项:

请求将(2019)粤03民初2196号中的诉讼请求予以变更,变更后的诉讼请求具体如下:

1. 判令被告三赔偿投资差额损失42,864.5元;

2. 判令被告三赔偿佣金损失12.86元;

3. 判令被告三赔偿印花税损失42.86元;

4. 判令被告三赔偿上述三项损失的利息 437.08 元;

5. 判令被告一、被告二对上述第 1 项至第 4 项诉讼请求承担连带赔偿责任;

6. 判令被告一、被告二、被告三承担本案诉讼费用。

以上第 1 项至第 4 项诉讼请求合计金额为 43,357.3 元。

事实和理由:

本案开庭时,因申请人同意有关的损失计算方式采取先进先出法,且开庭时根据该计算方式已确认基准价为 12.545 元/股,相应的实际损失也发生变动,因此,申请人特此申请对本案诉讼请求作出如上变更。

此致

深圳市中级人民法院

申请人:范某某

代理人:叶建霄

2021 年 5 月 26 日

律师代理意见

代 理 词

尊敬的审判长:

广东百健律师事务所接受范某某的委托,受律师事务所指派,本律师担任原告范某某与被告何某某、刘某 2 及深圳市联建光电股份有限公司(以下简称联建光电)证券虚假陈述责任纠纷一案的代理人,现根据有关证据以及庭审情况,就本案争议焦点补充如下代理意见。

一、本案的实施日应为 2015 年 4 月 1 日

根据《行政处罚决定书》(〔2018〕7 号)已查明的事实,2014 年至 2016 年,联建光电子公司四川分时广告传媒有限公司(以下简称分时传媒)通过虚构广告业务收入、跨期确认广告业务收入等方式,共虚增营业收入 6178.70 万元,虚增利润 6047.25 万元,其行为导致联建光电 2014 年年度报告、2015 年半年度报告、2015 年年度报告、2016 年半年度报告、2016 年年度报告和 2017 年半年度报告存在虚假记载。被告联建光电实施了多个持续性的违法行为,根据最高人民法院《关于审理证券市场因虚假陈述引发的

民事赔偿案件的若干规定》(以下简称《虚假陈述案件若干规定》)第 20 条规定“本规定所指的虚假陈述实施日,是指作出虚假陈述或者发生虚假陈述之日”,原告认为,应当以最早实施虚假陈述行为的时点为虚假陈述实施日,即《2014 年年度报告》公告日 2015 年 4 月 1 日。

二、本案的虚假陈述行为构成重大性

联建光电的虚假陈述行为被披露后,在揭露日及后一个交易日股价大幅下跌,可见行政处罚认定的信息披露违法行为对投资者的交易决定有重大影响,且最高人民法院 2019 年 11 月发布的《全国法院民商事审判工作会议纪要》第 85 条也认为重大性是指可能对投资者进行投资决策具有重要影响的信息,虚假陈述已经被监管部门行政处罚的,应当认为是具有重大性的违法行为。因此,原告认为联建光电的虚假陈述行为构成重大性。

三、原告的损失主要是因联建光电的虚假陈述行为导致,没有市场风险或其他因素所致

根据原告庭前提交的补充证据二,原告列举了联建光电案件揭露日 2017 年 12 月 8 日后一个交易日联建光电个股、同期创业板指及同期二级行业广告板块的涨跌情况,发现联建光电个股与大盘及行业指数走势背离程度明显,无市场系统性风险,且揭露日前后无其他产生重大影响的公告,因此也应无其他非系统性风险。退一步来讲,即使认为有市场系统性风险,也并非三被告提及的扣减比例,原告认为应由法院委派有资质的专业机构计算市场系统性风险的具体扣减比例,以法院查明的数据为准。

四、涉案虚假陈述行为与原告投资损失有因果关系,三被告应当承担相应的赔偿责任

首先,根据《虚假陈述案件若干规定》第 18 条的规定,原告认为其投资损失与联建光电的虚假陈述行为具有因果关系,原告仅为一名普通的投资者,并非专业的投资者也不具备专业的投资团队,完全符合《虚假陈述案件若干规定》第 18 条的情形。

其次,关于何某某是否本案适格被告的问题,《行政处罚决定书》中已查明,答辩人何某某虽并非联建光电的董监高或实际控制人,但其是分时传媒的实际经营管理人,其应当对分时传媒虚增营业收入和利润,并直接导致联建光电信息披露的违法行为承担主要责任,系对违法行为直接负责的主管人员。根据《虚假陈述案件若干规定》第 7 条第 7 项“虚假陈述证券民事赔偿案件的被告,应当是虚假陈述行为人,包括:(七)其他作出虚假陈述的机构或者自然人”。其中应当包括实际作出的行为导致违法行为发生

的答辩人何某某,因此,根据《虚假陈述案件若干规定》第25条"本规定第七条第(七)项规定的其他作出虚假陈述行为的机构或者自然人,违反证券法第5条、第72条、第188条和第189条规定,给投资人造成损失的,应当承担赔偿责任"。因此,何某某是适格被告,且其应当对原告造成的损失承担民事赔偿责任。

最后,《虚假陈述案件若干规定》第21条规定:"发起人、发行人或者上市公司对其虚假陈述给投资人造成的损失承担民事赔偿责任。发行人、上市公司负有责任的董事、监事和经理等高级管理人员对前款的损失承担连带赔偿责任。但有证据证明无过错的,应予免责。"被告刘某2在本次庭审中并未举证其无过错,因此也应当对原告的损失负连带赔偿责任。关于三名被告的责任承担比例,原告认为应由法院查明事实后,同意以法院最后确定的责任比例分别承担。

综上,为维护被代理人的合法权益,请求贵院在查清事实的基础上支持原告的全部请求。

此致

深圳市中级人民法院

代理人:叶建霄

日期:2021年5月26日

判 决 书

广东省深圳市中级人民法院民事判决书

(2019)粤03民初2196号

原告:范某某。

委托诉讼代理人:叶建霄,广东百健律师事务所律师。

委托诉讼代理人:何嘉懿,广东百健律师事务所律师。

支持诉讼方:中证中小投资者服务中心有限责任公司,住所地:上海市虹口区沽源路110弄15号(集中登记地),统一社会信用代码:91310109324690714C。

法定代表人:郭文英。

委托代理人:苟晨露,该公司工作人员。

委托代理人:夏雯雯,该公司工作人员。

被告：深圳市联建光电股份有限公司，住所地："广东省深圳市宝安区68区××路××工业厂区×号厂房×楼，统一社会信用代码：××××××××××××××××××。

法定代表人：刘某2，董事长。

委托诉讼代理人：黄亮，北京国枫(深圳)律师事务所律师。

委托诉讼代理人：何子楹，北京国枫(深圳)律师事务所律师。

被告：何某某。

委托诉讼代理人：周伟，北京市中伦律师事务所律师。

委托诉讼代理人：金曼特，北京市中伦律师事务所律师。

被告：刘某2。

委托诉讼代理人：黄亮，北京国枫(深圳)律师事务所律师。

委托诉讼代理人：何子檀，北京国枫(深圳)律师事务所律师。

原告范某某诉被告深圳市联建光电股份有限公司(以下简称联建光电公司)、何某某、刘某2证券虚假陈述责任纠纷一案，本院于2019年6月17日立案后，依法适用普通程序审理。2019年6月20日，本院依法裁定中止本案审理程序。2021年3月29日本案恢复审理。本院于2021年5月25日公开开庭进行了审理。原告的委托诉讼代理人叶建霄、何嘉懿，支持诉讼方中证中小投资者服务中心有限责任公司的委托代理人苟晨露、夏雯雯，被告联建光电公司及刘某2的委托诉讼代理人黄亮、何子楹，被告何某某的委托诉讼代理人周伟、金曼特到庭参加了诉讼。本案现已审理终结。

原告范某某向本院提出诉讼请求：(1)判令联建光电公司赔偿因其虚假陈述给原告造成的投资差额损失42,994元、佣金(交易手续费)损失12.9元、印花税损失42.99元及上述损失的利息439.4元；(2)何某某、刘某2对上述损失承担连带赔偿责任；(3)本案的诉讼费由联建光电公司、何某某、刘某2承担。本案审理过程中，原告对第1项诉讼请求变更如下：判令联建光电公司赔偿因其虚假陈述给原告造成的投资差额损失42,864.5元、佣金损失12.86元、印花税损失42.86元、利息损失437.08元，合计43,357.3元。

事实和理由：联建光电公司系于深圳证券交易所挂牌的上市公司，股票代码为"300269"，证券简称为"联建光电"。2017年12月8日，联建光电公司发布《关于公司收到中国证券监督委员会调查通知书暨股票存在被实施暂停上市风险的提示性公告》称因涉嫌信息披露违法违规，正在被证监会立案调查。2018年12月17日，证监会深圳监管局(以下简称深圳证监局)作出《行政处罚决定书》(〔2018〕7号),《行政处罚决定书》确认2014年至2016年,四川分时广告传媒有限公司(以下简称分时传媒公司)通过虚构广告业务收入、跨期确认广告业务收入等方式,共虚增营业收入61,787,035.34元,虚增利润60,472,468.90元,其中,2014年虚增营业收入6,196,226.42元,虚增利润6,196,226.42元;2015年虚增营业收入36,374,615.98元,虚增利润35,060,049.54元;2016年虚增营业收入19,216,192.94元,虚增利润19,216,192.94元,导致联建光电公司2014年年度报告、2015年年度报告、2016年半年度报告、2016年年度报告以及2017年半年度报告存在虚假记载的违法行为。

何某某为原分时传媒公司实际控制人、业绩承诺补偿义务人。案涉期间,何某某实际承担分时传媒公司管理职责,并安排对有关广告业务进行回款,应对案涉虚假陈述行为承担主要责任,系对虚假陈述行为直接负责的主管人员。刘某2系联建光电公司实际控制人、法定代表人、董事长兼总经理、分时传媒公司董事,全面负责公司工作,在2014年年报至2017年半年报等6期定期报告上签字,保证公司信息披露真实、准确、完整,何某某未能勤勉尽责,系对虚假陈述行为直接负责的主管人员。据此,深圳监管局对联建光电公司、何某某、刘某2予以行政处罚。2018年12月21日,联建光电公司对上述处罚事宜进行了公告。

根据《行政处罚决定书》,针对上述多份报告利润总额虚假记载的多个虚假陈述行为,应当以最早实施虚假陈述行为的时点为虚假陈述实施日,2015年4月1日,联建光电公司发布2014年年度报告。根据最高人民法院《关于审理证券市场因虚假陈述引发的民事赔偿案件的若干规定》(以下简称《虚假陈述案件若干规定》)第20条的规定,应选取其中最早实施违法行为的时点作为实施日。因此,虚假陈述行为的实施日应当为2015年4月1日。根据《虚假陈述案件若干规定》第20条和联建光电公司发布的《关于公司收到中国证券监督委员会调查通知书暨股票存在被实施暂停上市风险的提示性公告》,虚假陈述揭露日为2017年12月8日。根据《虚假陈述案件若干规定》第33条规定,以换手率达到100%为依据,2017年12月8日为揭露日所对应的基准日为2018年2月26日,基准价为12.545元/股。

原告于2015年4月1日至2017年12月8日买入联建光电公司的股票,在2017年12月8日以后,因卖出/持续持有该股票产生了损失。根据《虚假陈述案件若干规定》第7条、第21条、第25条的规定,联建光电公司对原告造成的损失应承担民事赔偿责任,何某某、刘某2对上述损失应承担连带赔偿责任。

被告联建光电公司辩称：

一、被行政处罚的信息披露违法行为不构成联建光电公司的证券市场虚假陈述民事侵权行为

（一）信息披露行政违法和证券市场虚假陈述民事侵权的构成要件不同。构成信息披露行政违法行为并不要求案涉信息披露违法行为具备重大性，而构成证券市场虚假陈述民事侵权的信息披露违法行为则需要具备重大性。判断案涉行为是否构成证券市场虚假陈述民事侵权行为时，审查的核心是案涉信息是否属于“重大事件”，判断的标准应当是“案涉信息是否足以影响投资者的投资决策或市场交易价格”。

根据案涉《行政处罚决定书》认定的事实，联建光电公司于2013年12月18日与何某某等12名分时传媒公司股东签订了《现金及发行股份购买资产协议》及《盈利预测补偿协议》，以现金及发行股份方式收购分时传媒公司100%股份，交易对价为8.6亿元，12名分时传媒公司股东承诺，分时传媒公司2013年至2017年经审计的归属于母公司股东的扣除非经营性损益后的净利润分别不低于8700万元、10,000万元、11,300万元、12,200万元和12,800万元。若分时传媒公司实际利润低于上述承诺净利润，则补偿义务人将按照协议的约定对联建光电公司进行补偿。2014年4月29日，分时传媒公司完成股权变更，成为联建光电公司全资子公司，2014年5月起，联建光电公司开始将分时传媒公司纳入合并报表范围。深圳证监局认定，分时传媒公司通过虚构广告业务收入、跨期确认广告业务收入等方式，虚增营业收入及利润，导致联建光电公司2014年年度报告、2015年半年度报告、2015年年度报告、2016年半年度报告、2016年年度报告和2017年半年度报告存在虚假记载。

案涉信息是否足以影响投资者的投资决策或市场交易价格，就本案而言，应当看虚增利润占当年度上市公司利润总额的比例和对股价的影响。案涉虚增利润分别占2014年度利润总额的3.82%，占2015年度利润总额的12.97%，占2016年度利润总额的4.07%。从虚增利润占上市公司当年度利润总额的比例来看，所占比例很小。投资者进行投资判断，通常基于最近年度的上市公司财务数据以及有无收购重组、定向增发、大股东增持等其他利好消息，最近年度很小比例的利润虚增对投资者投资决策的影响很小，不足以影响投资者的投资决策或市场交易价格。

从案涉相关信息披露后的股价波动情况也能看出案涉信息对市场交易价格影响不大。联建光电公司于2017年12月8日发布了《关于收到中国证券监督管理委员会调查通知书暨股票存在被实施暂停上市风险的提示性公告》，投资者通过该公告可得知

联建光电公司因涉嫌信息披露违法违规被证监会立案调查,但尚未了解案涉违规披露信息内容。公告当天(2017年12月8日)联建光电公司股价涨跌幅为-10.01%,第二个交易日(2017年12月11日)涨跌幅为-3.27%,第三个交易日(2017年12月12日)涨跌幅为-3.74%,第四个交易日(2017年12月13日)涨跌幅为1.05%,4个交易日累计涨跌幅-15.33%。由此看来,联建光电公司股价对上市公司因涉嫌信息披露违法违规被证监会立案调查这一利空消息有一定反应,但股价波动并不算非常大。此时投资者尚未知晓案涉违规披露信息的具体内容,股价波动仅是对上市公司被立案调查这一利空消息的反应,并不是对案涉违规披露信息内容的反应。联建光电公司于2018年7月14日发布了《关于收到中国证券监督管理委员会深圳监管局〈行政处罚及市场禁入事先告知书〉的公告》,投资者通过该公告知晓案涉违规披露信息的具体内容,包括案涉虚增利润分别占各年度利润总额的比例。该公告发布后的首个交易日(2018年7月16日)联建光电公司股价涨幅为10.02%。由此可以看出,案涉违规披露信息内容(很小比例的利润虚增)对股价的影响并不大,即使在投资者完全了解案涉违规披露信息内容的真实情况后也没有导致股价的下跌,股价没有出现利空、诱空现象,反而是股价涨停,说明案涉违规披露信息内容并不具备重大性,没有影响投资者的投资信心,也没有导致股价下跌,案涉违规信息披露并不构成证券市场虚假陈述民事侵权。

(二)联建光电公司对案涉信息披露违规不存在主观过错,被行政处罚的信息披露违法行为不构成联建光电公司的证券市场虚假陈述民事侵权行为。案涉信息披露不实发生的原因不同于通常的上市公司信息披露不实,并非联建光电公司故意业绩造假。从《行政处罚决定书》中查明的事实可以知晓,是因为联建光电公司收购的全资子公司分时传媒公司存在实际并未全部执行的合同但按合同金额确认销售收入或跨期确认销售收入,导致虚增营业收入和利润。分时传媒公司原股东在分时传媒公司被收购时与联建光电公司签订了《盈利预测补偿协议》,承诺分时传媒公司2013年至2017年经审计的归属于母公司股东的扣除非经营性损益后的净利润须达到约定目标,若分时传媒公司实际利润低于所承诺净利润目标,则补偿义务人将按照协议的约定对联建光电公司进行补偿。根据《现金及发行股份购买资产协议》的约定,分时传媒公司原股东负责实现分时传媒公司的盈利,所以分时传媒公司原股东在分时传媒公司被收购后仍享有分时传媒公司的稳定及有效的自主经营权,深圳证监局所认定的具体案涉行为均为分时传媒公司原股东实施。因此,分时传媒公司业绩虚增行为的实施主体是分时传媒公司原股东,联建光电公司对此没有主观过错。并且,案涉具体行为(如分时传媒公司原股东向其客户提供借款资助该客户向分时传媒公司支付广告费等行为)均不体现在分时传媒公司账内,联建光电公司虽严格执行财务制度,从审计的角度也无法发现这些案涉具体行为。

分时传媒公司不能按承诺完成预测的业绩,分时传媒公司原股东需按协议补偿联建光电公司。联建光电公司已于公告《行政处罚决定书》的同一天向法院起诉分时传媒公司原股东何某某,要求其按协议约定对上市公司补偿142,093,156元,案号为(2018)粤03民初4517号。

综上所述,联建光电公司不是分时传媒公司业绩虚增行为的实施主体,对案涉信息披露违规的具体行为并无主观过错,被行政处罚的信息披露违法行为不构成联建光电公司的证券市场虚假陈述民事侵权行为,如果案涉信息披露违规行为构成证券虚假陈述民事侵权,侵权主体也应为存在主观过错的行为人,应由其承担相应赔偿责任。

二、实施日、揭露日、基准日的认定

本案虚假陈述实施日应为2016年4月19日。案涉不实信息包括联建光电公司2014年年度报告等多份报告。其中,2014年度利润总额仅虚增3.82%,比例很小,并不足以影响投资者的投资决策,也不足以影响股价,不具备重大性。相反,2015年度利润总额虚增比例为12.97%,比例最高。从重大性角度和交易因果关系角度考虑,如要确定实施日,应以2015年年度报告公告日(2016年4月19日)确定实施日为宜。

揭露日应为2017年12月8日,联建光电公司当天发布了《关于收到中国证券监督管理委员会调查通知书暨股票存在被实施暂停上市风险的提示性公告》,案涉信息披露不实行为被首次公开披露。

基准日应为2018年2月26日,从2017年12月8日至2018年2月26日,联建光电公司流通股票换手率达到100%,在此期间每个交易日收盘价的平均价格即基准价应为12.54元。

三、原告的投资与联建光电公司被处罚事项没有交易因果关系,其投资损失不应由联建光电公司承担

(一)联建光电公司2014年度利润虚增仅3.82%,对联建光电公司股价影响极小,与原告的投资没有交易因果关系。被处罚事项包括联建光电公司2014~2016年度的利润虚增,其中2014年度利润虚增比例仅为3.82%,并不足以诱导投资者投资。联建光电公司于2015年1月21日发布了《2014年度业绩预告》,归属于上市公司股东的净利润比上年同期增长760.64%~840.56%,这属于重大利好,联建光电公司股价在

2015 年 1 月 16 日至 26 日的 7 个交易日走出了 7 连阳(7 日累计上涨 28.43%),这是股价对联建光电公司 2014 年度业绩的反应。从股价 K 线图可以看出,在这之后的 2015 年 1 月 27 日至 3 月 13 日的 29 个交易日,联建光电公司股价走势平平,累计下跌 4.54%,这期间联建光电公司还在 2015 年 2 月 14 日发布了《2014 年度业绩快报》,披露利润总额比上年同期增长 688.54%。由此可以看出,联建光电公司股价对 2014 年度业绩大幅增长的反应也只是 2015 年 1 月 16 日至 26 日的 7 个交易日走出的 7 连阳(7 日累计上涨 28.43%),业绩利好消息已经在股价上充分反映,完全释放。

根据联建光电公司于 2015 年 4 月 1 日公告的《深圳市联建光电股份有限公司 2014 年年度报告摘要》,联建光电公司 2014 年度利润总额为 162,358,353.65 元,比上年度利润总额增长 643.98%,扣除深圳证监局认定虚增的 6,196,226.42 元后,2014 年度利润总额仍有 156,162,127.23 元,比上年度利润总额增长 615.59%。由此可以看出,所谓虚增利润对当年度利润同比增长比例的影响是非常小的,对股价和投资者的投资决策的影响也是非常小的。

联建光电公司于 2015 年 3 月 16 日发布了《停牌公告》,披露"因公司拟披露重大事项,为了避免对公司股价造成重大影响,维护投资者利益,公司股票自 2015 年 3 月 16 日开市起停牌,待公司披露相关公告后复牌"。

联建光电公司于 2015 年 4 月 8 日发布《重大事项复牌公告》披露:联建光电公司于 2015 年 4 月 7 日召开第三届董事会第二十七次会议,审议通过了《关于收购深圳市精准分众传媒有限公司 28.4% 股权的议案》《关于收购航美传媒集团有限公司 5% 股权的议案》,联建光电公司股票将于 2015 年 4 月 8 日开市起复牌。同日,联建光电公司还发布了《关于收购深圳市精准分众传媒有限公司 28.4% 股权的公告》《关于收购航美传媒集团有限公司 5% 股权的公告》《第三届董事会第二十七次会议决议公告》。

联建光电公司股票复牌后连续 4 个交易日(2015 年 4 月 8 日、9 日、10 日、13 日)涨停,第五个交易日(2015 年 4 月 14 日)还上涨了 5.28%,5 个交易日累计涨跌幅为 54.15%。联建光电公司为此先后于 2015 年 4 月 10 日、15 日发布了《股票交易价格异常波动公告》。

投资者决策买股票,更多的是看好上市公司的未来,主要不是看过去的业绩,因此,在此期间(2015 年 4 月 1 日公告 2014 年度报告以后)真正影响联建光电公司股价和投资者决策的是刚刚披露的重大收购事项的利好消息,而不是联建光电公司上年度的业绩,上年度业绩中存在的很小比例的虚增对投资者的投资决策影响可以忽略不计。

综上所述,联建光电公司 2014 年度利润虚增比例仅为 3.82%,并不足以诱导投资者投资。原告在 2015 年年度报告公告日(2016 年 4 月 19 日)之前买入联建光电公司股票的,其投资与被处罚事项不存在交易因果关系,其投资如发生损失也不应由联建光电公司赔偿。

(二)联建光电公司 2015 年度利润虽有所增长,但 2015 年度报告披露后联建光电公司股价大幅下跌,2015 年度报告披露的联建光电公司 2015 年业绩没有呈现利好和诱多现象,2015 年度虚增利润也仅有 12.97%,与原告的投资没有交易因果关系。2015 年度,联建光电公司利润总额 270,272,432.36 元,比上年度增长 66.47%,扣除虚增的 35,060,049.54 元后仍比上年度增长 50.62%。2016 年 1 月 29 日联建光电公司发布《2015 年度业绩预告》,披露:归属于上市公司股东的净利润 22,105.62 万 ~24,115.23 万元,比上年同期增长 65% ~80%。2016 年 1 月 29 日至 2 月 17 日联建光电公司股价连续 9 个交易日走出 9 连阳,连续小幅上涨,9 个交易日累计上涨 17.04%。至此,当年度业绩对股价的影响已经得到充分释放,由于业绩同比增长幅度不大,所以对股价涨幅影响并不大。

2016 年 2 月 19 日,联建光电公司发布《关于中国证监会上市公司并购重组审核委员会审核公司发行股份及支付现金购买资产并募集配套资金暨关联交易事项的停牌公告》,披露:联建光电公司于 2016 年 2 月 18 日收到证监会的通知,证监会上市公司并购重组审核委员会将于近日召开工作会议,审核公司发行股份及支付现金购买资产并募集配套资金暨关联交易的事项。根据《上市公司重大资产重组管理办法》等相关法律、法规的规定,联建光电公司股票自 2016 年 2 月 19 日开市起停牌。

2016 年 2 月 26 日,联建光电公司发布《2015 年度业绩快报》,2015 年度利润总额 280,046,360.97 元,比上年度增长 72.49%。2016 年 3 月 1 日,联建光电公司发布《重大资产重组事项获中国证监会并购重组委审核通过暨公司股票复牌的公告》,披露:中国证监会上市公司并购重组审核委员会于 2016 年 2 月 29 日召开的 2016 年第 14 次工作会议审核,联建光电公司发行股份及支付现金购买资产并募集配套资金暨关联交易的事项获得有条件通过。根据《上市公司重大资产重组管理办法》等相关法律、法规的规定,经向深圳证券交易所申请,联建光电公司股票将于 2016 年 3 月 1 日开市起复牌。复牌当日(2016 年 3 月 1 日)联建光电公司股价跌停,重大资产重组事项获审核通过属于利好消息,股票却跌停(涨跌幅 -10%),究其原因,是由于联建光电公司股票停牌期间(2016 年 2 月 19 日至 29 日)创业板指数涨跌幅为 -14.18%,联建光电公司所属行业板块文化传媒板块指数涨跌幅为-16.36%,于2016年3月1日联建光电公司股价跌停属于复牌后受大盘影响导致的补跌。

2016年4月19日,联建光电公司公告《2015年年度报告》,2015年度利润总额为270,272,432.36元,比上年度增长66.47%。2015年年度报告显示联建光电公司上年度业绩有一定增长,但是联建光电公司股价在其后3个交易日连续下跌,累计涨跌幅为-14.18%。究其原因,创业板指数和文化传媒板块指数与联建光电公司股价呈现完全相同的走势,这3个交易日,创业板指数涨跌幅为-6.86%,文化传媒板块指数涨跌幅为-8.4%。由此看来,联建光电公司2015年度业绩增长不大,业绩对股价的影响在联建光电公司早前发布业绩预告时早已充分释放,联建光电公司2015年度报告披露时,联建光电公司2015年度业绩的少许增长对股价已经没有什么利好作用了;相反,联建光电公司股价受到创业板指数和文化传媒板块指数的下跌影响,甚至跌幅比大盘和行业板块指数更大。

综上所述,联建光电公司2015年度报告披露后,2015年度业绩的小幅增长并没有呈现利好和诱多的现象,相反联建光电公司股价跌幅远大于大盘指数和行业板块指数,而且联建光电公司2015年度利润虚增比例也仅有12.97%,与原告的投资没有交易因果关系,原告的投资损失不应由联建光电公司赔偿。

(三)联建光电公司2016年度利润虚增仅4.07%,对股价影响极小,与原告的投资没有交易因果关系。2017年1月19日收盘后,联建光电公司发布了《2016年度业绩预告》,披露:2016年度归属于上市公司股东的净利润37,000万~43,000万元,比上年同期增长65.42%~92.25%。公告发布后的第一个交易日(2017年1月20日),联建光电公司股价涨跌幅仅为2.77%,第二个交易日(2017年1月23日)涨跌幅为0,第三个交易日(2017年1月24日)涨跌幅为-1.35%,3个交易日累计涨跌幅为1.39%。可见联建光电公司预告的2016年度业绩并没有呈现重大利好和诱多现象。

2017年2月27日收盘后,联建光电公司发布了《2016年度业绩快报》,披露:2016年度利润总额467,105,661.74元,比上年同期增长72.83%。业绩快报发布后,联建光电公司第一个交易日(2017年2月28日)股价涨跌幅为-0.3%,第二个交易日(2017年3月1日)涨跌幅为-0.21%,第三个交易日(2017年3月2日)涨跌幅为-0.21%,3个交易日累计涨跌幅为-0.73%。可见联建光电公司预告的2016年度业绩并没有呈现利好和诱多现象。

2017年3月22日,联建光电公司发布了《2016年年度报告》,披露:联建光电公司

2016年度利润总额为472,424,418.94元,比上年度增长74.80%,联建光电公司股价在年报公告后的第一个交易日(2017年3月22日),涨跌幅为-4.11%,第二个交易日(2017年3月23日)涨跌幅为-2.12%,第三个交易日(2017年3月24日)涨跌幅为0.97%,3个交易日累计涨跌幅-5.24%。由此看来,联建光电公司《2016年年度报告》披露2016年度利润总额虽比上年度有一定的增长,但并没有在市场上呈现利好和诱多现象,利润中的很小比例虚增更不会影响投资者的投资决策,没有诱使投资者买入联建光电公司股票。

综上所述,联建光电公司2016年度报告披露后,2016年度业绩的小幅增长并没有呈现利好和诱多现象,相反,联建光电公司股价有较大幅度下跌,而且联建光电公司2016年度利润虚增比例也仅有4.07%,与原告的投资没有交易因果关系,原告的投资损失不应由联建光电公司赔偿。

(四)从原告买入股票前的K线图可以看出,原告是在看到联建光电公司股价有连续上涨的趋势后,进行了盲目的追涨操作,导致在相对较高的价格买入股票。另外,从原告买卖股票的情况来看,原告频繁进行买入和卖出操作,就是俗话说的炒股票。炒股靠的是对股价波动的判断,低吸高抛获利,不是靠上市公司的业绩优良长期持有获利,对其有影响的是买入股票后的利好消息,不是往年的公司业绩。炒股有获利的可能当然也有股票被套牢的风险,通常炒股票都要设置止损点和止盈点,以利用灵活的操作规避股票被套的风险,通过及时兑现收益和止损来实现炒股盈利。原告最后3700股没有和其他股票一起及时卖出止损,导致被套,属于炒股操作失误。因此,原告买卖联建光电公司股票与联建光电公司被处罚事项没有交易因果关系,原告因炒股操作不当导致的投资损失不应由联建光电公司承担。

根据对原告投资联建光电公司股票与联建光电公司案涉被处罚事项的交易因果关系分析也能得出,联建光电公司被处罚的利润虚增,无论从占当年利润总额比例的角度、对投资者的投资决策的影响(是否诱多)、对股价的影响角度来看,都足以证明联建光电公司被处罚的利润虚增不具备重大性,不构成证券市场虚假陈述侵权。

四、原告是否存在依法可以索赔的投资损失

根据《虚假陈述案件若干规定》,只有在实施日及以后,至揭露日之前买入的股票,在揭露日及以后,因卖出该证券发生亏损,或者因持续持有该证券而产生亏损才属于依法可以索赔的范围,在虚假陈述揭露日之前已经卖出证券或在虚假陈述揭露日及以后进行的投资均不属于可以索赔的范围。因此,应当采用先进先出法对原告的投资损失进行计算。原告应提供深圳证券交易所出具的联建光电公司股票交易明细,用于计算是否存在依法可以索赔的投资损失。目前原告提供的来自证券营业部的股票交易明细,不能证明是原告真实完整的交易情况,无法准确计算其投资损失,应根据法院向深圳证券交易所调取的股票交易明细进行损失计算,以确定是否存在依法可以索赔的投资损失。

五、证券市场系统风险因素和非系统风险因素致损比例应予以扣除

根据《虚假陈述案件若干规定》,投资者的损失或者部分损失是由证券市场系统风险等其他因素所导致应当认定虚假陈述与损害结果之间不存在因果关系,不应赔偿。本案首个案涉年度报告公告后首个交易日(2015 年 4 月 8 日)至基准日(2018 年 2 月 26 日)的间隔时间很长,在此期间联建光电公司股价走势和波动情况与所属的创业板指数、文化传媒板块指数走势和波动情况高度吻合,并且联建光电公司股价多次受到大盘的影响而大幅下跌。2015 年 6 月 26 日跌停,是受创业板暴跌影响;2015 年 6 月 29 日跌停,是受创业板暴跌影响;2016 年 1 月 7 日跌停,是受沪深股指暴跌影响;2016 年 3 月 1 日跌停,是复牌前创业板指数和文化传媒板块指数大幅下跌导致的复牌后补跌;2016 年 3 月 4 日跌停,是受战略新兴板块影响。除了可以列举的证券市场系统性风险引起的股价大幅下跌外,还有很多难以一一列举的小幅下跌,这些都属于证券市场系统性风险和非系统性风险引起的个股股价下跌,必然也会因此导致投资者发生投资损失,应当进行扣除计算。由此可以看出本案原告的全部或部分投资损失是由于证券市场系统风险和非系统风险因素导致,与案涉不实信息披露之间不存在因果关系,不应赔偿,应当予以扣除。

原告在揭露日前的最后一笔买入联建光电公司股票发生在 2016 年 12 月 9 日,至基准日(2018 年 2 月 26 日)仍持有 3700 股,应以这 3700 股的买入均价减去基准价再乘以 3700 股计算损失总额。从 2016 年 12 月 9 日至 2018 年 2 月 26 日,联建光电公司股价下跌了 49.68%,同期联建光电公司所属的文化传媒板块指数也下跌了38.65%,由此看来在此期间发生的联建光电公司股价下跌的主要因素是证券市场系统性风险导致,扣除比例应为 77.80%(38.65% +49.68% =77.80%)。如果原告的实际损失是 40,000 元,可索赔的损失应为扣除 77.80% 后的剩余金额 8880 元[40,000 ×(1 - 77.80%)=8880]。

以上扣除证券市场系统风险因素的计算方法为联建光电公司提出的一种比较简便的方法。目前各地法院都认可此类案件在损失计算时应当扣除证券市场系统风险因

素,上海、山东、福建等地法院通常委托中证中小投资者服务中心有限责任公司或者其他专业机构对每个个案的证券市场系统风险因素扣除比例进行核算,扣除系统风险的方法包括按同期大盘指数跌幅比例扣除,可以把系统风险因素量化,准确确定应扣除比例,以实现公平合理。除了系统性风险因素以外,还有非系统性风险因素导致联建光电公司股价下跌,均与案涉信息披露不实无关,联建光电公司请求法院委托第三方专业机构对原告的投资损失进行扣除系统性风险因素和非系统性风险因素的核算。

六、如需赔偿投资者应由对被处罚事项承担主要责任的自然人承担

根据《行政处罚决定书》,分时传媒公司原股东,即业绩补偿义务人何某某和周某某对案涉违法信息披露行为承担主要责任,系对违法行为直接负责的主管人员。根据行政处罚案件中查明的事实,何某某和周某某是为了实现承诺的分时传媒公司业绩,免于对联建光电公司承担业绩补偿义务而利用负责经营管理分时传媒公司的便利条件,故意采用了不当手段虚增分时传媒公司业绩,导致联建光电公司利润虚增,联建光电公司作为《盈利预测补偿协议》中何某某、周某某等人的合同相对方,无法知悉并制止何某某和周某某虚增利润的行为,对被处罚事项主观上并无过错。如不考虑过错责任,一概由上市公司承担证券虚假陈述赔偿责任,将导致对上市公司全体投资者的不公平,本案如需赔偿投资者,应由对被处罚事项承担主要责任的何某某和周某某承担。

被告何某某辩称:

一、本案为证券虚假陈述责任纠纷,根据《虚假陈述案件若干规定》第 6 条的规定,原告起诉时应提交身份证明文件原件或经公证证明的复印件,未提交的,应当依法裁定驳回原告的起诉。

二、何某某不属于《证券法》和《虚假陈述案件若干规定》规定的应当承担证券虚假陈述民事赔偿责任的主体,不属于本案的适格被告,原告要求何某某对其投资损失承担民事赔偿责任没有法律依据。

(一)《证券法》并未规定上市公司的控股股东、实际控制人、董事、监事、高级管理人员以外的人应当承担虚假陈述民事赔偿责任。证券市场因信息披露违法行为侵害投资者财产权而引发的民事赔偿法律关系属于侵权法律关系,侵权责任属于法定责任。对何种信息披露义务人应当在何种情形下对投资者的投资损失承担虚假陈述民事赔偿责任,《证券法》作出了明确规定。根据《证券法》(2014 年修正)第 69 条和第 173 条的规定,下述两类信息披露义务人在下述两种情况下应当对投资者的投资损失承担民事赔偿责任:第一,发行人、上市公司公告的招股说明书、公司债券募集办法、财务会计报

告、上市报告文件、年度报告、中期报告、临时报告以及其他信息披露资料中,有虚假记载、误导性陈述或者重大遗漏,致使投资者在证券交易中遭受损失的,应当承担赔偿责任。发行人、上市公司的董事、监事、高级管理人员和其他直接责任人员以及保荐人、承销的证券公司,应当与发行人、上市公司承担连带赔偿责任;发行人、上市公司的控股股东、实际控制人有过错的,应当与发行人、上市公司承担连带赔偿责任。第二,证券服务机构在为证券的发行、上市、交易等证券业务活动制作、出具审计报告、资产评估报告、财务顾问报告、资信评级报告或者法律意见书等文件中,存在虚假记载、误导性陈述或者重大遗漏,致使投资者在证券交易中遭受损失,应当承担赔偿责任。

其中,何为《证券法》第69条中的“其他直接责任人员”,《证券法》并未给出明确的界定。根据《虚假陈述案件若干规定》第7条、第25条的规定,“其他直接责任人员”应当是指“其他作出虚假陈述的机构或者自然人”,具体包括:(1)国家工作人员新闻传播媒介从业人员和有关人员编造并传播虚假信息,严重影响证券交易;(2)证券交易所、证券公司、证券登记结算机构、证券交易服务机构、社会中介机构及其从业人员,证券业协会、证券监督管理机构及其工作人员,在证券交易活动中作出虚假陈述或者信息误导。因此,《证券法》规定的应当对投资者的投资损失承担赔偿责任的主体包括:(1)发行人、上市公司,以及发行人、上市公司的董事、监事、高级管理人员、控股股东及实际控制人;(2)国家工作人员、新闻传播媒介从业人员和有关人员;(3)证券交易所、证券公司、证券登记结算机构、证券交易服务机构、社会中介机构及其从业人员,证券业协会、证券监督管理机构及其工作人员。可见,《证券法》规定的上述应当对投资者的投资损失承担赔偿责任的主体中,上市公司相关的人员仅包括上市公司的董事、监事、高级管理人员、控股股东及实际控制人,而上述人员之所以承担赔偿责任,是因为在上市公司信息披露过程中,上市公司董事、高级管理人员负责对公司信息披露资料的起草、核查、公告等工作,监事负责对董事、高级管理人员的上述行为进行监督,控股股东、实际控制人虽然不制作、公告公司的信息披露资料,但是其能够支配或者控制公司的行为。对于其他既不负责信息披露相关工作,也不能支配或控制上市公司的相关人员,不属于《证券法》规定的应当承担证券虚假陈述民事赔偿责任的主体,不属于本案的适格被告。

(二)《虚假陈述案件若干规定》对证券虚假陈述民事赔偿案件的被告范围作出了明确规定,上市公司控股股东、实际控制人和董事、监事、高级管理人员以外的人并不是证券虚假陈述民事赔偿案件的适格被告。(1)《虚假陈述案件若干规定》第7条对证券虚假陈述民事赔偿案件的被告范围进行了列举规定,包括:“(一)发起人、控股股东等实际控制人；（二）发行人或者上市公司；（三）证券承销商；（四）证券上市推荐人；（五）会计师事务所、律师事务所、资产评估机构等专业中介服务机构；（六）上述（二）、（三）、（四）项所涉单位中负有责任的董事、监事和经理等高级管理人员以及（五）项中直接责任人；（七）其他作出虚假陈述的机构或者自然人。”其中，根据《虚假陈述案件若干规定》第25条的规定，第7条第（7）项规定的“其他作出虚假陈述行为的机构或者自然人”是指行为人违反《证券法》第5条、第72条、第188条和第189条规定，给投资人造成损失的情形，具体包括：第一，国家工作人员、新闻传播媒介从业人员和有关人员编造并传播虚假信息，严重影响证券交易；第二，证券交易所、证券公司、证券登记结算机构、证券交易服务机构、社会中介机构及其从业人员，证券业协会、证券监督管理机构及其工作人员，在证券交易活动中作出虚假陈述或者信息误导。可见，《虚假陈述案件若干规定》并未将上市公司的控股股东、实际控制人和董事、监事、高级管理人员以外的人列为证券虚假陈述民事赔偿案件的适格被告。（2）根据最高人民法院《虚假陈述案件若干规定》起草小组的解读，在起草司法解释时并未考虑将上市公司的控股股东、实际控制人和董事、监事、高级管理人员以外的人作为证券虚假陈述民事赔偿案件的适格被告。

（三）何某某不是上市公司的控股股东、实际控制人，也不是上市公司的董事、监事、高级管理人员，不属于《证券法》规定的应当承担虚假陈述民事赔偿责任的主体，也不属于《虚假陈述案件若干规定》第7条规定的虚假陈述责任纠纷的被告范围。因此，何某某不属于本案适格被告。2013年12月，联建光电公司与分时传媒公司原股东签订《现金及发行股份购买资产协议》，约定联建光电公司通过支付现金和发行股份的方式，购买何某某等12名股东持有的分时传媒公司100%的股权。2014年4月29日，何某某等12名股东将持有的分时传媒公司100%股权过户至联建光电公司名下。并购完成后，虽然何某某获得联建光电公司27,352,446股股份，成为联建光电公司第二大股东，但是联建光电公司控股股东及实际控制人仍为刘某2先生。此外，并购完成后，何某某未在联建光电公司担任董事、监事、高级管理人员等任何职务，也未在联建光电公司子公司分时传媒公司担任董事、监事、高级管理人员等任何职务，何某某不参与也无职权参与上市公司的信息披露工作。因此，何某某不属于《证券法》规定的应当承担虚假陈述民事赔偿责任的主体，也不属于《虚假陈述案件若干规定》第7条规定的虚假陈述责任纠纷的被告范围，不是本案适格被告。

虽然《行政处罚决定书》认定何某某系对违法行为直接负责的主管人员，但是，信息披露违法行政责任与民事责任所保护的法律利益、构成要件并不相同,行政责任主体并非当然是适格的民事责任主体,《证券法》《虚假陈述案件若干规定》均未规定上市公司子公司相关人员应当承担虚假陈述民事赔偿责任,更未规定上市公司子公司原实际控制人、业绩承诺义务人应当承担虚假陈述民事赔偿责任。因此,何某某不属于本案适格被告。

三、何某某对案涉信息披露违法行为没有过错,不应承担虚假陈述民事赔偿责任。

(一)信息披露违法行为的行政责任不同于证券虚假陈述民事侵权行为的民事责任,相关责任人员被证监会行政处罚,并不等同于具有证券虚假陈述民事侵权责任的过错,人民法院应对相关责任人员是否存在民事侵权责任的过错依法进行独立审查。根据《证券法》第193条的规定,对相关信息披露义务人进行行政处罚时,"主观不存在过错"并非免责事由,监管部门更侧重对行政管理秩序的维护,重点考察的是信息披露行为是否违法,一旦有信息披露违法行为发生就可以作出行政处罚,至于行政违法行为是否给投资者造成损失、行为人是否对该损害具有过错,则在所不问。而《证券法》第69条明确规定上市公司董事、监事、高级管理人员和其他直接责任人员承担民事赔偿责任的归责原则为过错推定原则,即相关责任人员能够证明自己没有过错的,依法不承担民事赔偿责任。因此,根据《证券法》第193条规定对相关责任人员进行行政处罚,并不当然意味着相关责任人员具有虚假陈述民事侵权责任的"过错",不能因此当然认定其应当承担民事赔偿责任。

最高人民法院在制定司法解释时也承继了与《证券法》同样的思路。在《虚假陈述案件若干规定》第6条第1款明确应当提交行政处罚决定的基础上,《虚假陈述案件若干规定》第21条规定的过错推定归责原则表明,被行政处罚的责任人员,不等同于具有民事上的过错,人民法院应对相关责任人员是否有过错依法进行审查,没有过错的,则依法不应承担民事赔偿责任。

深圳市中级人民法院在保千里案中也认为,上市公司及其董事、监事、高级管理人员和其他直接责任人员受到相关行政机关的行政处罚,并不必然导致或者推定其在民事纠纷中存在过错并承担相应的民事赔偿责任。广东省高级人民法院二审维持该认定。

因此,信息披露违法行为的行政责任不同于证券虚假陈述民事侵权行为的民事责任,相关责任人员被证监会行政处罚,并不等同于具有证券虚假陈述民事侵权责任的过错,人民法院应对相关责任人员是否存在民事侵权责任的过错依法进行独立审查。

（二）何某某在联建光电公司并购分时传媒公司前已不参与分时传媒公司的经营管理，并购完成后，何某某长期居住海外，实际不参与分时传媒公司的经营管理。而且案涉信息披露违法行为均发生在并购完成之后，何某某对案涉信息披露违法行为没有过错，不应承担民事赔偿责任。根据联建光电公司与何某某等12名分时传媒公司原股东签订的《现金及发行股份购买资产协议》第1条、第7.2条的约定，为保证分时传媒公司持续发展和竞争优势，分时传媒公司的管理层股东（除何某某之外的原股东）承诺自本协议签署之日至2017年12月31日前仍在分时传媒公司任职。可见，何某某在并购前不属于分时传媒公司管理层股东，未实际参与分时传媒公司的日常经营管理。并购完成后，何某某虽然有业绩承诺，但也未在联建光电公司和分时传媒公司担任任何职务。自2014年起至今，何某某主要在英国陪女儿上学并在英国和我国香港特别行政区从事在线或线下教育业务，从来没有进过分时传媒公司的办公室，既没有权力也没有责任参与分时传媒公司的日常经营管理，对案涉信息披露违法行为没有过错。

案涉信息披露违法行为均发生在联建光电公司并购分时传媒公司完成之后。根据相关协议约定，此时分时传媒公司董事会多数席位、财务总监、风险控制部负责人均由联建光电公司委派。而且分时传媒公司新一届董事会重新制定了一系列公司管理制度，建立了完善的公司治理制度，何某某对此不知情，更没有任何决策权，对案涉信息披露违法行为没有过错。

根据《现金及发行股份购买资产协议》第7.1.2条、第7.1.3条、第7.1.5条的约定，业绩承诺期内分时传媒公司董事会由联建光电公司委派3名，原股东委派2名；并购完成后，分时传媒公司财务总监和风险控制部负责人由联建光电公司委派。但事实上，2014年4月，联建光电公司向分时传媒公司委派了刘某2、姚某2、万峰、周某某、朱某某5名董事。联建光电公司在委派董事时，事前并未通知或征求何某某的意见，事后也未告知何某某，何某某对分时传媒公司董事会成员的选任完全不知悉。2014年6月，联建光电公司又委派樊某某为分时传媒公司财务总监，委派联建光电公司财务总监褚某某兼任分时传媒公司的风控总监。可见，由于案涉信息披露违法行为均发生在并购完成之后，此时联建光电公司实际控制分时传媒公司的董事会，且分时传媒公司的财务总监、风险控制部负责人均由联建光电公司委派，分时传媒公司的合同管理、财务管理和业务管理等方面均由联建光电公司负责，何某某并不参与分时传媒公司董事选任和经营管理，对案涉信息披露违法行为没有过错。而且，并购完成后，由联建光电公司委派的5名董事组成的分时传媒公司新一届董事会于2014年6月16日召开第二次董事会,讨论并表决通过了分时传媒公司《2013年度总经理工作报告》《2013年度财务决算报告》《2013年度审计报告》《2014年度财务预算方案》《关于2014年经营计划的议案》《关于2014年投资计划的议案》《公司财务管理制度》《公司合同管理制度》等涉及分时传媒公司财务工作和其他基本管理制度的十四项议案。该次董事会对并购后分时传媒公司业务的开展以及基本制度的建设作出了安排,何某某对此完全不知悉,更没有任何决策权。

(三)案涉广告业务并非何某某介绍,何某某也从来没有进行任何回款安排,对案涉信息披露违法行为没有过错,不应承担民事赔偿责任。(1)何某某没有介绍案涉广告业务。泸州老窖柒泉小酒酒类销售有限公司(以下简称柒泉小酒公司)、成都四季营销网络科技有限公司(以下简称四季营销公司)、成都金宝盛世投资管理有限公司(以下简称金宝盛世公司)的负责人与分时传媒公司的负责人均相互熟识,何某某没有进行居中介绍。对于江苏绿能宝融资租赁有限公司、绿能宝电子商务(苏州)有限公司(以下统称绿能宝公司)业务,何某某只是把分时传媒公司负责人周某某的电话给过绿能宝公司负责人彭某某,彭某某自己主动联系周某某约见面,何某某从未参与过双方的沟通、联系过程,更未参与案涉广告业务的洽谈、协商,在深圳监管局对周某某调查询问时,周某某也表示何某某并未参与案涉广告业务的洽谈、协商。可见,何某某没有介绍案涉广告业务,对案涉信息披露违法行为没有过错。(2)何某某也没有进行任何回款安排。成都斯为美网络科技有限公司(以下简称成都斯为美公司)与绿能宝公司之间的借款完全是商业合作伙伴的正常借款关系,绿能宝公司的母公司SPI Energy Co., Ltd.(以下简称SPI公司)在其2016年年报和2017年年报中也将对成都斯为美公司的借款记在“长期负债”项下。借款到期后,因绿能宝公司爆雷涉嫌非法吸收公众存款,彭某某等人被公安机关立案侦查,绿能宝公司负债上亿元,众多投资者无法按时收回借款,成都斯为美公司与何某某也是众多受害人之一。后续成都斯为美公司依法通过司法程序主张权利,要求绿能宝公司偿还借款,成都市中级人民法院也已依法判决该借款关系合法有效,并判令绿能宝公司偿还借款本金以及利息。可见,成都斯为美公司对绿能宝公司的借款并非相关广告业务的回款安排,而是商业合作伙伴的正常借款关系,何某某与成都斯为美公司也是受害人之一。而且,成都斯为美公司向绿能宝公司的借款具体金额和转账时间,均由成都斯为美公司与绿能宝公司直接对接安排,何某某并不知情,也没有参与,何某某对案涉信息披露违法行为没有过错。

(四)本案信息披露违法行为并非恶意的财务造假,深圳证监局系因相关合同执行凭据缺失而认定分时传媒公司虚增营业收入和利润。但事实上,分时传媒公司与相关客户之间的合同客观、真实存在,分时传媒公司也已按约定收取了相应合同款项,事后相关客户也未要求返还多支付款项,并且不可撤销地声明放弃与分时传媒公司的债权以及其他相关权利,案涉信息披露违法行为并未实质损害上市公司股东的利益。何某某作为在联建光电公司和分时传媒公司不担任任何职务的人员,对相关合同执行凭据的缺失没有任何过错。

根据联建光电公司2018年10月15日发布的《关于对深圳证券交易所2018半年报问询函的回复》,由于分时传媒公司部分收入确认依据不足,联建光电公司调减了对应客户所产生的收入,但由于该等收入对应的款项已经收到,联建光电公司在账务处理时暂时做了其他应付款挂账。2018年6月,绿能宝公司、柒泉小酒公司、四季营销公司分别出具确认函,不可撤销地声明放弃与分时传媒公司、西藏大禹伟业公告有限公司(以下简称西藏大禹公司)的债权以及其他相关权利,且分时传媒公司、西藏大禹公司无须承担清偿责任,上述对应的其他应付款金额44,897,304.72元,又记入其他营业收入。金宝盛世公司对应的19,056,603.78元虽未出具确认函,但金宝盛世公司也明确表示不向分时传媒公司主张权利。

可见,本案信息披露违法行为并非恶意的财务造假,联建光电公司和分时传媒公司已经实际收到相应合同款项,深圳证监局系因相关合同执行凭据缺失而认定分时传媒公司虚增营业收入和利润。何某某作为在联建光电公司和分时传媒公司不担任任何职务的人员,对相关合同执行凭据的缺失没有任何过错,不应承担虚假陈述民事赔偿责任。

四、案涉信息披露违法行为不会影响投资者的投资判断,更不会诱导投资者作出买入联建光电公司股票的交易决策,投资者的投资决策与案涉信息披露违法行为之间没有交易因果关系,何某某依法不应承担虚假陈述民事赔偿责任。该部分答辩意见与联建光电公司答辩意见基本相同,本院不再复述。

五、假设联建光电公司《2015年年度报告》所涉信息披露违法行为与投资者的投资决策之间具有因果关系,本案虚假陈述实施日应为2016年4月19日,揭露日应为2017年12月8日,基准日应为2018年2月26日,基准价应为12.545元。该部分答辩意见与联建光电公司答辩意见基本相同,本院不再复述。

六、假设联建光电公司《2015年年度报告》所涉信息披露违法行为与投资者的投资决策之间具有因果关系,本案原告的投资损失也主要是由证券市场系统风险等其他因素导致,属于正常的投资风险,与案涉虚假陈述没有因果关系,何某某不应承担赔偿责任。该部分答辩意见与联建光电公司答辩意见基本相同,本院不再复述。

被告刘某2辩称:

一、同意并认可联建光电公司的答辩意见

二、刘某2在案涉证券虚假陈述民事侵权行为中并无过错,不应承担赔偿责任

(一)根据《行政处罚决定书》中认定的相关事实和所做处罚决定,导致联建光电公司年报数据不实的原因是联建光电公司并购并且合并报表范围的全资子公司分时传媒公司在业绩对赌期内由原股东负责经营过程中,原股东为了完成承诺的业绩而进行了一些账外借款给客户的安排,导致存在部分业务合同被认定为并未实际执行的情形。

分时传媒公司原股东在分时传媒公司被联建光电公司收购时与联建光电公司签订了《盈利预测补偿协议》约定了相应的利润目标,若分时传媒公司实际利润低于所承诺净利润,则补偿义务人将按照协议的约定对上市公司进行补偿。根据联建光电公司与分时传媒公司原股东签订的《现金及发行股份购买资产协议》第7.1.4条的约定,分时传媒公司原股东负责实现分时传媒公司的盈利,所以分时传媒公司原股东在分时传媒公司被联建光电公司收购后仍享有分时传媒公司的稳定及有效的自主经营权。

深圳证监局所认定的具体案涉行为均为分时传媒公司原股东实施。深圳证监局所认定的案涉行为包括虚构广告业务收入和跨期确认广告业务收入,其具体行为方式主要为原股东自行在公司账外安排借款给客户,然后由客户向联建光电公司支付广告费。由于这些行为是原股东自行在公司账外安排,从决策到付款均为隐蔽实施,联建光电公司并不知情,联建光电公司内控机构和外部审计机构的审计均无法发现这些账外的安排,最终在深圳证监局采用了经侦手段的情况下才了解到此隐情。因此,分时传媒公司业绩虚增的具体行为是分时传媒公司原股东隐蔽实施,实施主体并不是联建光电公司和刘某2,联建光电公司和刘某2对此并不知情,没有主观过错。

同时,联建光电公司和刘某2还是分时传媒公司原股东违法行为的最大受害人,受其违法行为损害,联建光电公司和刘某2遭受了一连串的损失,目前面临经营难以为继的困难。

(二)导致联建光电公司年报数据不实是因为分时传媒公司在经营中由于原股东为实现承诺的业绩而进行了一些在账外借款给客户的安排,导致存在部分业务合同被认定为并未实际执行的实际经营信息。如前所述,分时传媒公司的实际经营信息对于何某某等分时传媒公司经营管理人而言是公司内部经营信息,其应保证信息的真实、完

整。分时传媒公司实际经营信息对于刘某2等上市公司高管而言,属于源于母公司之外他人提供的第三方信息。刘某2和联建光电公司其他高管获得的分时传媒公司的经营信息是何某某等人为了从表象上实现其业绩承诺不用向联建光电公司业绩补偿,而提供的不完整的经营信息,故意隐瞒了部分业务合同并未实际执行的事实,刘某2作为其利害关系相对方(受害方),虽勤勉尽责也无法了解被业绩对赌相对方故意隐瞒的分时传媒公司实际经营信息,对信息披露不实并无主观过错。

如广东省高级人民法院在保千里案判决(2019)粤民终2080号中的认定,上市公司的董事、监事、高级管理人员和其他直接责任人员因证券虚假陈述受到行政处罚,并不必然推定其存在过错并承担相应的民事赔偿责任,董事、监事、高级管理人员和其他直接责任人员是否承担赔偿责任的关键在于案涉虚假信息的来源,对部分董事、监事、高级管理人员来说,案涉虚假信息并非公司内部经营信息,而是属于来源于公司之外他人提供的第三方信息,其注意义务应适度降低。本案中,分时传媒公司原股东为完成向联建光电公司承诺的经营业绩免于赔偿而利用其负责经营分时传媒公司的便利条件在账外安排借款给客户以实现其完成业绩承诺所需要的广告业务收入。这种账外的安排,首先,其不是公司内部的经营信息,其次,其必然也是隐蔽的,因此也不会成为联建光电公司其他经营管理人员可以获悉的内部经营信息,只能是分时传媒公司原股东的内部经营信息。因此,参照前述判例中的认定,刘某2对分时传媒公司原股东隐瞒的账外安排等相关信息,注意义务应适度降低。从客观事实的角度来说,刘某2无论怎样注意,均无法发现和避免分时传媒公司原股东为实现其承诺业绩避免赔偿而进行的账外安排,即刘某2对未能发现并识别其虚假经营信息并没有主观过错。

本案与保千里案的被收购方虚增评估值具有一定的类似性。保千里案是被收购方为了提高收购价格,提供了虚假的业务合同导致收购标的评估值虚增,本案是被收购方为了实现承诺的业绩而在收购的延续中负责收购标的公司的经营并通过账外安排实现被收购方承诺的业绩而免于承担对上市公司的补偿义务。相同之处,都是被收购方为了实现更高的收购收益而主观故意自行采取了一些隐蔽的不当措施,间接导致上市公司信息披露不实。此相同之处也是法院认定相关自然人是否对证券虚假陈述承担民事侵权责任的关键所在。因此,本案可以参照保千里案判决中的认定,认定作为被收购方的分时传媒公司原股东承担民事侵权赔偿责任,而联建光电公司其他董事、监事、高级管理人员和其他直接责任人员因不存在主观过错不承担民事侵权赔偿责任。

(三)案涉的历次联建光电公司定期报告中的财务数据均按股票上市规则和联建

光电公司章程履行了必要的专业审计、董事会、股东大会审议、独立董事发表意见等法定程序,并无程序违法问题。专业审计人员经过专业审计也未能发现问题,由此也可以证明,由于业绩对赌相对方的故意隐瞒,刘某 2 等联建光电公司高管人员不能发现案涉的部分业务合同并未实际执行和分时传媒公司财务数据存在的错误,并无主观过错。

(四)刘某 2 虽为联建光电公司实际控制人,但始终和联建光电公司其他普通管理人员一样,一直勤勤恳恳地坚守在公司经营管理的第一线,积极参与包括案涉定期报告在内的公司重大事项的审议,根据公司章程、股票上市规则的规定,积极履行应尽职责,勤勉尽责,未曾懈怠。从《行政处罚决定书》认定的事实看,刘某 2 也仅因签署案涉定期报告的事实而承担行政责任,并未被深圳证监局认定存在未勤勉尽责的情形。

综上所述,刘某 2 虽被深圳证监局予以行政处罚,但被行政处罚并不等于在证券虚假陈述民事侵权中存在过错,刘某 2 在案涉证券虚假陈述民事侵权行为中并无过错,不应承担民事赔偿责任。深圳市中级人民法院在保千里案等同类案件中对在案涉证券虚假陈述民事侵权行为中无过错的个人均认定无须承担民事赔偿责任,恳请采纳以上答辩意见,作出公正的裁判。

当事人围绕诉讼请求依法提交了证据,本院组织当事人进行了证据交换和质证。

原告为其诉称事实,提交下列证据:(1)中国证券监督管理委员会深圳监管局(2018)7 号《行政处罚决定书》;(2)关于收到中国证券监督管理委员会深圳监管局《行政处罚决定书》的公告;(3)2014 年年度报告公告时间网页截图;(4)关于收到中国证券监督管理委员会调查通知书暨股票存在被实施暂停上市风险的提示性公告;(5)收到调查通知书公告时间网页截图;(6)联建光电公司基准日、基准价测算表;(7)证券账户信息;(8)原告汇总对账单等。

联建光电公司、刘某 2 向本院提交下列证据:(1)《行政处罚决定书》(2018 年 12 月 21 日公告);(2)《现金及发行股份购买资产协议》;(3)《关于收到中国证券监督管理委员会调查通知书暨股票存在被实施暂停上市风险的提示性公告》(2017 年 12 月 8 日公告);(4)联建光电公司股价历史行情查询截图(2017 年 12 月 8 日、11 日、12 日、13 日)和 K 线图;(5)《关于收到中国证券监督管理委员会深圳监管局〈行政处罚及市场禁入事先告知书〉的公告》(2018 年 7 月 14 日公告);(6)联建光电公司股价历史行情查询截图(2018 年 7 月 16 日);(7)(2018)粤 03 民初 4517 号案件查询信息;(8)2015 年年度报告公告查询信息;(9)联建光电公司个股 K 线图和区间统计(2017 年 12 月 8 日至 2018 年 2 月 26 日);(10)基准价计算表;(11)《2014年度业绩预告》(2015 年 1 月 21

日）；（12）联建光电公司个股K线图和区间统计（2015年1月16日至26日）；（13）联建光电公司个股K线图和区间统计（2015年1月27日至3月1日）；（14）《2014年度业绩快报》；（15）《深圳市联建光电股份有限公司2014年年度报告摘要》中的利润总额等财务数据（2015年4月1日公告）；（16）《停牌公告》（2015年3月16日）；（17）《重大事项复牌公告》（2015年4月8日）；（18）《关于收购深圳市精准分众传媒有限公司28.4%股权的公告》（2015年4月8日）；（19）《关于收购航美传媒集团有限公司5%股权的公告》（2015年4月8日）；（20）《第三届董事会第二十七次会议决议公告》（2015年5月8日）；（21）联建光电公司股价历史行情查询截图、联建光电公司个股K线图和区间统计（2015年4月8日至14日）；（22）《股票交易价格异常波动公告》（2015年4月10日）；（23）《股票交易价格异常波动公告》（2015年4月15日）；（24）《2015年度业绩预告》（2016年1月29日）；（25）联建光电公司个股K线图和区间统计（2016年1月29日至2月17日）；（26）《关于中国证监会上市公司并购重组审核委员会审核公司发行股份及支付现金购买资产并募集配套资金暨关联交易事项的停牌公告》（2016年2月19日）；（27）《2015年度业绩快报》（2016年2月26日）；（28）《重大资产重组事项获中国证监会并购重组委审核通过暨公司股票复牌的公告》（2016年3月1日）；（29）联建光电公司股价历史行情查询截图（2016年3月1日）；（30）创业板指数K线图和区间统计（2016年2月19日至29日）；（31）文化传媒板块指数K线图和区间统计（2016年2月19日至29日）；（32）《2015年年度报告》中利润总额等财务数据（2016年4月19日）；（33）联建光电公司个股K线图和区间统计（2016年4月19日至21日）；（34）创业板指数K线图和区间统计（2016年4月19日至21日）；（35）文化传媒板块指数K线图和区间统计（2016年4月19日至21日）；（36）《2016年度业绩预告》（2017年1月19日）；（37）联建光电公司股价历史行情查询截图（20日、23日、24日）、联建光电公司个股K线图和区间统计（2017年1月20日、23日、24日）；（38）《2016年度业绩快报》2017年2月27日盘后公告；（39）联建光电公司股价历史行情查询截图（2017年2月28日、3月1日、2日）联建光电公司个股K线图和区间统计（2017年2月28日、3月1日、2日）；（40）《2016年年度报告》中的利润总额等财务数据（2017年3月22日）；（41）联建光电公司股价历史行情查询截图（2017年3月22日至24日）、联建光电公司个股K线图和区间统计（2017年3月22日至24日）；（42）2014年度报告公告后首个交易日（2015年4月8日）至基准日（2018年2月26日）期间联建光电公司个股、创业板指数和文化传媒板块指数K线图；（43）2014年度报告公告后首个交易日（2015年

4 月 8 日)至基准日(2018 年 2 月 26 日)期间联建光电公司股票多次跌停的分析。

被告何某某向本院提交下列证据:(1)2014 年 4 月 30 日,联建光电公司发布的《关于现金及发行股份购买资产并募集配套资金暨关联交易之标的资产过户完成的公告》;(2)2014 年 7 月 2 日,联建光电公司发布的《现金及发行股份购买资产并募集配套资金实施情况暨新增股份上市报告书》(节选);(3)2014 年至 2016 年联建光电公司董事、监事、高级管理人员信息;(4)分时传媒公司企业信用信息公示报告;(5)2013 年 12 月,联建光电公司与分时传媒公司原股东签订的《现金及发行股份购买资产协议》;(6)2014 年 4 月 15 日,联建光电公司作出的《四川分时广告传媒有限公司股东决定》;(7)2014 年 6 月 16 日,分时传媒公司召开的第一届董事会第二次会议的会议文件;(8)成都斯为美公司与绿能宝公司签署的《借款协议》;(9)SPI Energy Co. ,Ltd. 2016 年 1 月 19 日在美国纳斯达克上市的新闻;(10)绿能宝公司爆雷和被公安机关立案侦查的新闻;(11)成都市中级人民法院作出的(2018 川 01 民初 2874 号)民事判决书;(12)成都斯为美公司的工商登记信息、何某某向成都斯为美公司缴纳资本金的凭证;(13)2018年 10 月 15 日,联建光电公司发布的《关于对深圳证券交易所 2018 年半年报问询函的回复》(节选);(14)中国证券监督管理委员会深圳监管局行政处罚决定书(〔2018〕7 号);(15)2015 年 4 月 1 日,联建光电公司发布的《2014 年年度报告》(节选);(16)2015 年 3 月 16 日,联建光电公司发布的《停牌公告》及公告截图;(17)2015 年 4 月 1 日,联建光电公司《2014 年年度报告》的公告截图;(18)2015 年 4 月 8 日,联建光电公司发布的《重大事项复牌公告》及公告截图;(19)2015 年 4 月 8 日,联建光电公司发布的《关于收购航美传媒集团有限公司 5% 股权的公告》及公告截图;(20)2015 年 4 月 8 日,联建光电公司发布的《关于收购深圳市精准分众传媒有限公司 28.4% 股权的公告》及公告截图;(21)关于 2015 年“牛市”的新闻报道;(22)2015 年 1 月 7 日至 6 月 30 日,联建光电公司收盘价、成交量;(23)2016 年 4 月 19 日,联建光电公司《2015 年年度报告》的公告截图;(24)2016 年 4 月 18 日至 4 月 21 日,上证指数、深证综指、创业板综指、申万创业板和联建光电公司的收盘价和涨跌幅;(25)2017 年 3 月 22 日,联建光电公司发布的《2016 年年度报告》(节选)及公告截图;(26)2017 年 3 月 21 日至 3 月 24 日,上证指数、深证综指、创业板综指、申万创业板和联建光电公司的收盘价和涨跌幅;(27)2016 年 4 月 19 日,联建光电公司《2015 年年度报告》的公告截图;(28)2017 年 12 月 8 日,联建光电公司发布的《关于收到中国证券监督委员会调查通知书暨股票存在被实施暂停上市风险的提示性公告》及公告截图;(29)2017年 12 月 8 日至 2018 年 2 月 26 日,联建光电公司收盘价、成交量、流通股本数据；基准日和基准价的计算过程；(30)关于揭露日前A股市场低迷的新闻报道；(31)2016年4月19日至2017年12月7日，深证综指、创业板综指、申万创业板和联建光电公司的收盘价；(32)关于揭露日后创业板下跌的新闻报道；(33)2017年12月7日至2018年2月26日，创业板综指、申万创业板和联建光电公司股票的收盘价；(34)联建光电公司发布的自身经营情况不良的利空公告。

本院对上列证据的真实性均予以确认。

本案审理过程中，何某某向本院补充了以下证据：(35)《稽查人员询问笔录摘要》；(36)《分时传媒关于柒泉小酒业务履行情况的说明》；(37)《分时传媒关于金宝盛世业务履行情况的说明》；(38)西藏大禹公司与绿能宝公司之间的《户外广告发布合同》；(39)《关于e租宝事件和要求P2P行业广告下架的新闻》；(40)荣泉小酒公司、四季营销公司、绿能宝公司2018年6月出具的《确认函》。金宝盛世公司业务的支付凭证和广告费发票；(41)2014年7月2日，联建光电公司发布的《现金及发行股份资产并募集配套资金实施情况暨新增股份上市报告书》(节选)何某某持股数量变化情况。本院对该证据进行了书面交换及质证。因上述证据或为何某某自行制作或不能完全证明事实，本院对上述证据不予采纳。

本院经审理查明：联建光电公司系于深圳证券交易所挂牌的上市公司，股票代码为"300269"，证券简称为"联建光电"。2013年12月18日，联建光电公司收购分时传媒公司100%股份，并与分时传媒公司12名股东签订《盈利预测补偿协议》，12名股东承诺：分时传媒公司2013年至2017年经审计的归属于母公司股东的扣除非经常性损益后的净利润分别不低于8700万元、10,000万元、11,300万元、12,200万元和12,800万元，否则对联建光电公司进行补偿。2014年4月29日，分时传媒公司完成股权变更登记手续，成为联建光电公司全资子公司。自2014年5月起，联建光电公司开始将分时传媒公司纳入合并报表范围。

2017年12月7日，深圳监管局作出深证调查通字〔2017〕117号《调查通知书》，决定对联建光电公司涉嫌信息披露违法违规事项进行立案调查。联建光电公司于当日签收该文书。2017年12月8日，联建光电公司发布《关于公司收到中国证券监督管理委员会调查通知书暨股票存在被实施暂停上市风险的提示性公告》，称因涉嫌信息披露违法违规，正在被中国证监会立案调查。

2018年12月17日，深圳监管局作出〔2018〕7号《行政处罚决定书》，载明：联建光电公司于2013年12月18日与何某某、周某某、朱某某、黄某2等12名分时传媒公司股东签订《现金及发行股份购买资产协议》及《盈利预测补偿协议》,以现金及发行股份方式收购分时传媒公司 100% 股份,交易对价为 8.6 亿元。12 名分时传媒公司股东承诺,分时传媒公司 2013 年至 2017 年经审计的归属于母公司股东的扣除非经常性损益后的净利润分别不低于 8700 万元、10,000 万元、11,300 万元、12,200 万元和 12,800 万元。若分时传媒公司实际利润低于上述承诺净利润,则补偿义务人将按照协议的相关约定对联建光电公司进行补偿。2014 年 4 月 11 日,中国证监会出具《关于核准深圳市联建光电股份有限公司向何某某等发行股份购买资产并募集配套资金的批复》,核准此次交易。2014 年 4 月 29 日,分时传媒公司完成股权变更登记手续,成为联建光电公司全资子公司。自 2014 年 5 月起,联建光电公司开始将分时传媒公司纳入合并报表范围。经查,2014 年至 2016 年,分时传媒公司通过虚构广告业务收入、跨期确认广告业务收入等方式,共虚增营业收入 61,787,035.34 元,虚增利润 60,472,468.90 元。具体违法事实如下:

一、2014 年 8 月,分时传媒公司与柒泉小酒公司签署户外广告发布合同,合同金额为 1500 万元,并按照合同金额确认了销售收入;2015 年 9 月,西藏大禹公司(分时传媒公司孙公司)与柒泉小酒公司签署户外广告发布合同,合同金额为 626 万元,并按照合同金额确认了销售收入。经查,合同实际并未全部执行。分时传媒公司以此虚增 2014 年、2015 年营业收入分别为 6,196,226.42 元、942,793.80 元,虚增 2014 年、2015 年利润分别为 6,196,226.42 元、942,793.80 元。

二、2015 年 9 月和 2016 年 1 月,西藏大禹公司与金宝盛世公司签订广告制作发布协议,合同金额分别为 920 万元和 2100 万元,并按照合同金额确认了销售收入。经查,合同实际并未全部执行,分时传媒公司以此虚增 2015 年、2016 年营业收入分别为 7,643,245.37 元、9,919,952.80 元,虚增 2015 年、2016 年利润分别为 7,643,245.37 元、9,919,952.80 元。

三、2015 年 7 月,西藏大禹公司与江苏绿能宝融资租赁有限公司签订户外广告发布合同,2015 年 11 月,双方签署媒体替补点位确认单,约定合同金额变更为 880.95 万元,并按照合同金额确认了销售收入;2015 年 11 月,西藏大禹公司与绿能宝电子商务(苏州)有限公司(以下与江苏绿能宝融资租赁有限公司统称绿能宝公司)签订户外广告发布合同,合同金额为 3800 万元,并按照合同金额确认了销售收入。经查,合同实际并未全部执行,分时传媒公司以此虚增 2015 年营业收入 27,788,576.81 元,虚增 2015 年利润 26,474,010.37 元。

四、2016 年 11 月,西藏大禹公司与四季营销公司签订户外广告发布合同,合同金额为 1500 万元。经查,分时传媒公司通过跨期确认该合同广告业务收入,虚增 2016 年营业收入 9,296,240.14 元,虚增 2016 年利润 9,296,240.14 元。综上,分时传媒公司通过虚构广告业务收入、跨期确认广告业务收入等方式,2014 年虚增营业收入 6,196,226.42 元,虚增利润 6,196,226.42 元,虚增利润金额占当期联建光电公司披露利润总额的 3.82%;2015 年虚增营业收入 36,374,615.98 元,虚增利润 35,060,049.54 元,占当期联建光电公司披露利润总额的 12.97%;2016 年虚增营业收入 19,216,192.94 元,虚增利润 19,216,192.94 元,占当期联建光电公司披露利润总额的 4.07%。上述行为导致联建光电公司 2014 年年度报告、2015 年半年度报告、2015 年年度报告、2016 年半年度报告、2016 年年度报告和 2017 年半年度报告存在虚假记载,违反了《证券法》第 63 条的规定,构成《证券法》第 193 条第 1 款所述违法行为。何某某为原分时传媒公司实际控制人、业绩承诺补偿义务人。案涉期间,何某某实际承担分时传媒公司的管理职责,并安排对有关广告业务进行回款,应对案涉违法行为承担主要责任,系对违法行为直接负责的主管人员。周某某为原分时传媒公司股东、业绩承诺补偿义务人。案涉期间,周某某任分时传媒公司董事、CEO,组织、参与上述与荣泉小酒公司、绿能宝公司和四季营销公司的广告业务,应对案涉违法行为承担主要责任,系对违法行为直接负责的主管人员。朱某某为原分时传媒公司股东、业绩承诺补偿义务人。案涉期间,朱某某任联建光电公司董事、副总经理、分时传媒公司董事长,组织、参与上述与金宝盛世公司的广告业务,并在 2015 年半年报至 2017 年半年报等 5 期定期报告上签字,应对案涉违法行为承担主要责任,系对违法行为直接负责的主管人员。刘某 2 系联建光电公司实际控制人、法定代表人、董事长兼总经理、分时传媒公司董事,全面负责公司工作,在 2014 年年报至 2017 年半年报等 6 期定期报告上签字,保证公司信息披露真实、准确、完整,但未能勤勉尽责,系对违法行为直接负责的主管人员。褚某某时任联建光电公司财务总监,对公司财务报告的真实、准确和完整性承担主要责任,其在 2015 年半年报至 2017 年半年报等 5 期定期报告上签字,保证公司信息披露真实、准确、完整,但未能勤勉尽责,系对违法行为直接负责的主管人员。黄某 2 时任联建光电公司副总经理、分时传媒公司法定代表人,在 2015 年半年报和 2015 年年报 2 期定期报告上签字,保证公司信息披露真实、准确、完整,但未能勤勉尽责,系对违法行为负责的其他直接责任人员。姚某 2 时任联建光电公司董事、联建光电公司派驻分时传媒公司董事,在 2014 年年报至 2017 年半年报等 6 期定期报告上签字,保证公司信息披露真实、准确、完整,但未能勤勉尽责,系对违法行为负责的其他直接责任人员。熊某某时任联建光电公司董事、副总经理,在2014年年报至2017年半年报等6期定期报告上签字;向某某时任联建光电公司董事、副总经理,在2014年年报至2015年年报等3期定期报告上签字;段某某时任联建光电公司董事、副总经理,在2015年半年报至2016年年报等4期定期报告上签字;蒋某3历任联建光电公司监事、董事、副总经理,在2015年半年报、2016年半年报至2017年半年报等4期定期报告上签字或审核确认;马某某时任联建光电公司董事、副总经理,在2016年半年报至2017年半年报等3期定期报告上签字;李某3时任联建光电公司独立董事,在2015年半年报至2017年半年报等5期定期报告上签字;谢某某时任联建光电公司监事会主席,审核确认2014年年报至2017年半年报等6期定期报告;张某2时任联建光电公司监事,审核确认2014年年报至2016年半年报等4期定期报告;肖某3时任联建光电公司监事,审核确认2015年年报至2017年半年报等4期定期报告;杨某某时任联建光电公司副总经理,在2015年半年报和2015年年报2期定期报告上签字;肖某4时任联建光电公司独立董事,在2016年年报和2017年半年报2期定期报告上签字;苑某某时任联建光电公司监事,审核确认2016年年报和2017年半年报2期定期报告;钟某某时任联建光电公司董事、董事会秘书、副总经理,在2014年年报至2016年年报等5期定期报告上签字。上述人员作为联建光电公司董事、监事和高级管理人员,应当保证公司信息披露真实、准确、完整,但未能勤勉尽责,系对违法行为负责的其他直接责任人员。根据当事人违法行为的事实、性质、情节和社会危害程度,依据《证券法》第193条第1款的规定,决定:

一、对联建光电公司责令改正,给予警告,并处以60万元罚款;

二、对何某某、周某某、朱某某给予警告,并分别处以30万元罚款;

三、对刘某2、褚某某给予警告,并分别处以20万元罚款;

四、对黄某2、姚某2给予警告,并分别处以10万元罚款;

五、对熊某某、蒋某3、段某某、向某某、马某某、李某3、谢某某、张某2、肖某3给予警告,并分别处以8万元罚款;

六、对杨某某、肖某4、苑某某、钟某某给予警告,并分别处以3万元罚款。

联建光电公司对上述《行政处罚决定书》不服,向证监会申请行政复议,证监会于2019年5月16日作出〔2019〕50号《行政复议决定书》,维持上述行政处罚决定。联建光电公司于2019年6月3日向本院提起行政诉讼,案号为(2019)粤03行初100号。2020年2月3日,本院作出(2019)粤03行初100号行政判决:驳回联建光电公司的全部诉讼请求。联建光电公司不服该判决,向广东省高级人民法院提起上诉,案号为(2020)粤行终883号,该案现在审理当中。

另查明,2015年4月8日,联建光电公司发布了《重大事项复牌公告》,披露:联建光电公司于2015年4月7日召开第三届董事会第二十七次会议,审议通过了《关于收购深圳市精准分众传媒有限公司28.4%股权的议案》《关于收购航美传媒集团有限公司5%股权的议案》,联建光电公司股票将于2015年4月8日开市起复牌。同日,联建光电公司还发布了《关于收购深圳市精准分众传媒有限公司28.4%股权的公告》《关于收购航美传媒集团有限公司5%股权的公告》《第三届董事会第二十七次会议决议公告》。联建光电公司股票复牌后连续4个交易日(2015年4月8日、9日、10日13日)涨停,第五个交易日(2015年4月14日)上涨5.28%,5个交易日累计涨跌幅为54.15%。

2016年4月19日,联建光电公司发布《2015年年度报告》,披露:2015年度利润总额为270,272,432.36元,比上年度增长66.47%。联建光电公司股价在其后3个交易日连续下跌,累计涨跌幅为-14.18%。2017年2月27日收盘后,联建光电公司发布《2016年度业绩快报》,披露:2016年度利润总额467,105,661.74元,比上年同期增长72.83%。联建光电公司股价其后3个交易日连续微跌,累计涨跌幅为-0.73%。2017年3月22日,联建光电公司发布《2016年年度报告》,披露:联建光电公司2016年度利润总额为472,424,418.94元,比上年度增长74.80%。其后3个交易日联建光电公司股价累计涨跌幅-5.24%。

2016年3月1日,联建光电公司发布《重大资产重组事项获中国证监会并购重组委审核通过暨公司股票复牌的公告》,披露:中国证监会上市公司并购重组审核委员会于2016年2月29日召开的2016年第14次工作会议审核,联建光电公司发行股份及支付现金购买资产并募集配套资金暨关联交易的事项获得有条件通过。根据《上市公司重大资产重组管理办法》等相关法律、法规的规定,经向深圳证券交易所申请,联建光电公司股票将于2016年3月1日开市起复牌。复牌当日(2016年3月1日)联建光电公司股价跌停。联建光电公司股票停牌期间(2016年2月19日至29日)创业板指数涨跌幅为-14.18%,文化传媒板块指数涨跌幅为-16.36%。

各方当事人对本案虚假陈述揭露日为2017年12月8日、基准日为2018年2月26日无异议。各方当事人均同意由本院调取原告交易数据径行核定投资差额损失。原告同意由本院决定核算方法,联建光电公司、刘某2、何某某主张应委托独立第三方核定损失。本院依法委托中证资本市场法律服务中心有限公司在扣除系统性风险的同时按照“移动加权平均法”核定投资差额损失。联建光电公司主张中证资本市场法律服务中心有限公司与支持诉讼的中证中小投资者服务中心有限责任公司为关联方,申请另行委托第三方核算。本院对该意见不予采纳。

中证资本市场法律服务中心有限公司接受委托,向本院出具《证券投资者损失核定意见书》对原告的损失核定方法作出说明。经核定,原告的损失为18,329.87元。

本院认为,本案为证券虚假陈述责任纠纷。本案争议焦点在于:(1)联建光电公司被行政处罚的行为是否构成证券虚假陈述;(2)如果构成证券虚假陈述,则本案虚假陈述实施日、揭露日和基准日应如何认定;(3)联建光电公司该虚假陈述行为与原告投资损失之间是否存在因果关系;(4)如果存在因果关系,联建光电公司应承担的责任范围及具体数额;(5)何某某、刘某2是否应当承担赔偿责任。对此,本院分述如下:

一、关于联建光电公司被行政处罚的行为是否构成证券虚假陈述的问题。原告以联建光电公司存在证券虚假陈述行为造成其损失为由,要求联建光电公司进行赔偿。证券虚假陈述是指信息披露义务人违反证券法律规定,在证券发行或者交易过程中,对重大事件作出违反证券法律规定,在证券发行或者交易过程中,对重大事件作出违背事实真相的虚假记载、误导性陈述,或者在披露信息时发生重大遗漏、不正当披露信息的行为。联建光电公司全资子公司分时传媒公司通过虚构广告业务收入、跨期确认广告业务收入等方式,虚增营业收入,联建光电公司将上述营业收入纳入合并报表范围,导致多期年度报告存在虚假记载,受到深圳证监局〔2018〕7号《行政处罚决定书》的行政处罚。联建光电公司、刘某2主张该行为不构成证券虚假陈述,且系分时传媒公司原股东所为,其不参与分时传媒公司的经营,进而主张其不应承担赔偿责任。何某某则主张《行政处罚决定书》所列明的合同均已履行完毕,即使未履行完毕,按约定合同相对方亦应当支付合同款项,进而主张不存在虚假陈述行为。对此,本院认为,是否存在虚增营业收入及利润是本案审查的核心事实,联建光电公司、何某某、刘某2对此应负举证责任。虽然至本案作出判决时,针对《行政处罚决定书》所提起的行政诉讼尚未终审,但联建光电公司并未能提交证据证明《行政处罚决定书》所列明的合同已经履行完毕,无法否定存在虚增营业收入及利润的事实。何某某所提交的履行情况说明系其自行制作,不能证明分时传媒公司已经完全履行合同的事实,其所提交的发票等证据只能证明收取了合同款项及开列发票,亦不能证明合同已实际履行完毕,不能推翻《行政处罚决定书》所列明的虚增营业收入及利润的事实,故本院确认联建光电公司子公司分时传媒公司存在虚增营业收入及利润的事实。联建光电公司与分时传媒公司原股东之间的《盈利预测补偿协议》属合同当事人之间的法律关系,不能对抗第三人。2014 年 4 月 29 日,分时传媒公司完成股权变更登记手续,成为联建光电公司全资子公司。自 2014 年 5 月起,联建光电公司开始将分时传媒公司纳入合并报表范围。联建光电公司对分时传媒公司的经营信息、财务数据负有披露义务。诚实经营、如实披露是对上市公司的基本要求,上市公司所披露的信息特别是财务数据,无论所涉金额大小、是否造成上市公司的损失,均不容任何虚假记载。联建光电公司 2014 年年度报告、2015 年半年度报告、2015 年年度报告、2016 年半年度报告、2016 年年度报告和 2017 年半年度报告虚增收入及利润,存在虚假记载,其行为已构成《证券法》第 85 条所规定的披露信息有虚假记载的违法行为,构成虚假陈述。分时传媒公司虚增营业收入及利润,联建光电公司作为信息披露义务人,依法应对该不实信息披露所产生的法律后果承担相应的法律责任,相关责任人员亦应当承担相应的赔偿责任。

二、关于本案虚假陈述实施日、揭露日和基准日的认定。各方对本案虚假陈述揭露日为 2017 年 12 月 8 日、基准日为 2018 年 2 月 26 日无异议,本院予以确认。本案各方对实施日的认定存在争议。依据《虚假陈述案件若干规定》第 20 条的规定,虚假陈述实施日是指作出虚假陈述或者发生虚假陈述之日。本案中,联建光电公司自 2015 年 4 月 1 日发布 2014 年度报告起,连续多份报告存在虚假记载,其违法行为存在持续性,故应将其违法行为最初开始实施行为之日认定为实施日。联建光电公司主张 2014 年年报涉及的金额占比较小,不构成重大性,应将 2015 年报公布之日认定为实施日,理由不能成立,本院不予采纳。据此,本案虚假陈述实施日为 2015 年 4 月 1 日,揭露日为 2017 年 12 月 8 日、基准日为 2018 年 2 月 26 日。根据深圳证券交易所联建光电公司股票交易公开信息核算,从揭露日 2017 年 12 月 8 日至基准日 2018 年 2 月 26 日,联建光电公司股票的基准价为 12.545 元。

三、关于联建光电公司虚假陈述行为与原告投资损失之间是否存在因果关系的问题。虚假陈述行为造成投资者损失的一般情形是:从虚假陈述行为被公开揭露或更正之日起,其股票价格因受到该披露行为影响,出现较大幅度或涨或跌的异常波动,严重偏离其本来价值;投资者因股价异常涨跌而受到损失;该异常波动会在持续一段时间后逐渐为市场所冲淡和消化,最后归于平复,股票价格回归本来价值。根据《虚假陈述案件若干规定》第 18 条和第 19 条的规定,只要投资者在虚假陈述(通常指诱多型虚假陈述行为)实施日以后,至揭露日或者更正日之前买入了联建光电公司股票,且在虚假陈述揭露日或者更正日及以后至基准日前因卖出,或者至基准日因持续持有该证券而产生亏损,均推定为与虚假陈述行为之间存在因果关系,但被告能够证明损失或者部分损失是由证券市场系统风险等其他因素所导致的除外。本案原告投资联建光电公司股票,符合《虚假陈述案件若干规定》第18条规定的情形。原告请求联建光电公司赔偿其买入市值与基准日市值之间产生的投资差额损失,而各被告抗辩主张联建光电公司股价产生波动是市场因素、重组因素等多重因素影响,并非联建光电公司虚假陈述行为导致,原告的投资差额损失与联建光电公司虚假陈述行为之间没有因果关系。本院认为,任何股票的走势均受个股本身微观因素和证券市场中宏观经济、产业等系统因素的双重影响。在考量上市公司虚假陈述行为与投资者的损失之间的因果关系时,理应分析市场系统风险因素。《虚假陈述案件若干规定》第19条虽然规定了市场系统风险因素的例外,但对系统风险的内涵,特别是如何认定系统风险没有进一步的规定,审判实践中对如何认定和度量投资者损失中系统风险因素的占比,一直是处理相关案件的难点。故本院委托中证资本市场法律服务中心有限公司就市场风险进行了评估核算。根据中证资本市场法律服务中心有限公司向本院出具的《证券投资者损失核定意见书》,在本案实施日至基准日之间,证券市场存在系统性风险,但该系统性风险并不能涵盖原告的损失。

联建光电公司又主张其在2015年4月1日发布2014年报时股价涨幅较小,而在同年4月8日发布重大资产收购公告时,联建光电公司股价在5个交易日累计上涨了54.15%;2016年4月19日发布2015年年报时,股价在3个交易日内累计跌幅为14.18%,进而主张年报数据对投资者的影响较小,不构成诱多行为,与损失之间不存在因果关系。对此,本院认为,上市公司的业绩是投资者决策的因素之一,上市公司业绩增长对投资者的影响必然是积极的,抛开其他因素而言,正常的投资者不可能因为上市公司业绩增长而进行反向投资,对投资者而言,虚增营业收入、虚增利润是典型的诱多行为,联建光电公司有关不构成诱多行为的理由不能成立。故本院认为,原告的投资损失与联建光电公司虚假陈述行为之间存在因果关系。

四、关于联建光电公司应承担的责任比例及具体数额。证券市场投资出现亏损,往往是多因造成的一果。联建光电公司在虚假陈述行为实施日至揭露日期间,筹划了两次重大资产收购,从公开信息看,联建光电公司股价在第一次资产收购过程中确有较大升幅,而第二次资产收购信息披露后联建光电公司的股价虽然不升反跌,但跌幅也比同期创业板指数小。依据经验规则,上市公司资产收购通常对改善上市公司经营构成利好,不能排除市场投资者对联建光电公司资产收购存在较高预期,特别是一些短线操作的投资者对资产收购抱有投资兼投机的心态。故不能排除投资者系基于联建光电公司进行资产收购而买入联建光电公司股票。即使投资者是基于联建光电公司所公布的业绩进行投资,在联建光电公司所公布的业绩中,虚增的比例整体上也较小,如仅仅因为小比例的虚增而由联建光电公司承担投资者的全部损失,显然有失公允。故,结合本案实施日至揭露日期间时间跨度较长,联建光电公司宣布资产收购期间的股价表现、对投资者决策的影响及与损失之间的多因一果关系,并考虑虚增利润的比例较小等全案情况,本院酌情认定,在扣除系统性风险后,联建光电公司应当对原告损失的50%承担赔偿责任。

原告请求的损失包括:投资差额损失、交易手续费损失、印花税损失及利息损失。(1)对于投资差额损失,各方当事人均同意由本院调取原告交易数据径行核定,但对计算方法有不同意见。对此,本院认为,证券投资的因果关系本就十分复杂多样,任何计算方法都不可能绝对反映客观事实,采取任何一种计算方法都可能出现对某部分人有利而对某部分人不利的情形,尚不能达到绝对公平的理想状态,在符合索赔条件的同批次案件中采取统一的计算方法,才能得到对各方相对公平的效果。考虑本案实施日至基准日时间跨度较长,其间证券市场波动较大,本院委托中证资本市场法律服务中心有限公司在扣除系统性风险的同时按照移动加权平均法核定投资差额损失,联建光电公司主张中证资本市场法律服务中心有限公司与支持诉讼的中证小投资者服务中心有限责任公司为关联方,应委托第三方进行核定。本院认为,中证资本市场法律服务中心有限公司作为公益机构,其地位相对独立,而有关的比对指标均为客观事实,不存在主观改变的可能,故本院对联建光电公司的主张不予采纳。联建光电公司证券虚假陈述系列案中,本院统一采用中证资本市场法律服务中心有限公司所核定的数据。(2)对于交易手续费损失,为计算方便及统一,本院酌定以投资差额损失的0.3%标准计算。(3)印花税损失按法定标准1%计算。(4)资金利率为银行同期活期存款利率0.35%(资金利息天数自第一笔有效买入日计算至揭露后最后一笔有效卖出日或基准日)。经中证资本市场法律服务中心有限公司核算,原告上述四项损失合计为18,329.87元。如前所述,本院确认联建光电公司应承担原告损失50%的赔偿责任,故原告应获得的损失赔偿为9164.94元[(投资差额损失+交易+手续费损失+印花税损失+利息损失)×50%]。原告请求中的超过部分,本院不予支持。

五、关于何某某、刘某2的赔偿责任问题。依据《证券法》第85条的规定,信息披露义务人未按照规定披露信息,或者公告的证券发行文件、定期报告、临时报告及其他信息披露资料存在虚假记载、误导性陈述或者重大遗漏,致使投资者在证券交易中遭受损失的,信息披露义务人应当承担赔偿责任;发行人的控股股东、实际控制人、董事、监事、高级管理人员和其他直接责任人员以及保荐人、承销的证券公司及其直接责任人员,应当与发行人承担连带赔偿责任,但是能够证明自己没有过错的除外。何某某为分时传媒公司原实际控制人、业绩承诺补偿义务人。案涉期间,何某某实际承担分时传媒公司管理职责,并安排对有关广告业务进行回款,应对案涉违法行为承担主要责任,系对违法行为直接负责的主管人员。刘某2系联建光电公司实际控制人、法定代表人、董事长兼总经理、分时传媒公司董事,全面负责公司工作,在2014年年报至2017年半年报等6期定期报告上签字,保证公司信息披露真实、准确、完整,但未能勤勉尽责,系对违法行为直接负责的主管人员。何某某、刘某2应当保证公司信息披露真实、准确、完整,但未能勤勉尽责,系对违法行为负责的直接责任人员,何某某、刘某2不能证明其不存在过错,依法应当就联建光电公司对原告的赔偿责任承担连带赔偿责任。

综上所述,依据《侵权责任法》第6条,《证券法》第85条,最高人民法院《虚假陈述案件若干规定》第7条、第18条、第19条、第20条、第21条、第30条、第33条第1项,《民事诉讼法》第142条、第152条、第164条第1款,最高人民法院《关于适用〈中华人民共和国民法典〉时间效力的若干规定》第1条第2款之规定,判决如下:

一、被告深圳市联建光电股份有限公司应于本判决生效之日起15日内向原告范某某赔偿投资损失9164.94元;

二、被告何某某、刘某2对上述第一项被告深圳市联建光电股份有限公司所负原告范某某债务承担连带赔偿责任;

三、驳回原告范某某的其他诉讼请求。

如果当事人未按本判决指定的期间履行给付金钱义务,应当依照《民事诉讼法》第253条之规定,加倍支付迟延履行期间的债务利息。

本案案件受理费877.2元,由原告范某某负担691.8元,由被告深圳市联建光电股份有限公司、何某某、刘某2负担185.4元。原告已预交受理费877.2元,本院予以退回185.4元。被告深圳市联建光电股份有限公司、何某某、刘某2应在本判决生效之日起15日内向本院缴纳受理费185.4元,拒不缴纳的,本院依法强制执行。

如不服本判决,可在本判决书送达之日起15日内,向本院递交上诉状,并按对方当事人的人数提出副本,上诉于广东省高级人民法院。

深圳市中级人民法院
审判长　张　华
审判员　范志勇
审判员　李卫峰
书记员　周亚东(兼)
二〇二一年七月二十三日

新闻报道

投服中心"联建光电支持诉讼案"获法院受理①

证券时报网2019年7月1日报道　作者:朱凯

2019年6月17日,深圳市中级人民法院(以下简称深圳中院)正式受理了深圳市联建光电股份有限公司(以下简称联建光电)虚假陈述民事赔偿支持诉讼。该案中,投服中心指派公益律师叶建霄(广东汇胜律师事务所)及其团队律师代理投资者,提起证券支持诉讼,以期实现示范引领作用。

业绩承诺压力大,虚增收入及利润

联建光电于2014年4月11日经核准,通过非公开发行股份的方式,分别向其子公司四川分时广告传媒有限公司(以下简称分时传媒)的股东何某某等人定向增发38,999,995股购买其持有的分时传媒合计100%股权,交易总价为8.6亿元。交易对方何某某等原分时传媒股东承诺分时传媒2013年、2014年、2015年、2016年、2017年经审计的归母扣非净利润分别不低于8700万元、1亿元、1.13亿元、1.22亿元和1.28亿元。如果实际利润低于上述承诺利润,交易对方将按照签署的《盈利预测补偿协议》的相关规定进行补偿。联建光电收购后,分时传媒只完成第一年的业绩承诺,其后几年均未完成。

2014年至2016年,分时传媒通过虚构广告业务收入、跨期确认广告业务收入等方

① 原文链接:http://company.stcn.com/2019/0701/15221950.shtml。

式,共虚增营业收入 6178.70 万元,虚增利润 6047.25 万元。其中,2014 年虚增营业收入 619.62 万元,虚增利润 619.62 万元,虚增利润金额占当期联建光电披露利润总额的 3.82%;2015 年虚增营业收入 3637.46 万元,虚增利润 3506.00 万元,占当期联建光电披露利润总额的 12.97%;2016 年虚增营业收入 1921.62 万元,虚增利润 1921.62 万元,占当期联建光电披露利润总额的 4.07%。分时传媒的上述行为导致联建光电 2014 年年度报告、2015 年半年度报告及年度报告、2016 年半年度报告及年度报告和 2017 年半年度报告存在虚假记载。

信息披露不守规,投机取巧终被罚

2017 年 12 月 8 日,联建光电发布公告,因公司涉嫌信息披露违法违规,根据《证券法》的有关规定,证监会决定对公司立案调查。2018 年 7 月 14 日,联建光电发布公告收到证监会《行政处罚及市场禁入事先告知书》。2018 年 12 月 21 日,联建光电发布公告收到证监会《行政处罚决定书》。

因子公司分时传媒的业绩造假行为,上市公司及相关责任人被行政处罚。上市公司发布被立案调查的公告当日(12 月 8 日)及之后一个交易日,股票累计跌幅达到 12.95%,投资者损失惨重。经研究,投服中心决定以个案示范的方式,示范、引领、推动更多受损中小投资者维护自身权益,拟定诉讼方案,初定虚假陈述行为实施日为上市公司发布 2014 年年度报告的 2015 年 4 月 1 日,揭露日为发布立案调查通知书的 2017 年 12 月 8 日;将支持诉讼被告确定为分时传媒的控股股东何某某,上市公司法定代表人、董事长、总经理刘某 2 及联建光电。

支持诉讼再启动,示范引领助维权

分时传媒通过虚构广告业务收入、跨期确认广告业务收入等方式,虚增营业收入和利润,导致上市公司多次定期报告存在虚假记载。分时传媒的控股股东何某某,上市公司法定代表人、董事长、总经理刘某 2 等人受到行政处罚。投服中心指派公益律师叶建霄作为本案支持诉讼代理律师,代理投资者范某,向何某某、刘某 2 及联建光电提出赔偿请求。2019 年 4 月 1 日,代理律师至深圳中院提交立案材料,获《先行调解通知书》。2019 年 6 月 17 日,深圳中院正式受理了该起虚假陈述民事赔偿支持诉讼。

截至目前,投服中心已累计提起支持诉讼 18 起,股东诉讼 1 起。支持投资者共 1084 人,诉求总金额近 1 亿元,累计获赔投资者 250 人次,获赔总金额 1060 万元。投服中心已接受上海金融法院等四地中级人民法院共 8 个案件委托核算投资者损失,涉及案号 515 个。下一步,投服中心将积极响应最高人民法院近期发布的《关于为设立科创板并试点注册制改革提供司法保障的若干意见》,在推广示范判决机制、推进损失核定工作、拓展支持诉讼案件类型、研究探索证券公益诉讼等方面不懈努力,切实维护广大中小投资者合法权益。

联建光电信披违规致投资者受损　投服中心提起支持诉讼案获法院受理[①]

上海证券报·中国证券网 2019 年 7 月 1 日报道　作者:祁豆豆

近日,深圳市中级人民法院(以下简称深圳中院)正式受理了深圳市联建光电股份有限公司(以下简称联建光电)虚假陈述民事赔偿支持诉讼。该案中,投服中心指派公益律师叶建霄(广东汇胜律师事务所)及其团队律师代理投资者,提起证券支持诉讼,以期实现示范引领作用。

业绩承诺压力大 虚增收入及利润

联建光电于 2014 年 4 月 11 日经核准,通过非公开发行股份的方式,分别向其子公司四川分时广告传媒有限公司(以下简称分时传媒)的股东何某某等人定向增发 3900 万股购买其持有的分时传媒合计 100% 股权,交易总价为 8.6 亿元。交易对方何某某等原分时传媒股东承诺分时传媒 2013 年、2014 年、2015 年、2016 年、2017 年经审计的归母扣非净利润分别不低于 8700 万元、1 亿元、1.13 亿元、1.22 亿元和 1.28 亿元。如果实际利润低于上述承诺利润,交易对方将按照签署的《盈利预测补偿协议》的相关规定进行补偿。联建光电收购后,分时传媒只完成第一年的业绩承诺,其后几年均未完成。

2014 年至 2016 年,分时传媒通过虚构广告业务收入、跨期确认广告业务收入等方式,共虚增营业收入 6178.70 万元,虚增利润 6047.25 万元。其中,2014 年虚增营业收入 619.62 万元,虚增利润 619.62 万元,虚增利润金额占当期联建光电披露利润总额的 3.82%;2015 年虚增营业收入 3637.46 万元,虚增利润 3506 万元,占当期联建光电披露利润总额的 12.97%;2016 年虚增营业收入 1921.62 万元,虚增利润 1921.62 万元,占当期联建光电披露利润总额的 4.07%。分时传媒的上述行为导致联建光电 2014 年年度报告、2015 年半年度报告及年度报告、2016 年半年度报告及年度报告和 2017 年半年度报告存在虚假记载。

① 原文链接:https://company.cnstock.com/company/scp_gsxw/201907/4395403.htm。

信息披露不守规　投机取巧终被罚

2017 年 12 月 8 日,联建光电发布公告,因公司涉嫌信息披露违法违规,根据《证券法》的有关规定,证监会决定对公司立案调查。2018 年 7 月 14 日,联建光电发布公告收到证监会《行政处罚及市场禁入事先告知书》。2018 年 12 月 21 日,联建光电发布公告收到证监会《行政处罚决定书》。

因子公司分时传媒的业绩造假行为,上市公司及相关责任人被行政处罚。在上市公司发布被立案调查的公告之后一个交易日,股票跌幅达到 12.95%,投资者损失惨重。

经研究,投服中心决定以个案示范的方式,示范、引领、推动更多受损中小投资者维护自身权益,拟定诉讼方案,初定虚假陈述行为实施日为上市公司发布 2014 年年度报告的 2015 年 4 月 1 日,揭露日为发布立案调查通知书的 2017 年 12 月 8 日。投服中心将支持诉讼被告确定为分时传媒的控股股东何某某,上市公司法定代表人、董事长、总经理刘某 2 及联建光电。

支持诉讼再启动　示范引领助维权

分时传媒通过虚构广告业务收入、跨期确认广告业务收入等方式,虚增营业收入和利润,导致上市公司多次定期报告存在虚假记载。分时传媒的控股股东何某某,上市公司法定代表人、董事长、总经理刘某 2 等人受到行政处罚。为此,投服中心指派公益律师叶建霄作为本案支持诉讼代理律师,代理投资者范某,向何某某、刘某 2 及联建光电提出赔偿请求。2019 年 4 月 1 日,代理律师至深圳中院提交立案材料,获《先行调解通知书》。2019 年 6 月 17 日,深圳中院正式受理了该起虚假陈述民事赔偿支持诉讼。

数据显示,截至目前,投服中心已累计提起支持诉讼 18 起,股东诉讼 1 起。支持投资者共 1084 人,诉求总金额近 1 亿元,累计获赔投资者 250 人次,获赔总金额 1060 万元。投服中心已接受上海金融法院等四地中级人民法院共 8 个案件委托核算投资者损失,涉及案号 515 个。

投服中心表示,下一步,投服中心将积极响应最高人民法院近期发布的《关于为设立科创板并试点注册制改革提供司法保障的若干意见》,在推广示范判决机制、推进损失核定工作、拓展支持诉讼案件类型、研究探索证券公益诉讼等方面不懈努力,切实维护广大中小投资者合法权益。

ST 联建索赔案投资者一审胜诉,成首例获判“支持诉讼 + 示范案件”①

第一财经 2021 年 8 月 19 日报道　作者:黄思瑜

历时两年有余,ST 联建(原为联建光电,300269. SZ)虚假陈述民事侵权纠纷案中小投资者一审获胜诉,这是首例作出判决的“支持诉讼 + 示范案件”。

ST 联建案是继美丽生态(000010. SZ)虚假陈述民事赔偿支持诉讼后,中证中小投资者服务中心(以下简称投服中心)在深圳市中级人民法院(以下简称深圳中院)的第二起支持诉讼示范案件,但美丽生态案是当庭调解结案,ST 联建案则是以判决为结果。

此案源于 2018 年 12 月 21 日,ST 联建公告收到《行政处罚决定书》。根据证监会深圳监管局的调查,2014 年至 2016 年,ST 联建子公司四川分时广告传媒有限公司(以下简称分时传媒)通过虚构广告业务收入、跨期确认广告业务收入等方式,共虚增营业收入 6178. 70 万元,虚增利润 6047. 25 万元,导致 ST 联建 2014 年年度报告、2015 年半年度报告及年度报告、2016 年半年度报告及年度报告和 2017 年半年度报告存在虚假记载。

担任该案公益律师的广东百健律师事务所律师叶建霄表示,本案的违法事实,实际上相当典型。ST 联建在 2014 年通过非公开发行股份的方式,向何某某、朱某某等分时传媒的股东定向增发用以购买分时传媒公司 100% 的股权,交易对方何某某等原分时传媒股东对上市公司作出了连续 5 年的盈利承诺。在完成收购后,实际上分时传媒只完成第一年的业绩承诺,随后四年都没有完成,并实施了为期四年的财务造假行为。

何某某为原分时传媒实际控制人、业绩承诺补偿义务人。案涉期间,何某某实际承担分时传媒的管理职责,并安排对有关涉案广告业务进行回款,系对虚假陈述行为直接负责的主管人员。刘某 2 系 ST 联建实际控制人、法定代表人、董事长兼总经理、分时传媒董事,全面负责公司工作,在 2014 年年报至 2017 年半年报等 6 期定期报告上签字,系对虚假陈述行为直接负责的主管人员。

“投服中心秉持‘追首恶’理念,支持投资者范某某向 ST 联建、何某某、刘某 2 提起诉讼,并委派公益律师担任诉讼代理人,请求法院确认各被告共同虚假陈述侵权行为成立,判令三位被告共同赔偿原告损失。”投服中心相关负责人士称。

何某某并非 ST 联建的实际控制人,也不是 ST 联建的董事、监事和经理等高级管

① 原文链接:https://m. yicai. com/news/101146784. html。

理人员。那么,何某某被列为被告又有何法律依据呢?

叶建霄表称,根据最高人民法院《关于审理证券市场因虚假陈述引发的民事赔偿案件的若干规定》(以下简称《虚假陈述案件若干规定》)第7条第7项的规定,同时,该团队从《虚假陈述案件若干规定》的上位法《证券法》出发,重新论证并确定何某某在诉讼中的地位,最终认为何某某实际上作出了虚假陈述行为,亦属于《若干规定》中的虚假陈述行为人,是本案的适格被告,应当对原告造成的损失承担民事赔偿责任。此后,深圳中院在判决中,直接依据2019年《证券法》第85条的规定,判令何某某承担连带赔偿责任。

2019年6月立案后,因被告先后申请行政复议、提起行政诉讼等,深圳中院依法裁定中止本案审理程序。2020年12月,深圳中院将投服中心支持诉讼选定为示范案件之一。2021年5月25日,该案一审开庭。

第一财经记者获悉,在ST联建案中,法院判决就原被告争议焦点逐一释明:认定ST联建被行政处罚的行为构成证券虚假陈述。虚假陈述实施日为2015年4月1日(2014年度报告披露日),揭露日为2017年12月8日(ST联建披露收到《调查通知书》)。原告投资者损失与ST联建虚假陈述行为之间存在因果关系。关于损失金额,法院采用了"委托核定系统性风险+酌定多因一果关系和全案情况的影响"的方式,确定投资者损失金额。

历时两年有余,ST联建案支持诉讼原告投资者于近日终获一审胜诉判决,三被告共同赔偿原告损失。

投服中心相关负责人士表示,ST联建案是首个以判决为结果的"支持诉讼+示范判决"案例,未来判决生效后,将依法依规充分发挥示范引领作用,对后续案件产生积极影响。

2020年4月,深圳中院发布《关于依法化解群体性证券侵权民事纠纷的程序指引(试行)》(以下简称《化解群体证券纠纷指引》)。根据《化解群体证券纠纷指引》中示范判决机制的规定,法院选取若干案件作为示范案件,先行充分审理,先行裁判。示范判决生效后,已为示范判决所认定的共通的事实、法律适用标准、损失计算方法对平行案件具有既判力。非经法定程序更改,情形相同的平行案件应当适用。法院促进针对同一侵权事实提起诉讼的其他案件(平行案件)通过调解等方式妥善化解。如平行案件调解不成,法院亦可参照示范案件的裁判结果对案件简化审理和合并审理。

投服中心表示,未来,该中心将继续推进"支持诉讼+示范判决"机制实践,积极发挥示范作用，维护广大投资者的合法权益。同时，探索以股东代位诉讼方式追究违法行为人的赔偿责任，促进上市公司信息披露真实、准确、完整，从民事追偿角度实现对违法行为的"零容忍"，促进资本市场健康稳定发展。

"支持诉讼＋示范案件"联建光电案一审获深圳中院胜诉判决[①]

证券时报2021年8月19日报道　作者：朱凯

近日，中证中小投资者服务中心（以下简称投服中心）支持诉讼示范案件——深圳市联建光电股份有限公司（以下简称联建光电，股票代码：300269）虚假陈述民事侵权纠纷案一审获深圳市中级人民法院（以下简称深圳中院）胜诉判决。这是继美丽生态虚假陈述民事赔偿支持诉讼后，投服中心在深圳中院的第二起支持诉讼示范案件。该案法庭特设支持诉讼席位，投服中心参加庭审，法院判决中列明支持诉讼方的情况。

投服中心公益律师叶建霄（广东百健律师事务所）代理1位受损投资者，向联建光电、何某某（子公司四川分时广告传媒有限公司的控股股东）、刘某2（联建光电法定代表人、董事长、总经理）提起诉讼。

三被告共同赔偿原告损失

2018年12月21日，联建光电公告收到《行政处罚决定书》。2014年至2016年，联建光电子公司四川分时广告传媒有限公司（以下简称分时传媒）通过虚构广告业务收入、跨期确认广告业务收入等方式，共虚增营业收入6178.70万元，虚增利润6047.25万元，导致联建光电2014年年度报告、2015年半年度报告及年度报告、2016年半年度报告及年度报告和2017年半年度报告存在虚假记载。

何某某为原分时传媒实际控制人、业绩承诺补偿义务人。案涉期间，何某某实际承担分时传媒的管理职责，并安排对有关涉案广告业务进行回款，系对虚假陈述行为直接负责的主管人员。刘某2系联建光电实际控制人、法定代表人、董事长兼总经理、分时传媒董事，全面负责公司工作，在2014年年报至2017年半年报等6期定期报告上签字，系对虚假陈述行为直接负责的主管人员。投服中心秉持"追首恶"理念，支持投资者范某某向联建光电、何某某、刘某2提起诉讼，并委派公益律师担任诉讼代理人，请求法院确认各被告共同虚假陈述侵权行为成立，判令三位被告共同赔偿原告损失。

2019年6月立案后，因被告先后申请行政复议、提起行政诉讼等，深圳中院依法裁

① 原文链接：https://company.stcn.com/gsdt/202108/t20210819_3564200.html。

定中止本案审理程序。2020 年 12 月,深圳中院将投服中心支持诉讼选定为示范案件之一。2021 年 5 月 25 日,本案一审开庭。公益律师叶建霄及其团队律师出庭,法庭设置支持诉讼席位,投服中心作为支持诉讼方参与庭审并发表意见。历时两年有余,支持诉讼原告投资者于近日终获一审胜诉判决,三被告共同赔偿原告损失。

首次以判决方式定分止争

2020 年 4 月,深圳中院发布《关于依法化解群体性证券侵权民事纠纷的程序指引(试行)》(以下简称《化解群体证券纠纷指引》)。根据深圳中院《化解群体证券纠纷指引》中示范判决机制的规定,法院选取若干案件作为示范案件,先行充分审理,先行裁判。示范判决生效后,已为示范判决所认定的共通的事实、法律适用标准、损失计算方法对平行案件具有既判力。非经法定程序更改,情形相同的平行案件应当适用。法院促进针对同一侵权事实提起诉讼的其他案件(平行案件)通过调解等方式妥善化解。如平行案件调解不成,法院亦可参照示范案件的裁判结果对案件简化审理和合并审理。

联建光电案中,法院判决就原被告争议焦点逐一释明,认定联建光电被行政处罚的行为构成证券虚假陈述。虚假陈述实施日为 2015 年 4 月 1 日,揭露日为 2017 年 12 月 8 日。原告投资者损失与联建光电虚假陈述行为之间存在因果关系。关于损失金额,法院采用了“委托核定系统性风险 + 酌定多因一果关系和全案情况的影响”的方式,确定投资者损失金额。联建光电案是首个以判决为结果的“支持诉讼 + 示范判决”案例,未来判决生效后,将依法依规充分发挥示范引领作用,对后续案件产生积极影响。

未来,投服中心将继续推进“支持诉讼 + 示范判决”机制实践,积极发挥示范作用,维护广大投资者的合法权益。同时,探索以股东代位诉讼方式追究违法行为人的赔偿责任,促进上市公司信息披露真实、准确、完整,从民事追偿角度实现对违法行为的“零容忍”,促进资本市场健康稳定发展。